名师名校名校长

凝聚名师共识
回应名师关怀
打造名师品牌
培育名师群体

程晗远影

名师名校名校长书系

核心素养下的高中生物学

实验教学策略

张玉代 / 主编

东北师范大学出版社

长　春

图书在版编目（CIP）数据

核心素养下的高中生物学实验教学策略 / 张玉代主编. — 长春：东北师范大学出版社，2019.6
ISBN 978-7-5681-5951-7

Ⅰ.①核… Ⅱ.①张… Ⅲ.①生物课—实验—教学研究—高中 Ⅳ.①G633.912

中国版本图书馆CIP数据核字（2019）第127095号

□策划创意：刘　鹏
□责任编辑：张　露　张　冉　□封面设计：姜　龙
□责任校对：刘彦妮　张小娅　□责任印制：张允豪

东北师范大学出版社出版发行
长春净月经济开发区金宝街118号（邮政编码：130117）
电话：0431-84568115
网址：http：//www.nenup.com
北京言之凿文化发展有限公司设计部制版
廊坊市金朗印刷有限公司印装
廊坊市广阳区廊万路18号（邮编：065000）
2022年6月第1版　2022年6月第1次印刷
幅面尺寸：170mm×240mm　印张：16.5　字数：300千

定价：45.00元

编 委 会

本书系"昆明市张玉代生物名师工作室""云南省基础教育质量评估研究学术工作站"在站研究成果

在中华人民共和国教育部正式颁布《普通高中课程方案（2017年版）》和《普通高中生物学课程标准（2017年版）》之际，昆明市张玉代生物名师工作室承担的市级课题"基于核心素养的高中生物学课堂实验教学研究"（立项编号：JY16006）已取得显著的成果。工作室针对现阶段高中生物学课堂实验教学的现状，顺应高中生物教师对高效课堂实验教学范例的需求，进行生物学学科核心素养理念下的实验课堂教学研究，目的是通过对实验教学方案的优化提高实验课程开出率，在课堂实验教学中提高学生的科学探究精神和科学思维能力，建构重要概念，促进学生生命观念的形成。工作室在研究的基础上获得了一些具体的教学案例和教学经验，供高中生物教师参考。

　　本书汇集了课题研究的主要成果，内容包括"上篇：理念篇""中篇：策略篇"和"下篇：评价篇"三部分。

　　"上篇：理念篇"概述了课程的基本理念、生物学学科核心素养的内涵及四个要素之间的关系，实验教学在学生形成核心素养中的作用，在建构生物学重要概念中的作用和实验教学的开设现状、存在问题及对策等。

　　"中篇：策略篇"汇集了课题组30个子课题的研究成果，呈现《普通高中生物学课程标准（2017年版）》中必修模块及选择性必修模块中的30个实验的研究成果，同时提供对应的课堂教学设计，其中涉及名师工作室学员先后参加全国、省、市各级各类的实验课教学竞赛获奖课例或市级以上公开课课例。

　　"下篇：评价篇"介绍了什么样的实验课是好课，如何践行"学业评价促发展"的课程理念，分析了历届高考试题对实验与探究能力的考查等。

　　本书所提供的大量优秀实验教学课例，具有极强的操作性，很接地气，为生物学学科核心素养如何真正在课堂上落地提供了方法和策略，必将受到众多一线教师的喜爱。但由于时间仓促和水平有限，书中难免存在不足或疏漏之处，敬请广大同人批评指正！

昆明市教育科学研究院　张玉代

2019年1月

上篇：理念篇

加强和完善生物学实验教学 ……………………………………………………… 2

实验教学是促成学生达成生物学学科核心素养的重要支撑 …………………… 4

以实验促进高中生物学重要概念的建构 ………………………………………… 12

中篇：策略篇

必修1　分子与细胞 …………………………………………………………………… 16

　概念1　细胞是生物体结构与生命活动的基本单位 …………………………… 16

　　实验1　检测生物组织中的糖类、脂肪和蛋白质 …………………………… 16

　　实验2　用高倍显微镜观察叶绿体和细胞质的流动 ………………………… 30

　　实验3　尝试制作真核细胞的三维结构模型 ………………………………… 39

　　实验4　使用高倍显微镜观察几种细胞 ……………………………………… 47

　概念2　细胞的生存需要能量和营养物质，并需要通过分裂实现增殖 …… 49

　　实验5　通过模拟实验探究膜的透性 ………………………………………… 49

　　实验6　观察植物细胞的质壁分离和复原 …………………………………… 60

　　实验7　探究酶催化的专一性、高效性及影响酶活性的因素 … 74

　　实验8　提取和分离叶绿体色素 ……………………………………………… 87

　　实验9　探究不同环境因素对光合作用的影响 ……………………… 104

　　　　实验10　探究酵母菌细胞的呼吸方式 ······················· 113
　　　　实验11　制作和观察根尖细胞有丝分裂简易装片 ··········· 125

必修2　遗传与进化 ·· 138
　　概念3　遗传信息控制生物性状，并代代相传 ···················· 138
　　　　实验12　运用模型模拟减数分裂过程中染色体的变化 ······ 138
　　　　实验13　制作DNA分子双螺旋结构模型 ······················· 143
　　　　实验14　模拟植物或者动物性状分离的杂交实验 ··········· 145
　　　　实验15　调查常见的人类遗传病并探讨其预防措施 ········· 148
　　概念4　生物的多样性和适应性是进化的结果 ···················· 154
　　　　实验16　探讨耐药菌的出现与抗生素滥用的关系 ··········· 154

选择性必修1　稳态与调节 ··· 159
　　概念1　生命个体的结构与功能相适应，各结构协调统一共同完成
　　　　　　复杂的生命活动，并通过一定的调节机制保持稳态 ········· 159
　　　　实验17　血液分层实验 ··· 159
　　　　实验18　比较清水、缓冲液、体液对pH变化的调节作用 ······ 162
　　　　实验19　探究植物生长调节剂对扦插枝条生根的作用 ······ 169
　　　　实验20　探究乙烯利对水果的催熟作用 ······················· 180

选择性必修2　生物与环境 ··· 182
　　概念2　生态系统中的各种成分相互影响，共同实现系统的物质循环、
　　　　　　能量流动和信息传递，生态系统通过自我调节保持相对稳定的
　　　　　　状态 ··· 182
　　　　实验21　探究培养液中酵母菌种群数量的变化 ··············· 182
　　　　实验22　研究土壤中动物类群的丰富度 ······················· 194
　　　　实验23　设计并制作生态瓶 ······································· 203

选择性必修3　生物技术与工程 ·· 212
　　概念3　发酵工程利用微生物的特定功能规模化生产对人类有用的产品··· 212
　　　　实验24　酵母菌的分离和培养 ··································· 213
　　　　实验25　分离土壤中分解尿素的细菌，并进行计数 ········· 216
　　　　实验26　利用乳酸菌发酵制作酸奶或泡菜 ···················· 218
　　　　实验27　利用酵母菌、醋酸菌分别制作果酒和果醋 ········· 221

概念4 细胞工程通过细胞水平上的操作，获得有用的生物体或其产品… **224**

　　实验28　利用植物组织培养技术培育菊花或其他植物幼苗，

　　　　　　并进行栽培 ………………………………………… **224**

概念5 基因工程赋予生物新的遗传特性 ………………………… **229**

　　实验29　DNA的提取和鉴定 ……………………………… **229**

概念6 生物技术在造福人类社会的同时也可能会带来安全与伦理问题… **232**

　　实验30　设计试管婴儿 ……………………………………… **232**

下篇：**评 价 篇**

什么样的实验课是好课 ………………………………………… **240**

深度思考体现素养立意　生物实验彰显学科特色 ……………… **242**

后 记 ………………………………………………………… **251**

上 篇

理 念 篇

基本理念

1.核心素养为宗旨

2.内容聚集大概念

3.教学过程重实践

4.学业评价促发展

生物学学科核心素养

1.生命观念

2.科学思维

3.科学探究

4.社会责任

实验教学是促成学生达成生物学学科核心素养的重要支撑

加强和完善生物学实验教学

"教学过程重实践"是生物学课程的四大理念之一。生物学课程高度关注学生在学习过程中的实践经历，强调学生的学习过程是主动参与的过程，让学生积极参与动手和动脑的活动，通过探究性学习活动或完成工程学任务，加深学生对生物学概念的理解，提升应用知识的能力，培养创新精神，进而能用科学的观点、知识、思路和方法，探讨或解决现实生活中的某些问题。

《普通高中生物学课程标准（2017年版）》所说的"实验教学"是指教师组织学生在生物学实验室和校园内外开展的教学活动，既包括动手、观察类的实践活动，也包括以问题解决为特点的探究活动。实验教学是生物学课程的特点，也是生物学教学的基本形式之一。课程内容中教学提示部分所列的教学活动有一部分就是实验教学。实验教学是促成学生达成生物学学科核心素养的重要支撑。为更好地开展实验教学，建议教师注意以下几点。

一、实验设计应该多样化

例如，可以采用比较规范的实验仪器设备设计实验，也可以设计低成本、低消耗、低（无）污染的教学实验；可以采用生物材料设计和开展实验，也可以利用电子设备设计、完成模拟性实验；有条件的学校还可以充分利用多媒体、互联网以及无线通信技术进行虚拟实验；应鼓励学生参与设计实验。

二、重视定性实验的同时应重视定量实验

在重视定性实验的同时，也应重视定量实验，让学生在量的变化中了解事物的本质。教师应给学生提供机会学习生物学研究中的测量方法，实事求是地记录、整理和分析实验数据，定量表述实验结果等。

三、要注意实验安全教育

安全使用实验器具（如解剖器具、玻璃器皿、酒精灯等）和实验药品（如酒精、酸、碱等）是生物学实验的基本技能。教师应强化安全教育，增强学生的自我保护意识。同时，要注意实验室废弃物的妥善处理。[1]

昆明市教育科学研究院　张玉代

---

[1]中华人民共和国教育部.普通高中生物学课程标准（2017年版）［M］.北京：人民教育出版社，2018.

实验教学是促成学生达成生物学学科
核心素养的重要支撑

　　《普通高中生物学课程标准（2017年版）》对课程性质的定位是："高中教育阶段的生物学课程是以提高学生核心素养为宗旨的学科课程，是树立社会主义核心价值观、实现'立德树人'根本任务的重要载体。"生物学学科本身的性质和生物学课程的性质都决定了加强和完善生物学实验教学的重要性，即实验教学是促成学生达成生物学学科核心素养的重要支撑。

　　实验教学的现状如何？存在哪些问题？怎样改进？昆明市张玉代生物名师工作室以课题的形式，对现行高中必修教材中的实验进行了研究，期待研究成果能起到两方面的作用：一方面，可为一线教师更好地开展实验教学提供参考；另一方面，能为高中生物学新教材的编写和修订提供借鉴。

一、相关概念界定

1. 生物学学科核心素养

　　《普通高中生物学课程标准（2017年版）》中是这样界定生物学学科核心素养的：生物学学科核心素养是学生在生物学课程学习过程中逐渐发展起来的，在解决真实情境中的实际问题时所表现出来的价值观念、必备品格与关键能力，是学生知识、能力、情感态度与价值观的综合体现。生物学学科核心素养主要包括生命观念、科学思维、科学探究和社会责任等四个要素，其中"科学探究"作为重要的学习方式和教学方式，可以关联和体现其他三个要素。科学探究是在学生习得生物学科重要概念的过程中，提升生命观念，提升科学思维水平，认同生物学科在生产生活实践中的应用价值的重要途径。[1]基于以上分析，生物学学科核心素养的四个要素之间的关系如图1所示。

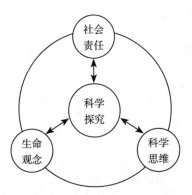

图1　生物学学科核心素养四个要素之间的关系

以科学探究为核心带动生命观念的认同、科学思维的发展和社会责任的讨论。

2. 课堂实验教学

为了达到一定的教学目的，教师（或学生）在课堂上单独（或合作）完成教师所预设的真实的实验活动，从而帮助学生深入地理解所学生物知识和技能的教学实践活动，称为课堂实验教学。张玉代生物名师工作室承担的课题研究的对象"高中课堂实验教学"就是《普通高中生物学课程标准（2017年版）》的"教学提示"中列举的实验，重点研究《考试大纲说明》的"考试范围与要求"中列出的19个实验。

二、实验教学是促成学生达成生物学学科核心素养的重要支撑

国际上一般认为科学实验可以促进科学教育以下目标的实现：理解科学概念、兴趣与动机、科学实践技能和问题解决能力、科学思维习惯、理解科学的本质、科学探究和理性的方法、科学知识在日常生活中的应用。可见，实验教学的价值是多样的。实验教学是促成学生达成生物学学科核心素养的重要支撑。

---

[1]田树青，王新.基于核心素养的生物学教学方式的思考［J］.生物学通报，2018，53（3）：26-29.

作为一线生物学科任教师对课堂实验教学在达成学生生物学学科核心素养中的作用的认可程度如何？课题组对来自69所学校的69名高中生物学教师进行了问卷调查和访谈，结果见表1。

表1 一线教师对"实验教学是促成学生达成生物学学科核心素养的重要支撑"的认可度

问　题	选　项	人数（人）	比例（%）
你认为实验教学在生物教学中有哪些作用？（多选题）	A. 培养学生生物学学科核心素养	62	89.9
	B. 提高中学生生物学习兴趣	64	92.8
	C. 有助于学生成绩的提高	49	71.0
	D. 有助于促进师生感情	45	65.2
	E. 其他_____	10	14.5

统计结果表明，有89.9%的生物教师认可实验教学有助于学生生物学学科核心素养的形成，有92.8%的生物教师认同实验教学能提高学生学习生物学的兴趣，有71%的生物教师认为实验教学有助于学生成绩的提高，有65.2%的生物教师认为实验教学有助于促进师生感情，还有14.5%的生物教师在问卷上特别指出实验教学在以下方面的作用：促进学生对生物学重要概念和原理的理解；促进学生动手操作能力、解决问题能力、理性思维能力的形成；有利于学生团队精神的培养……

综上所述，一线教师普遍认可实验教学是促成学生达成生物学学科核心素养的重要支撑。那么实验教学实际落实情况如何呢？

课题组进一步以问卷调查及访谈的形式，对实验教学的开设现状和存在问题进行研究。

三、调查问卷的制订与说明

课题组针对人教版现行高中生物学必修3个模块的教材和高考考试大纲中列出的19个学生实验（包括探究、实验、制作模型、调查），对云南省各州市及部分省外城市共计69所学校进行了问卷调查和访谈，调查时严格限定每所学校只能填写一份问卷，以免数据重复。

实验调查表围绕着是否开设、开设方式、实验效果、未开设的原因等四个方面进行调查，每个方面又分为若干选项，让教师进行选择。

本次调查共收到69份调查问卷、31份访谈记录，全部有效。

四、现状与问题

1. 不按要求开设实验的比例较高

统计显示，实验完成情况不理想，按课标要求全年级分组操作的比例仅为34%，未做的比例高达56%，加上不按要求开设，只是教师演示或部分学生课外兴趣小组操作等情况在内，累积占调查总数的66%。如图2所示。

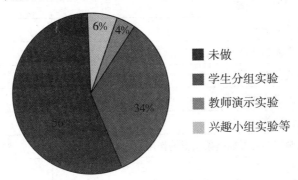

图2　实验完成的总体情况

2. 不同实验的完成情况差异较大

调查结果显示，没有一个实验是所有调查对象所在学校全部开设的，不同实验的完成情况也有较大差异。完成率较高的实验有：检测生物组织中的还原糖、脂肪和蛋白质（92.3%），观察植物细胞的质壁分离和复原（89.9%），叶绿体色素的提取和分离（87.0%），用显微镜观察多种多样的细胞（81.2%）。完成率较低的实验有：调查常见的人类遗传病（5.8%）、低温诱导染色体加倍（5.8%）、模拟尿糖的检测（5.8%）、探究植物生长调节剂对扦插枝条生根的作用（8.7%）。未做率超50%的实验有12个，占总体调查对象的比例为63.2%。见表2。

表2　19个高考要求的实验完成率一览

实验名称	完成率（%）
① 用显微镜观察多种多样的细胞	81.2
② 检测生物组织中的还原糖、脂肪和蛋白质	92.3
③ 观察DNA和RNA在细胞中的分布	36.2

实验名称	完成率（%）
④ 观察线粒体和叶绿体	50.1
⑤ 通过模拟实验探究膜的透性	10.1
⑥ 观察植物细胞的质壁分离和复原	89.9
⑦ 探究影响酶活性的因素	60.9
⑧ 探究酵母菌的呼吸方式	24.6
⑨ 叶绿体色素的提取和分离	87.0
⑩ 观察细胞的有丝分裂	65.2
⑪ 模拟探究细胞表面积与体积的关系	14.5
⑫ 观察细胞的减数分裂	26.1
⑬ 调查常见的人类遗传病	5.8
⑭ 低温诱导染色体加倍	5.8
⑮ 探究植物生长调节剂对扦插枝条生根的作用	8.7
⑯ 模拟尿糖的检测	5.8
⑰ 探究培养液中酵母菌数量的动态变化	13.0
⑱ 土壤中动物类群丰富度的研究	13.0
⑲ 探究水族箱（或鱼缸）中群落的演替	17.4

综上所述，当前实验教学存在的问题较多，实验完成情况不理想，学生动手实践的机会少，教师讲实验的现象普遍存在，不能满足发展学生生物学学科核心素养的要求。

五、归因与分析

下面是根据19个实验未做原因调查统计的数据而绘制的柱状图，如图3所示。

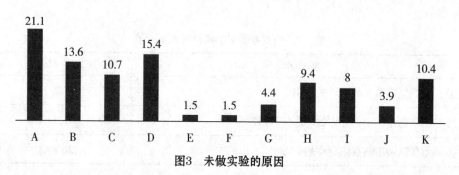

图3 未做实验的原因

（注：A.做不做不影响学生成绩，能不开就不开；B.缺乏生物实验材料；C.试剂难购置、难配制；D.实验时间过长，不易开设；E.实验过程中会有安全隐患；F.实验课堂纪律难控制；G.实验室教师不配合准备；H.任课教师尚未做过；I.实验效果差；J.学校领导不重视、不支持；K.其他原因）

1. 主观原因

从调查情况来看，未做实验的原因各不相同。认为"做不做不影响学生成绩，能不开就不开"是普遍原因，占未做原因的21.1%而居首位。分析原因，不排除个别实验本身设计确实存在对教学帮助不大的问题，课题组认为主要问题还是教师主观认识上对实验的重视不够。

2. 客观原因

选择"实验时间过长，不易开设"这一原因的教师占15.4%，位居第二；选择"缺乏生物实验材料"的教师占13.6%，位居第三；选择"试剂难购置、难配制"的教师占10.7%，位居第四；选择"其他原因"的教师占10.4%，位居第五；选择"任课教师尚未做过"的教师占9.4%，位居第六；选择"实验效果差"的教师占8%，位居第七。

六、措施与对策

发展学生核心素养是一项系统工程，需要各级部门的共同努力，为实验教学的开展保驾护航。

1. 政府层面，建议继续组织好实验操作考核工作

云南省教育厅颁布的《云南省普通高中学业水平标准与考试说明》中"实验操作考核标准"规定的考查范围是：①使用高倍显微镜观察几种细胞；②检测生物组织中的糖类、脂肪和蛋白质；③植物细胞的吸水和失水；④比较过氧化氢在不同条件下的分解；⑤绿叶中色素的提取和分离；⑥观察根尖分生组织细胞的有丝分裂等6个实验。教育厅每年在学业水平考试笔试的基础上，还组织全省高中毕业生实验操作技能的考核，一直坚持了近30年。表2的统计数据可知，19个实验中完成情况最好的前5个，均属于上述考核范围中列出的实验。可见，教育厅的考核非常有效地促进了学校实验教学的落实。希望教育厅能够坚持这种良好的导向作用，继续坚持每年的实验操作考核。

2. 学校层面，建议加强生物学实验室的建设

调查结果显示，在这69所学校中，有87%的学校配备有两间以上的生物学实验室，有11.6%的学校配备有一间生物学实验室，只有1所学校没有配备实验室，可见，省教育厅组织的学校晋级升等的措施有效地督促了学校加强实验室的建设。

但调查中发现，有些学校生源好，因扩招教室不够占用了实验室，导致有些原来条件很好的学校，没法正常开展实验教学。希望学校进一步做好招生计划，不要占用实验室。

调查结果表明，有24.3%的教师反映因缺乏生物实验材料和试剂难购置、难配制而不能开展实验，建议学校及时购买必要的实验材料和药品，满足学生实验和实践教学活动的需要，增加学生动手实践的机会，为培养学生的生物学学科核心素养搭建平台。

调查结果显示，有57%的学校只有一个专职实验员，5%的学校没有专职实验员，如图4所示，加重了任课教师准备实验的负担，直接影响了实验的完成情况。希望学校按班级数配齐实验员。

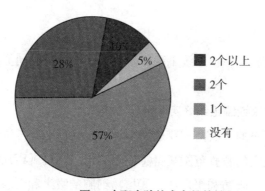

图4　专职实验技术人员数量

3. 教师层面，建议创造条件开设好实验

调查结果表明，有21.1%的教师认为"做不做不影响学生成绩，能不开就不开"，这是导致教师宁可讲实验也不做实验的普遍原因，但事实上，实验的考核是高考永恒的主题。在实验与探究能力方面，高考生物学科除要求考生具有对一些生物学问题进行初步探究的能力（包括提出问题、做出假设、制订和实施计划、得出结论、表达和交流等环节）外，还要求考生具备实验设计、实验结果预测和得出结论的能力。2017年高考理综全国Ⅲ卷的12个生物试题中，共有9个试题考查了实验与探究，对生物学学科核心素养中科学探究的考查达到历史之最，对实验与探究能力的重视程度是空前的，彰显了生物学科的特点。其中第32题遗传题的两个小题共12分，是按照相对较高的要求进行设计的；第5题考查样方法，不但有利于区分考生，同时对于改善中学教学"不重视实验，不重视实验操作，存在'背'实验、'记'实验"的状况也是非常有利的。

建议教师创造条件，就地取材、因陋就简地开展好实验。不仅是为了高考，而且要着眼于生物学学科核心素养的培养。

至于那些耗时长、难度大、效果不佳的实验，一方面建议教材编写专家适当取舍，另一方面也建议教师和教研部门积极开展研究，即对实验材料、实验试剂和实验步骤等进行研究，优化实验设计，提高学生的科学探究精神和理性思维能力，促进学生生命观念的形成，最终促进学生达成生物学学科核心素养。[①]

课题组将在调查问卷和文献研究的基础上，对上述19个实验做进一步的深入研究。

昆明市教育科学研究院　张玉代

---

① 吴成军，万雪雪. 人教版高中生物学必修教材实验的开课分析及修订建议［J］.课程·教材·教法，2016（6）.

以实验促进高中生物学重要概念的建构

一、内容聚焦大概念

"内容聚焦大概念"是生物学课程的基本理念之一，即课程的设计和实施追求"少而精"的原则，必修课程和选择性必修课程的模块内容聚焦大概念，精简容量、突出重点、符合年龄特点、明确学习要求，确保学生有相对充裕的时间主动学习，让学生能够深刻理解和应用重要的生物学概念，发展生物学学科核心素养。

二、通过大概念的学习，帮助学生形成生命观念

大概念是处于学科中心位置，对学生学习具有引领作用的基础知识。在生物学课程中，大概念包括对原理、理论等的理解和解释，是生物学知识的主干部分。高中生物学课程的必修课程和选择性必修课程都是围绕着几个大概念而展开的，内容要求基于大概念描述了具有学科逻辑、符合高中学生认知特点的重要概念，形成了课程的内容框架。在教学中，教师围绕着生物学大概念来组织并开展教学活动，能有效地提高教学效益，有助于学生对知识的深入理解和迁移应用，也有助于发展学生的生命观念。

教师在设计和组织每个单元的教学活动时，应该围绕大概念和重要概念展开，依据重要概念精选恰当的教学活动内容和活动方式，其教学策略既可以是讲解、演示、讨论，也可以是基于学生动手活动或对资料的分析及探究，所有的教学活动都要有利于促进学生对生物学概念的建立、理解和应用。

三、以实验促进重要概念的建构

美国于2010年初开始修订并已施行的《全美科学教育标准》（*National Science Education Standards*，NSES，1996年），2011年7月19日正式发布了《K-12科学教育的框架：实践，跨学科概念与核心概念》。该框架的第一条指导原则是：孩童是天生的研究者（Children are born investigators），他们从小就会去研究、思考和构建周围世界的内在模型。该框架对学生主体作用的认识、核心概念的习得过程与学习方式的精细、量化解读等方面值得借鉴和思考。

在生物学教学中，围绕重要概念设计一系列实验，可以激发学生的学习兴趣、好奇心、求知欲，让学生在主动动手和动脑中建构生物学的重要概念。例如，光合作用概念的形成过程，经历了漫长的探索历程，教学中通过一系列实验可以促进学生深度学习，理解光合作用概念的来龙去脉，避免用死记硬背的方式学习概念，从而使学生很好地理解抽象概念。

昆明市教育科学研究院　张玉代

中 篇

策 略 篇

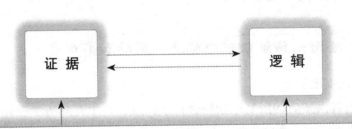

证 据 ⟶ 逻 辑

　　生物学作为一门科学课程，具有科学课程的共同特点，即注重证据和逻辑。

　　对证据的选择、分析和判断是理性思维的结果，而逻辑推理既是理性思维的过程，也是理性思维的要求。

　　学生在探究过程中表现出来的逻辑推理能力，是核心素养中关键能力的直接表现，必须在课堂教学中加以落实。

必修1 分子与细胞

> 在本模块的教学中，教师要组织各种观察、实验等探究性学习活动，帮助学生增加感性认识，克服对微观结构认识的困难，使学生领悟科学研究的方法并习得相关的操作技能。结合生物个体水平的知识、化学和物理知识及学生的生活经验，突破学习难点；鼓励学生搜集有关细胞研究和应用方面的信息及研究进展，进行交流，以丰富相关知识，加深对科学、技术、社会相互关系的认识。

概念
① 细胞是生物体结构与生命活动的基本单位

为帮助学生达成对概念1的理解，促进学生生物学学科核心素养的提升，应让学生做以下实验：检测生物组织中的还原糖、脂肪和蛋白质；观察叶绿体和细胞质的流动；尝试制作真核细胞的结构模型；使用光学显微镜观察各种细胞（可结合电镜照片分析细胞的亚显微结构）。

实验1　检测生物组织中的糖类、脂肪和蛋白质

【问题的提出】

笔者对省内外的69所高中学校进行了调查，其中有64所学校开设了本实验，都是让学生进行分组实验，有两所学校是教师演示实验和学生生物兴趣小组实验。这64所学校中，有32所学校的实验效果非常好，有27所学校的实验效果较好，有5所学校的实验效果一般，没有实验效果不理想的。另外，有5所学校未开设本实验，主要原因有以下几点：①学校领导不重视、不支持；②教师认为做不做不影响学生成绩；③课时太紧，教师不想花费时间做实验；④学校的实验室还在建设中，没法做实验。

从这些数据可以看出，多数学校开设了本实验，绝大多数教师认为本实验是一个较为简单且容易得到理想结果的实验，但仍有部分教师不重视实验教学。

在实际教学中，学生做实验时经常会提出一些疑问。因此，本实验着重对课堂实验及课堂生成的问题做进一步探究，包括以下几个方面：探究材料的选择、实验条件改变导致实验现象改变的原因，探究蛋白质遇双缩脲试剂呈现紫色的原理，用实验解决生活中的疑问，关注高考试题中出现的情境，等等。

【解决的策略】

1. 如何选择实验材料？

就还原糖的检测来看，所有的植物细胞都含有还原糖，它们都适合用来做这个实验吗？老硬的树皮和多汁的果实选哪个？果实中选西瓜、梨还是紫色的葡萄？如何从多种材料中选择最适合的材料？学生通过做实验并比较实验现象，最终对实验材料的选择影响实验结果这一观点有了直观的认识。

蔗糖不是还原糖，加入斐林试剂真的不会产生砖红色沉淀吗？亲自做实验才是最好的检验方法。（见图1~图3）

图1　蔗糖　　图2　将量取的斐林试剂加入实验材料中　　图3　以蔗糖为材料的实验结果

引导学生查阅资料了解：可溶性还原糖中含有的醛基（-CHO），具有弱还原性，在水浴加热的条件下与氢氧化铜发生氧化还原反应，把Cu^{2+}还原成砖红色的Cu_2O（氧化亚铜）；蔗糖分子中没有游离醛基，不具有还原性，因此不能产生砖红色沉淀。

图4　实验材料：西瓜

西瓜中含有大量的还原糖，实验结果也出现了砖红色沉淀，但和实验前的西瓜汁相比较，颜色变化并不明显，显然西瓜不是做实验的好材料。（见图4、图5）

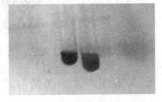

图5　实验前后西瓜汁的颜色比较

现榨的梨汁或者苹果汁颜色较浅，加入斐林试剂用水浴法加热后，出现砖红色沉淀。这些材料颜色变化的过程非常清晰，因此是理想的实验材料。（见6）

图6　水浴加热

2. 做还原糖实验时，加入斐林试剂用水浴法加热，若加热时间长、温度高，材料会出现什么现象？

如图7所示，左边试管中材料的颜色为按正常实验条件进行实验得到的结果；右边试管中材料的颜色是在加热时间长、温度高条件下进行实验出现的实验现象——逐渐变为黑色。

学生查阅资料后做出如下解答：还原糖加入斐林试剂用水浴法加热后会生成砖红色的氧化亚铜沉淀。如果加热时间长、温度高，则氧化亚铜会进一步氧化，生成黑色的氧化铜。

图7　正常加热与长时间加热的实验现象比较

3. 双缩脲试剂遇蛋白质变紫色的原因是什么？

用鸡蛋黄做实验结果会怎样？如何培养学生对这个问题的探究能力？

教师引导学生查阅教材中氨基酸的结构简式以及氨基酸脱水缩合形成蛋白质的过程。教材"与生活的联系"中有这样一段描述："高温使蛋白质分子的空间结构变得伸展、松散，容易被蛋白酶水解。"教师提醒学生注意高温破坏的是蛋白质的空间结构，而不是肽键，用蛋白酶或者肽酶才能破坏肽键。学生基于以上知识提出假

图8 学生讨论

设：①蛋白质中的肽键遇双缩脲试剂产生遇色反应；②蛋白质的空间结构遇双缩脲试剂产生遇色反应；③氨基酸分子遇双缩脲试剂产生遇色反应。（见图8、图9）

$$H_2N-\overset{\overset{\displaystyle H}{|}}{\underset{\underset{\displaystyle R_1}{|}}{C}}-\overset{\overset{\displaystyle}{\|}}{\underset{\underset{\displaystyle O}{}}{C}}-\boxed{OH\ H}-N-\overset{\overset{\displaystyle H}{|}}{\underset{\underset{\displaystyle R_2}{|}}{C}}-COOH \rightarrow \boxed{H_2O}+H_2N-\overset{\overset{\displaystyle H}{|}}{\underset{\underset{\displaystyle R_1}{|}}{C}}-\overset{肽键}{C}-N-\overset{\overset{\displaystyle H}{|}}{\underset{\underset{\displaystyle R_2}{|}}{C}}-COOH$$

二肽

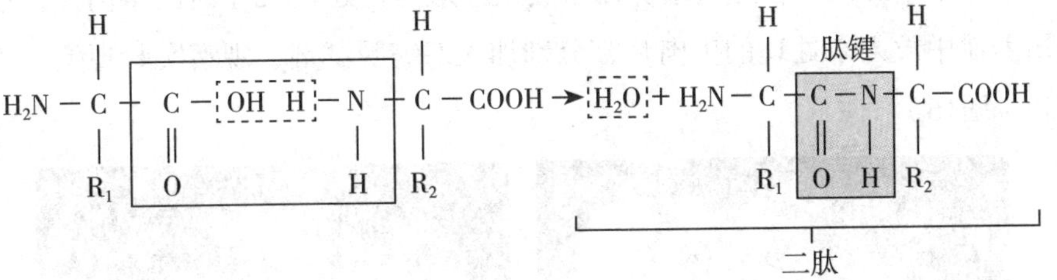

图9 氨基酸脱水缩合形成肽键

（1）针对假设①②进行的实验：究竟是蛋白质中的肽键还是其空间结构遇双缩脲试剂会产生遇色反应？

取两支试管标号为A、B，先分别加入经过适当稀释的2 mL生鸡蛋清和2 mL蛋白悬浊液（将熟鸡蛋的蛋白加水研磨后过滤），再分别加入双缩脲试剂，观察两支试管产生的现象。如果熟蛋白加入双缩脲试剂后无紫色产生，则说明是蛋白质的空间结构遇双缩脲试剂产生遇色反应；如果有紫色产生，则是肽键遇双缩脲试剂产生遇色反应。（如果两支试管都变紫，说明在蛋白质中是肽键遇双缩脲试剂产生变色反应）（见图10、图11）

图10 研磨熟蛋白

图11 量取蛋白悬浊液

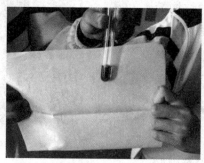
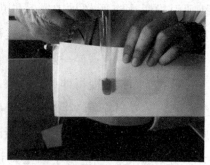

图12　生蛋清的实验结果　　　　图13　熟蛋白的实验结果

（2）针对假设③进行的实验：氨基酸分子遇双缩脲试剂会产生变色反应吗？

取两个培养皿，在左边培养皿中放入经嫩肉粉处理0.5小时的生肉片，在右边培养皿中放入未处理的生肉片，分别加入双缩脲试剂，观察实验现象。（见图14～图16）

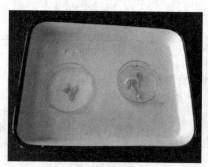

图14　经嫩肉粉处理及未处理的生肉　　图15　滴加双缩脲试剂

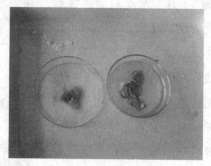

图16　实验结果

实验现象：右边培养皿中未经处理的肉片边缘呈现大面积紫色；左边培养皿中的肉片其变紫部分少于右边，但差异不明显。

实验结果分析：该实验不能说明氨基酸分子会和双缩脲试剂产生紫色反应。

理由：①虽然经过0.5小时处理，但嫩肉粉中的蛋白酶不可能把肉片中蛋白质的肽键都破坏掉，得到很多单独的氨基酸分子。②嫩肉粉中的蛋白酶本身就是蛋白质，遇双缩脲试剂可以产生变色反应。

本实验最大的难点是不能得到纯净的氨基酸。市面上卖的氨基酸口服液，其中添加成分很多，会对实验造成干扰，因此它也不是理想材料。

（3）用鸡蛋黄做实验会出现什么现象？

如图17所示，四支试管从左到右分别加入等量的熟蛋黄（研磨）、生蛋黄（稀释）、熟蛋白（研磨）、生蛋清（稀释），加入双缩脲试剂后观察现象。

实验结果：用鸡蛋黄作为实验材料几乎观察不到紫色，而用鸡蛋清作为实验材料则效果很明显。

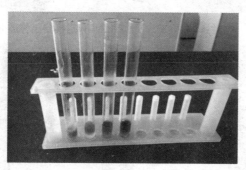

图17　四种实验材料的显色结果

4. 市面上卖的脱脂奶粉中是否真的不含脂肪？

对未知成分的材料，如何判断其是否含有还原糖、脂肪和蛋白质？

学生做实验，如图18～20所示。

图18　市场销售的 　　图19　滴入苏丹Ⅲ染液 　　图20　植物油中滴入
　脱脂奶粉 　　　　　　后颜色几乎无变化 　　　　苏丹Ⅲ后变色明显

学生得出结论：从实验结果来看，取样的这种奶粉几乎不含脂肪或含量极少。这与其产品描述相符。

学生又用袋装纯牛奶为材料，分别加入双缩脲试剂、苏丹Ⅲ染液、斐林试剂进行对此检测。结果显示：3支试管分别出现了紫色、橘黄色、砖红色，但颜色都非常浅。（见图21~图25）

图21　实验材料　　　　图22　分别检测三种成分

图23　蛋白质检测结果　　图24　脂肪检测结果　　图25　还原糖检测结果

学生对此实验现象进行了解释：从3支试管中呈现的颜色来看，袋装牛奶中含有3种有机物，含蛋白质的量可能相对多一些。另外，牛奶中的含水量多少会影响实验结果。

5. 来自高考题的思考

（2014·广东高考·T5）从日常经验可知，香蕉成熟后甜味会增加很多，这是因为其在成熟过程中可溶性糖的含量增加了吗？基于这个问题，学生开始设计实验来探究香蕉在成熟过程中还原糖含量的变化情况。

取等量的生、熟香蕉，加等量清水研磨，过滤，取两支试管分别加入2 mL滤液，加入斐林试

图26　生香蕉和熟香蕉

剂后进行水浴加热，如图26～29所示。

实验现象：用熟香蕉做材料的试管中的砖红色比用生香蕉做材料的试管中的红色要深（见图30），说明熟香蕉中含有更多的还原糖。

图27　称取等量实验材料

图28　生、熟香蕉滤液

图29　用水浴法加热

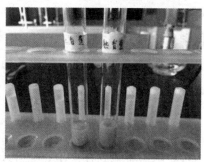

图30　实验结果

结论：香蕉果实成熟过程中，部分物质会转变为还原糖。

【主要收获和反思】

1. 收获和反思

本实验相对简单，是学生上高中以来的第一个实验，是锻炼学生实验能力的好机会。全班学生都按照教材上的实验设计顺利完成了实验，做实验的过程中又再生了很多问题。课后，教师还组织生物兴趣小组做了进一步探究。这样的处理，让这节实验课较好地体现了生物学学科核心素养的四个方面，即生命观念、科学思维、科学探究和社会责任。

2. 本次探究着重四个方面的研究

（1）材料的选择

材料选对，实验就成功了一半。孟德尔做遗传实验时，花了几年时间研究山柳菊，结果却一无所获，最后选择豌豆才获得成功。还原糖、脂肪、蛋白质是细胞中普遍存在的几种化合物。为此，笔者准备了树枝、西瓜、梨、苹果、香蕉、萝卜、花生、豆浆、生/熟鸡蛋清、生/熟鸡蛋黄、牛奶等多种材料，让学生选择最适合的实验材料，体会材料选择的重要性。

（2）探究实验条件改变导致实验现象改变的原因

大多数学生按照书上的实验条件及步骤，取得了很好的实验结果。但在还原糖的检测实验中，部分小组未能严格按要求操作，加热时间过长、温度过高，使生成的砖红色逐渐加深。遇到这种情况后，笔者要求学生重新做一次，并查阅资料，找出颜色变化的原因。

（3）探究蛋白质与双缩脲试剂反应呈现紫色的原理

学生在查阅教材的内容后，提出了几种假设，并针对相应假设设计不同的实验来检验。虽然最后无法检测氨基酸分子是否遇双缩脲试剂会产生变色反应，但学生毕竟努力尝试过了。笔者想如果以后学生有机会得到纯净的氨基酸，会重新来做这个实验的。这也是通过本实验所要达到的目的之一——培养学生的科学探究精神。

（4）用实验来解决生活中的疑问，关注高考题的真实情境化

高血脂的病人需要喝脱脂奶粉，市面上销售的脱脂奶粉真的没有脂肪吗？学生通过实验证实了产品描述基本符合实情；同时通过这一实验也增强了学生的社会责任感。高考试题越来越重视用真实情境对学生进行考查，而对高考题中出现的情境做进一步的实验探究，也有利于加强学生的科学思维。

3. 以培养学生生物学学科核心素养为主要目的

笔者认为不管采取什么方法来进行教学，目的只有一个，就是加强学生生物学学科核心素养的培养。通过对实验"检测生物组织中的还原糖、脂肪和蛋白质"的反复探究，通过不断发现新问题，然后不断设计新的实验来验证，学生各方面能力均得到了提高，最重要的是对待疑问的态度有了很大变化。以前学生有不懂的问题只知道询问老师，在这个实验中，学生学会自己想办法解决问题。给笔者印象最深的是，有两个学生争论蛋白质和双缩脲试剂反应产生紫色的原理。他们提出各种疑问，然后翻书查、上网查。他们先否定一部分确定错误的说法，对不能确定的说法就用实验来检验，做完实验后又重新检查所做实验是否严谨。他们这种认真的态度让人感到很欣慰。做完实验后，看到剩下

的鸡蛋黄，学生又生成了新的问题：平时都是用鸡蛋清来做实验，鸡蛋黄中也有蛋白质，可以作为实验材料吗？带着这个疑问，大家开始研磨熟蛋黄，准备做实验。看到实验结果并和用蛋清做材料的结果相比较后，大家一致认可了检验蛋白质要用蛋清做材料。像这样的疑问和探究在本实验中随处可见，学生从中不仅学到了知识，还提高了动手能力和养成了良好的学习习惯。

4. 通过调查，启发学生的存疑思想，增强学生的社会责任感

通过对脱脂奶粉的检验和牛奶成分的调查，培养了学生的存疑思想，增强了学生的社会责任感。

这些年在网上流传着很多伪科学知识，转载量还很高。由此，我想到了如何培养学生社会责任这个问题。学生在课堂上学了很多理论知识，但很多学生的学习是与实际生活严重脱节的，在答题时只知道按标准答案来解答，一遇到实际问题就犯糊涂。

如果在教学中能让学生养成提出问题的习惯，解决问题的行动，培养学生的社会责任，努力让学生影响他们周围的亲朋好友，让正能量得以传播，我想就不会有那么多谣言再流传了。不过这确实是任重而道远！

5. 体会高考题和日常生活的联系

近年来，很多高考题都是在真实的实验情境下考查学生核心素养的，因此实验教学的重要性不言而喻。本实验只是做了香蕉成熟过程中还原糖含量变化情况的初步检测，让学生稍微体会一下高考题和日常生活的联系，等到了一轮复习时，可挑选一些考试中常见的实验情境，带领学生亲自做实验，让学生思考题目的设问，把理论和实践联系起来，进一步提升学生的思维能力。

【教学设计】

检测生物组织中的糖类、脂肪和蛋白质

1. 教学目标

（1）尝试用化学试剂检测生物组织中的糖类、脂肪和蛋白质。

（2）培养学生实验操作能力，让学生初步尝试设计探究实验。

（3）培养学生分析实验结果的能力、小组合作的能力。

（4）通过对未知材料中所含化合物的探究，引导学生关注日常生活现象并做出理性解释；引导学生辨别迷信和伪科学，养成实事求是的科学态度。

2. 课前准备工作

（1）教师准备：准备实验材料及器材；推测实验过程中可能出现的情况，做到心中有数。

（2）学生分组：将全班分为25个组，每组两人，分别做不同材料的还原糖、脂肪、蛋白质的检测，包括对同等质量的苹果和梨中还原糖含量多少的检测，对西瓜汁和蔗糖中还原糖的检测，对未知材料（纯牛奶）的检测，等等。最后让学生共享实验结果，得出结论。

（3）学生准备：复习本实验的原理，预习实验操作步骤。

（4）设计实验表格（见表1、表2）。

表1　检测不同材料中的还原糖、脂肪和蛋白质

化合物 ＼ 材料	苹果汁		花生匀浆		动物肥肉		豆浆		鸡蛋清		西瓜汁		蔗糖		纯牛奶	
	预测	实测	预测	实测	预测	实测	预测	实测	预测	实测	预测	实测	预测	实测	预测	实测
还原糖																
脂肪																
蛋白质																

表2　尝试检测苹果汁和梨汁中还原糖的含量

糖含量 ＼ 材料	苹果汁		梨汁	
	预测	实测	预测	实测
还原糖含量				

3. 教学过程（见表3）

表3　教学过程

教学步骤	教师组织和引导	学生活动	教学意图
复习实验原理	在黑板上简单展示实验原理；要求学生把教材翻到教材第18页，再次阅读教材中的实验原理	阅读实验原理，明了自己将要做的实验	让学生重温实验原理，对将要进行的实验做到心中有数，以增强实验的目的性

教学步骤	教师组织和引导	学生活动	教学意图
问题导入	课前在实验台依次放好实验材料，提出问题：根据日常经验和上节课的学习内容，请同学们来说说分别用这些试剂检测什么有机物最合适	小组讨论并回答： （1）用苹果汁、西瓜汁检测还原糖。 （2）用花生浆、动物肥肉检测脂肪。 （3）用豆浆、鸡蛋清检测蛋白质。 （4）用白糖（蔗糖）检测还原糖。 （5）牛奶中可能含还原糖、蛋白质、脂肪等	让学生体会选择合适实验材料的重要性
对实验结果做出预测	通过对实验原理的分析引导学生预测实验结果	小组自主学习并讨论，在事先准备好的表格中填上预测结果	让学生对将要进行的实验会出现的现象进行预测，做到心中有数
进行实验	根据刚才做的准备工作组织学生开展实验，教师巡回指导	学生实验	锻炼学生动手能力和小组合作能力
实验结果记录与分析	（1）在做实验的过程中让学生把观察到的实验现象如实填写在事先准备的表格中。 （2）让学生分享实验结果，讨论并得出结论	（1）学生边做实验，边填写表格。 （2）各组分享实验结果。 （3）每组选一人描述本组的实验结果，并与预测结果做比较。如果实测与预测不符，则大家共同讨论原因并提出解决方案。 （4）得出结论	（1）培养学生在实验过程中如实记录实验现象的习惯。 （2）学生学习分析实验现象，得出结论。 （3）让学生体会完整的实验流程，包括实验准备、实验过程、实验结果分析等。 （4）增强学生的动手能力、分析能力和合作探究能力
反思实验	教师引导学生总结实验成功及失败的原因	学生再次回顾实验，小组讨论实验成功及失败的原因	培养学生具有分析问题、发现不足、纠正错误的严谨的科学态度

4. 反思总结、提炼经验

（1）由于本实验是一个验证实验，学生对实验的流程、现象及结果等内容是已知的，因此整个实验过程比较顺利。

（2）在以往的教学过程中发现学生对颜色干扰、非还原糖等内容较易混淆，因此本实验增设西瓜汁（颜色干扰）、白砂糖（蔗糖，属于非还原糖）这两组实验，以便加深学生印象。

（3）增设了一个探究未知材料（纯牛奶）的实验，让刚上高中的学生尝试设计实验的方法及流程，弥补了本实验在探究方面的不足，为以后探究实验的开展做好铺垫，同时启发学生的探究精神，增强学生的社会责任感。

（4）将花生子叶切成薄片是个难点，我改用将花生切面涂抹在载玻片上和动物脂肪组织一起观察。这样做有两个好处：一是避免学生在有限的时间内因为操作不当而受伤；二是学生观察完花生（植物材料）后再观察动物脂肪组织，可以深刻体会动植物材料中都含有脂肪这个知识点。但也有其缺点，学生不易观察到植物细胞中完整的脂肪颗粒。

（5）在做检测还原糖实验时，学生发现有些小组的实验材料颜色呈现砖红色，效果很好，而有些小组的实验材料颜色呈现黑色。此时，我就引导学生找原因，让学生重新阅读教材的相关内容，讨论出现的问题，再重新做实验。最后，学生发现导致这样的结果有两个原因：一是水浴加热的时间太长；二是水温太高。接着，我又让学生查资料寻找水浴加热时间长、温度高，砖红色沉淀变黑的原因。用豆浆做检测蛋白质实验时，学生发现实验材料呈现的紫色非常淡。我就让学生分析原因。一些学生认为是豆浆中水分太多。于是他们又用另一袋豆浆重新做实验，则出现明显的紫色，说明学生的分析是正确的。这样的讨论和分析让学生受益匪浅。

（6）实验结果的分析是本节课的一个重点，教师循序渐进的引导可以让学生学习如何分析实验结果。呈现高考试题中的其他实验设计时，学生可以很快找到实验的关键点，从而准确判断高考试题所要考查的内容。

（7）科学分组，让学生在有限的时间内完成所有的实验，并学会分享实验结果，培养学生相互信任、共同合作的良好品质。

【作者简介】

文媛，昆明市安宁市昆钢第一中学高中生物教师，是中学高级教师，是昆明市学科带头人、安宁市学科带头人，首届"安宁市名师"，昆明市张玉代名师工作室成员，昆明市2017届高考学科专家组成员，保山隆阳区"国培计划"特聘省级专家，昆明市名师网络课堂授课教师，国家三级心理咨询师，校本课程编撰者之一。其在安宁市各级评审中多次承担评委工作，多次参与高考改卷工作，多次参与昆明市高三复习检测生物试卷的出题、审题、改卷工作，并多次承担各级公开课、示范课的教学工作。

文媛是昆明市张玉代生物名师工作室承担的市级课题"基于核心素养的高中生物学课堂实验教学研究"（立项编号：JY16006）子课题"检测生物组织中的还原糖、脂肪和蛋白质"负责人。

【荣誉证书】

实验 2 用高倍显微镜观察叶绿体和细胞质的流动

【问题的提出】

观察叶绿体和细胞质流动是在学习细胞器相关内容之后的一个观察性实验。该实验原理清晰明了，方法步骤简单易操作，实验现象较为明显。在实际的实验教学过程中，69所学校对观察叶绿体的实验设置率达到100%。但存在的问题是：教师都是按照教材进行教学，只能进行基本实验操作练习和验证性的观察，实验的探究性不强，难以达到实验教学对学生探究能力培养和科学思维训练的目标要求。

观察细胞质流动为《普通高中生物学课程标准（2017年版）》要求增加的实验。在调查的学校中，部分学校的教师在让学生观察叶绿体的同时，会指导学生观察细胞质的流动。叶绿体可作为观察指标，在显微镜下可看到其随着原生质的流动而流动，实验比较简单。但是在实际操作中，学生的观察效果并不理想，所以我尝试让学生观察不同的材料以帮助学生更好地观察细胞质的流动。

【解决的策略】

1. 黑藻是观察叶绿体和细胞质流动的理想材料

鉴于时令和地域差异，藓类叶片不一定能找到，因此实验材料的替代材料是教师教学中思考和研究的重点方向。已经有研究者发现可以利用菠菜、黑藻、水绵、芦荟、莴笋、白菜叶、蚕豆叶、牛皮菜、葱叶等绿色叶片观察叶绿体。用蚕豆叶观察叶绿体的同时，还可以观察叶中气孔的结构。可以说这些实验材料已经能够克服南北差异和季节差异，在各个学校都能找到相应的实验材料进行实验。在温暖的南方，在水库、池塘和小河中容易找到黑藻作为实验材料。黑藻细胞中叶绿体大而丰富，容易观察，并且黑藻叶片薄，可以直接取叶制作临时装片，操作简单。因此，黑藻是观察叶绿体和细胞质流动的理想材料，如图1所示。

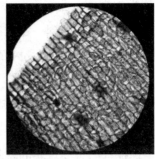

图1　显微镜下的黑藻细胞

黑藻属单子叶多年生沉水植物。茎直立生长，长50～80 cm。叶呈披针形，4～8片轮生。通常以4～6片为多，长1.5 cm左右，宽约0.15～0.2 cm。叶缘具小锯齿，无柄。有冬芽，生在小枝顶端，作为营养繁殖用。夏季采集到后，可以一年四季连续培养。

观察细胞质流动的理想材料是黑藻，通过实验发现，也有其他相对较好的替代材料。如果找不到黑藻，可用以下材料代替：紫鸭跖草雄蕊的花丝表皮毛、向日葵舌状花花冠的表皮、万寿菊管状花花瓣的表皮、黄瓜嫩茎的表皮毛、小麦的根毛等。[①]

2. 用多种方法处理实验材料可以更容易观察到细胞质的流动

对于观察细胞质的流动，很多学生的观察效果并不理想。在以黑藻为实验材料进行实验的过程中发现，对实验材料进行一定的处理，能够更好地观察细胞质流动。

首先，实验的时间。笔者通过多次实验发现，每天11：00～17：00这段时间内细胞质的流动速度相对较快，更容易观察。因此，我将实验课安排在下午进行，这样学生观察的成功率较高。其次，温度和光照对细胞质流动的影响。实验前将黑藻进行一定时间的光照，能增强细胞质的流动；用25 ℃左右的温水浸泡黑藻也能加快细胞质的流动，有利于学生观察实验结果。再次，黑藻不同部位叶片的细胞质流动性不一样。与茎的中段和根部相比，黑藻茎尖端的叶片细胞质流动速度相对较快，并且靠近叶脉部分的细胞，细胞质的流动速度更

①周春元.关于"观察细胞质流动"实验的几点补充［J］.中学生物学，2008（06）：41，60.

快，更容易学生观察。最后，一些无机盐离子对细胞质流动的影响。笔者发现，当钾离子和氯离子达到一定浓度时，能明显加快黑藻细胞质流动的速度。因此，实验时对材料滴加0.3 mol/L的氯化钾（KCl）溶液一滴，可以使观察效果更好。

3. 由学生设计实验方案可以增强实验教学的探究性

除了教师提供的基本观察材料（菠菜叶片和黑藻）外，可以让学生查阅资料后，自主选择自己想要观察的材料并带到实验室进行自主探究观察。这样既保证了学生能够观察到叶绿体和细胞质流动，也激发了学生探究的欲望，使学生能在自主探究的过程中，不断地发现问题，思考问题，解决问题。虽然学生的实验方案不一定比教材给出的方案好，但是学生通过亲自尝试能体验探究的过程，通过不断地思考能提炼自己的经验方法。虽然有的学生没有得到较好的实验观察结果，但是思考和尝试的过程却比得到结果更加重要。

对未知结果进行探究、对自己所想进行尝试，激发了学生的学习兴趣，同时让学生在尝试中不断地分析和判断，对自己的假设得出结果，是使学生走向自主探究的第一步。但这样的尝试要求教师必须在课前做好指导。只有学生做足充分的准备课堂效率才能提高，对课堂生成的问题，不一定有时间及时解决，可以把部分问题延伸到课后。

4. 让学生对实验进行分析和讨论是培养其科学思维的有效途径

实验课中对于学生科学思维的训练，重点在于让学生对实验结果进行分析，包括推理分析和归纳总结。

在观察叶绿体实验中，让学生两人为一个小组，每个小组至少观察两种实验材料，即根据教师提供的菠菜叶和黑藻叶中任选其一进行观察，之后对自主准备的材料进行观察。观察结束后各小组展示自己的实验结果，并分析实验成功或失败的原因。

学生发现的问题及解决办法：①用黑藻叶片直接观察效果较好，因为黑藻叶片比较薄，而且叶绿体较为丰富。②用芦荟叶也能较好地观察到叶绿体，但是取材时要注意取绿色部分，洗去胶状物质，用解剖针挑取叶肉细胞。③取用水绵的丝状物直接观察，也能观察到叶绿体。④用菠菜做实验材料时，不能直接观察。因为菠菜叶片较厚，光线不能穿过，另外挑取叶肉细胞也不方便。但撕取菠菜叶下表皮时，会略带叶肉细胞，方便观察。⑤用校园中普通的树叶不容易观察到叶绿体，原因是不容易取到单层的叶肉细胞。⑥用白菜叶和大葱叶观察时，白色部分容易取到表皮细胞和叶肉细胞，但均没有叶绿体。绿色部分能看到绿色颗粒，但是因为取材的原因，叶绿体堆叠在一起，不容易辨别叶绿体的形态。

上述这些问题既涉及实验操作的规范性和科学性的要求，又涉及实验材料优劣的选择。实验中，学生对叶绿体的分布进行了一定的归纳和总结，对叶绿体在不同细胞中的分布及形态进行了对比，这比单纯机械地记忆要深刻得多。学生交流讨论的过程既是改进实验的过程，也是思维提升的过程。

在观察细胞质流动的实验中，很多学生没有观察到结果，小组之间可以相互交流和反思：①是否所有细胞都有细胞质的流动，哪些材料容易观察到？②相同的材料，小组实验存在差异，操作是否会影响结果？③哪些因素会影响细胞质的流动？改进实验后能否顺利观察到结果？④没有叶绿体的细胞是否能够观察到细胞质的流动？⑤不同材料的细胞质的流动情况是否相同？

这些问题的思考既是对实验的发散性思考，同时也是对教师或教材方案的批判性思考。学生通过亲自动手实验和小组间的对比分析，得出自己的结论，形成自己的认知，完善自己的知识网络。各小组在交流分享后，最终归纳出细胞质流动的特点。因为实验目的不单追求学生看到了什么，还追求学生想到了什么以及如何思考和分析问题，所以在实验课的教学中，让学生分小组进行展示交流和答辩显得至关重要。

【教学设计】

观察叶绿体和细胞质流动

1. 教学指导思想

生物学是一门以实验为基础的自然科学。生物学实验是中学生物学教学的重要组成部分，是达成中学生物教学目标的重要途径。培养学生的观察、操作和实验探究的能力，是生物实验教学的重要目标之一。生物学实验可以培养学生的思维能力和动手能力，培养学生实事求是的科学态度。

本实验是一个观察性的验证实验，操作步骤简单，效果明显，探究性强。若按照教材步骤顺序完成实验操作，只能起到实验操作和观察的作用，用时较短，学生兴趣不高。所以在此教学案例中，我改用基于学生自主探究的学习模式，由学生查阅资料，自主准备实验材料，观察自己感兴趣的实验材料。学生在实验过程中对比分析，发现问题，解决问题，从而归纳出叶绿体分布于哪些细胞中，哪些实验材料易于观察，操作中有哪些能够提高实验效果的小方法，等等。这些都能使学生对于叶绿体的分布和细胞质的流动有更加深刻的认识，进而对于实验材料的处理和实验操作的探索也有了自己独特的认识。

2. 实验教学分析

本实验的重点在于制作临时装片并在显微镜下观察叶绿体和细胞质的流动。学生在之前的实验中已经学习过制作临时装片和使用高倍镜，所以这节课可以采用两人小组互相指导的操作方式进行，选用多种材料多次制作装片和观察，从而达到学生熟练掌握的目的。难点在于引导学生分析实验结果，反思实验材料在选择、处理和实验操作中存在的问题。这也是学生在体验式的探究过程中最大的收获。所以，在教学中应及时组织学生的展示和讨论，分析实验成功或失败的原因，不断地改进实验方法。

3. 教学目标

（1）制作临时装片，让学生用高倍镜观察叶绿体和细胞质流动。

（2）让学生说出叶绿体形态和分布，说出细胞质流动的方式。

（3）让学生表达交流实验结果、对实验结果或问题进行归纳总结，对实验材料和实验方法的设计进行发散性思考和批判性思考，总结出合理科学的实验方案。

4. 教学准备

（1）教师准备：菠菜叶、黑藻叶、显微镜、载玻片、盖玻片、滴管、镊子、解剖针、刀片等。

（2）学生准备：预习实验，了解实验的目的、原理、方法和步骤；准备自己想观察的实验材料，如白菜叶、洋葱、芦荟叶、水绵、大葱、校园中的树叶、小麦根毛等。

5. 教学过程（见表1）

表1　教学过程

教学步骤	教师活动	学生活动	教学意图
情境导入	展示提前制作的黑藻叶片细胞临时装片，并投影给学生。 提问：除了黑藻叶，哪些实验材料也可以用于观察叶绿体和细胞质流动？请学生展示实验材料；让各小组自行制作临时装片并观察	学生观察叶绿体的分布及细胞质的流动。 学生展示自己小组的实验材料，如白菜叶、洋葱、芦荟叶、水绵等	激发学生学习兴趣
观察叶绿体	让学生两人一组，每个小组至少观察两种实验材料（在教师提供的菠菜叶和黑藻叶中任选其一进行观察，之后再观察自带材料）。 提醒：在显微镜下观察的材料应薄而透明；在获取实验材料的过程中应注意尽量只取一层细胞，以便观察。 （实验过程中观察并指导各小组的操作）	学生操作： （1）制作临时装片。 （2）在低倍镜下找到细胞，在高倍镜下观察	利于学生对实验材料的对比
小组展示交流	请各小组展示自己的实验结果，并分析成功或失败的原因。 首先，让观察成功的小组来分享经验。 然后，请实验效果不理想的小组来分享经验。	各小组学生分别展示并分析： （1）用黑藻叶片直接观察，效果较好。因为黑藻叶片比较薄，并且叶绿体较为丰富。 （2）用芦荟叶也能较好地观察到叶绿体。但是取材时要注意取绿色部分，洗去胶状物质，用解剖针挑取叶肉细胞。 （3）取用水绵的丝状物直接观察也能观察到叶绿体。 小组分享经验： （1）用菠菜做实验材料时，不能直接观察。因为菠菜叶片较厚，光线不能穿过，另外挑取叶肉细胞也不方便。但撕取菠菜叶下表皮时，会略带叶肉细胞，方便观察。 （2）用校园中普通的树叶不容易观察到叶绿体，原因是不容易取到单层的叶肉细胞。	学生总结反思

续 表

教学步骤	教师活动	学生活动	教学意图
小组展示交流	提问： （1）叶绿体分布于所有的植物细胞中吗？ （2）不同细胞的叶绿体含量一样吗？ （3）叶绿体在细胞中是静止的吗	（3）用白菜叶和大葱叶观察时，白色部分容易取到表皮细胞和叶肉细胞，但均没有叶绿体。绿色部分能看到绿色颗粒，但是因为取材的原因，叶绿体堆叠在一起，不容易辨别叶绿体的形态。 学生回答： （1）不是。叶绿体只分布于植物的绿色部分，并且主要存在于叶肉细胞中。 （2）不一样。例如，在菠菜叶肉细胞中，靠近上表皮的细胞含叶绿体多，靠近下表皮的细胞含叶绿体少。 （3）不是。叶绿体随细胞质的流动在细胞中运动	学生总结反思
观察细胞质流动	让学生两人为一个小组，利用刚才制作的临时装片观察细胞质的流动。 操作提醒：本实验中，注意光线的控制和方法的改进创新	学生观察： （1）细胞质是否会流动。 （2）不同材料的细胞质流动的方式是否相同。 （3）相互交流哪些方法能够更容易观察到细胞质流动	利于学生对比
小组展示并交流	请各小组展示自己的实验结果，并分析成功或失败的原因。 （1）让观察成功的小组来分享经验。 （2）教师帮助学生鉴别实验结果。 （3）让学生交流细胞质流动的情况。 （4）学生交流并分析没有观察到细胞质流动的原因。 "同学们的想法非常好。尝试从黑藻的不同部位取材并改变光照和温度，之后再次实验。"	各小组学生分别展示并分析（学生犹豫，不确定看到的是否是细胞质的流动）：利用黑藻作为实验材料，更容易观察到细胞质的流动。 学生分析：黑藻细胞中叶绿体丰富，容易观察。叶绿体的运动可以作为细胞质流动的指标。 学生交流：细胞质成薄层沿着细胞膜以一定的速度和方向循环流动，即循环流动。 有的小组没有观察到细胞质流动的原因分析： （1）与取材的部位有关系。 （2）与光照和温度有关系。 （3）实验操作的问题。	发现实验中的问题，及时进行改进

教学步骤	教师活动	学生活动	教学意图
小组展示并交流	请各小组展示改进后的结果：由于时间的限制，用其他材料的小组暂时还没有观察到细胞质的流动。请把这一任务留到课后完成，并思考： （1）不同材料细胞质流动的方式一样吗？ （2）没有叶绿体的细胞能够观察到细胞质的流动吗？	学生小组间相互交流和学习之后再次实验。学生交流并展示改进后的结果： （1）将黑藻在适当的温水中浸泡可以加强细胞质的流动，有利于观察。 （2）将黑藻置于阳光下一段时间有利于观察。 （3）与茎中和根部的细胞相比，茎尖的叶片更容易观察到细胞质的流动。 学生课后查阅资料并完成后续实验	发现实验中的问题及时进行改进
课堂小结	这节课，同学们利用老师提供的材料和自己准备的材料，观察了细胞中的叶绿体和细胞质的流动。同学们在材料的选择、处理和实验操作过程中有很多自己独特的方法和心得。希望同学们继续保持对科学探索和验证的热情，不断地发现问题、解决问题。同时，今天课后请各小组同学把自己实验中选材、处理材料和操作过程中成功或失败的原因总结记录下来，并通过查阅资料和亲自实践找到观察叶绿体和细胞质流动的更好方法	总结自己实验的得失	总结并布置作业

6. 问题研讨

（1）在本次实验教学中，教师只提供基本的实验材料和实验步骤，没有告诉学生最优的实验方案，想让学生自己选材进行实验，并在实验中不断地总结经验，不断地改进实验。这激发了学生进行探究的欲望。可能有的学生没有得到较好的实验观察结果，但思考和尝试的过程比结果更重要。我们在实验教学中往往侧重评价学生的实验结果，而忽视了对学生能力和方法的评价。这个案例最大的优点是注重探究过程的体验。

（2）教学中把叶绿体的观察和细胞质流动的观察分为两个模块进行，让学生在观察叶绿体后进行讨论，由于学生还兴致勃勃地想着进行细胞质流动的观察，因此展示、分享和讨论的效果不理想。下次实验可以尝试让学生在完成全部叶绿体和细胞质流动的观察之后，再统一进行展示、分享和讨论，这样不仅能提高学生的专注力，还能提高课堂的效率。

（3）实验过程中教师对学生基本操作的指导不够。部分基础偏弱的学生还没有完全掌握临时装片的制作、高倍镜的使用等基本操作。让学生在没有教师指导的情况下进行实验，学生会显得慌乱无序。但是课堂上要进行实验的分享和讨论，再讲基本操作显得时间不够，所以应该提前对基础偏弱的学生进行基本操作的培训。此内容的学习和探究要从课前、课中一直延伸到课后，不单是为了让学生观察到叶绿体和细胞质的流动，更重要的是培养学生的发散性思维和批判性思维，训练学生的探究能力以及让学生养成求知求真的态度。

【作者简介】

娄子林，昆明市第十四中学生物教师，是中学一级教师，五华区学科带头人，五华区"教坛新秀"，昆明市"教坛新秀"，多次荣获五华区"先进教育工作者"、五华区"优秀班主任"等荣誉称号。在"一师一优课，一课一名师"活动中两次获省级"优课"，并获得云南省"优课名师"称号。在昆明市初中、高中课堂教学竞赛中连续四届获市级一等奖。多次参与省、市、区级命题工作，主编和参与编写多本教学教辅书籍，在省级刊物发表多篇论文。

娄子林是昆明市张玉代生物名师工作室承担的市级课题"基于核心素养的高中生物学课堂实验教学研究"（立项编号：JY16006）子课题"观察叶绿体和细胞质的流动"负责人。

【荣誉证书】

实验3 尝试制作真核细胞的三维结构模型

【问题的提出】

"尝试制作真核细胞的三维结构模型"是《普通高中生物学课程标准（2017年版）》为帮助学生达成对大概念1"细胞是生物体结构与生命活动的基本单位"的理解，促进学生生物学学科核心素养的提升而要求开展的教学活动，是现行人教版教材第三章《分子与细胞》的重点内容，是学生在高中阶段生物学课程学习中的第一个模型建构活动。

学生在学习细胞膜、细胞器和细胞核的结构与功能的基础上，通过尝试制作模型，体验建构模型的过程，不仅能更加直观、形象的感悟细胞膜、细胞器和细胞核的结构与功能，学会模型建构的一般方法，还能培养学生合作探究精神和动手实践、操作的能力。但相关的调查结果表明，在实际的教学中，由于教学任务重，模型建构活动较费时，课堂教学活动难以组织等原因，本活动多数情况下是让学生在课后自主完成的，因而没有充分达成模型建构在促进学生核心素养形成中的教育价值。针对上述现状和问题，笔者提出以下教学策略。

【解决的策略】

1. 用STEAM理念，重新审视模型建构的意义

STEAM，即科学（Science）、技术（Technology）、工程（Engineering）、艺术（Art）、数学（Mathematics）的首字母。STEAM教育就是集科学、技术、工程、艺术、数学于一体的综合教育。STEAM教育理念从STEM教育计划演变而来。STEM理念是2013年4月美国发布的《下一代科学教育标准》中提出的，旨在打破学科疆域，通过对学科素养的综合应用，解决实际问题，培养学生跨学科思维和综合实践能力，即培养综合性的人才，提升国家在全球的创新力和竞争力。

模型是对事物的简化模拟，是用来显示复杂事物或过程的表现手段。制作真核细胞模型的过程需要综合运用跨学科的概念和思维方法，解决现实情境中的问题，有助于培养学生的综合实践能力。其具体意义至少包括以下几个方面：

（1）让学生尝试设计并制作细胞模型，体验实践的乐趣，理解无法直接观察到的事物的本质。

（2）让学生通过模型制作的活动，进一步探究细胞的结构与功能，感悟细胞结构的完整性及结构与功能相适应的生命观念。

（3）通过分组活动，让小组各成员分工合作，完成任务，培养学生的团队精神，提高学生的动手实践能力和创新精神。

2. 挖掘STEAM教育资源

在制作真核细胞模型的过程中可以充分挖掘的STEAM教育资源很丰富，见表1。

表1　制作真核细胞模型过程涉及的STEAM教育资源[①]

STEAM	教育资源
科学	细胞结构知识、生物学结构与功能相适应知识、模型建构知识等
技术	材料加工、3DOne软件应用、3D打印、模型制作等
工程	模型方案设计、小组人员分工与活动评价等

---

①郭士安.开展STEAM融合生物学教学的尝试——以实践项目"尝试制作真核细胞三维结构模型"为例[J].生物学通报，2018，53（9）：33-36.

STEAM	教育资源
数学	细胞结构的直径大小、比例的计算等
艺术	细胞结构的色彩、工艺、美观

3. 用团体评价促发展

"学业评价促发展"是高中生物学课程的基本理念之一。本课程重视以评价促进学生的学习与发展，重视评价的诊断作用、激励作用和促进作用。教师可以通过设计表现性评价量表（见表2），以小组为单位，进行团体评价，以帮助学生认识自我、建立自信、改进学习方式，促进学生生物学学科核心素养的形成。

表2　真核细胞三维结构模型制作评价标准

学校_____　班级_____　小组及成员_____

评价指标	指标描述	权重	各小组得分					
			1	2	3	4	5	6
科学性（50分）	反映细胞共同特征，结构无误	20						
	各结构大小、比例合适，位置正确	15						
	能体现结构与功能相适应	15						
新颖性（15分）	使用废弃或环保材料	10						
	创新、创意	5						
技术应用（10分）	制作工艺	5						
	3D打印	5						
	合作度	10						
	模型制作等成果展示	10						
	艺术性（清晰、美观）	5						
总分及评价等级	A（优秀）、B（良好）、C（合格）、D（不合格）	100						
		等级						

教师可以在活动前就出示评价表，以指导小组活动，提高活动的实效性。

4. 方法指导

教师通过设计活动流程（见表3），指导小组对照评价表制订活动计划，及时记录活动情况，确保活动的有序开展。

表3 真核细胞三维结构模型制作活动方案

学校＿＿＿＿＿ 班级＿＿＿＿＿ 小组及成员＿＿＿＿＿

模拟制作步骤	具体内容
（1）制定模型的种类（植物或动物细胞）	
（2）确定使用的材料	
（3）讨论、设计方案，确定实施步骤及人员分工	
（4）分工合作制作配件	
（5）对照方案，修改完善	
（6）应用3DOne软件，设计细胞创意作品	
（7）作品展示计划	

教师可指导各小组进一步讨论确定细胞结构的颜色和选材，见表4。

表4 细胞结构的颜色及选材

学校＿＿＿＿＿ 班级＿＿＿＿＿ 小组及成员＿＿＿＿＿

细胞结构		采用的颜色	选择的材料	形状、体积大小或厚度
细胞壁				
细胞膜				
细胞器	线粒体			
	叶绿体			
	内质网			
	高尔基体			
	核糖体			
	中心体			
	溶酶体			
	液泡			
细胞质基质				
细胞核				

5. 提供信息

为保证各种细胞结构的大小成比例，教师可以提供细胞结构大小的数据（见表5），供小组讨论时参考。

表5　细胞和各种细胞器大小的参考数据

细胞结构	直径/长度
动、植物细胞	100 μm
细胞核	5～10 μm
核糖体	最小，小于其他细胞器，约0.01～0.02 μm
中心粒	0.2～0.4 μm
溶酶体	0.2～0.8 μm
叶绿体	直径约5 μm，厚约2.5 μm
线粒体	直径约0.5～1 μm，长度约2～3 μm

6. 材料选择，特别推荐超轻黏土

（1）可以制作细胞模型的物品

① 细胞核的材料：乒乓球（用钉子打眼表示核孔）、话梅、盛中药丸的球形塑料壳、玻璃球等。

② 细胞质的材料：琼脂与清水混合并加热至琼脂溶化，冷却后凝固定型；淀粉也可。

③ 细胞膜的材料：塑料袋、保鲜膜或与细胞壁同形的塑料盒、塑料饭盒、大型哺乳动物的膀胱等。

④ 细胞器的材料：可用胶囊外壳制作线粒体；用绿色葡萄干制作叶绿体；用红小豆或绿豆制作核糖体；用充满水溶液（加糖或红墨水）的小塑料袋或充水的气球制作液泡；用橘子皮或硬纸对叠成的纸板制作内质网；高尔基体可以用橡皮圈叠放制作。

⑤ 细胞壁的材料：硬纸盒、硬塑料壳。

课例一：在某小组制作的模型中，细胞核的材料是乒乓球；内质网是用带白糖的山楂条制成（白糖代表核糖体），无白糖的山楂条做滑面内质网；将花生外壳用细丝带折叠制成线粒体，将花生外壳中加入泡沫制成叶绿体，用填充泡沫制成细胞质，用气球充气制成液泡，用柚子皮制成细胞膜和细胞壁，用硬纸片折叠制成高尔基体。[①]

---

① 崔庚寅.高中生物学实验教学解读［M］.北京：北京师范大学出版社，2012：146-147.

（2）推荐超轻黏土为实验材料的理由

超轻黏土是纸黏土的一种，是一种新型环保、自然风干的手工造型材料。纸黏土是以纸纤维为主要成分的可塑性环保材质，由纸浆、树脂、黏合剂和无机抗菌剂等混合制成。现今主要在欧美、日韩等国家流行，在我国教学中利用纸黏土的实例并不多，其多为美术教学中的塑性材料。目前在生物学教学实践中未涉及利用纸黏土进行物理模型建构的研究。

纸黏土不像传统黏土需烘烤定型，它能自然风干，且不会出现裂纹；而传统橡皮泥易干裂，无法长时间保存。超轻黏土手感较为柔软，相比其他的材料更容易塑形，成形后较橡皮泥更有韧性，且完全干透的成品不会变形。制作的模型后期可保存较长时间，有些学生甚至将模型做成手机挂件或钥匙挂件长期保存。[1]

7. 提供范例，激发兴趣

教师可以在活动开始前，将以前学生制作的模型进行展示（见图1），以激发学生的创作热情。（图1中的部分图片由昆钢一中文媛老师提供。）

对于暂时没有思路的小组，教师可以提供方案，供小组参考。

图1　部分学生作品

---

[1]刘闻川，丁晴. 利用几种不同材料制作物理模型的实践与反思［J］.生物学通报，2018，53（4）：37-39.

（1）怎样制作动物细胞模型

① 实验材料。

细胞质材料制备：将20 g琼脂与800 mL清水混合并加热至琼脂溶化。如果没有琼脂（或明胶），可考虑用淀粉代替。但是淀粉的透明度稍差，需要制成剖面的形式。

其他材料：1000 mL的烧杯一个，玻璃棒、电磁炉，大头针若干（用来在细胞质中固定各种细胞器），直径约2 mm的塑料吸管若干（用来制作中心体），各种色彩的轻黏土（有些地区可选用彩泥、胶泥、面团儿），大、小塑料袋。

② 实验步骤。

第一步：先将20 g琼脂与800 mL清水混合并加热至琼脂溶化，然后将部分琼脂倒入小塑料袋。未倒入的琼脂应保温，否则琼脂会因冷却而凝固。

第二步：当塑料袋中的琼脂即将凝固时，放入事先做好的细胞核，然后注入另一部分琼脂。

第三步：放入各种细胞器，再倒入琼脂。

第四步：将塑料袋口用细线扎紧。一个动物细胞模型就做好了。

（2）怎样制作植物细胞模型

① 实验材料。

除须准备制作动物细胞模型的物品外，还应准备透明塑料小盒、小塑料食品袋、糖水和红墨水。

② 实验步骤。

第一步：做液泡。先在小塑料袋内注入糖水，滴几滴红墨水，并用细线扎紧袋口。

第二步：做细胞壁。将大塑料袋放入小塑料盒中，在大塑料袋中倒入琼脂。

第三步：放入液泡。在装有琼脂的大塑料袋中，放入第一步制作好的液泡。

第四步：放入细胞核和各种细胞器。在已盛有琼脂和液泡的塑料袋中放入细胞核和各种细胞器。

第五步：最后定形。用线将塑料袋口扎紧，将塑料小盒（细胞壁）冷却。

8. 结语

基于STEAM教育理念的模型建构，注重培养学生三维立体空间的想象能力，注重培养学生的设计创造能力和动手制作能力。各小组在讨论设计方案中百花齐放、百家争鸣，提出了许多奇思妙想。例如，对材料的选择，部分学生提出可利用树叶、铁丝、金属、豆粒、乒乓球、3D打印等材料或技术建构模型，并十分乐于实践。本教材培养了学生的创新精神、实践能力和合作交流等能力，是让生物学学科核心素养落地的重要课程。实验中重要的是要让学生自主选材建构模型。可结合校本课程的开发，组织校内模型制作竞赛活动，将学生作品集中展评，供全校师生观摩，发挥评价的激励功能，充分体现该实验的教育价值。

【作者简介】

张玉代，昆明市张玉代生物名师工作室承担的市级课题"基于核心素养的高中生物学课堂实验教学研究"（立项编号：JY16006）负责人及子课题"尝试制作真核细胞的结构模型"负责人。

【荣誉证书】

实验4 使用高倍显微镜观察几种细胞

【问题的提出】

生物学中显微镜是研究微观世界的重要工具。显微镜是中学生物实验学习中的代表工具。通过该实验能很好地衔接初高中生物学习，既能让学生回顾已有的知识和实验技能，又能让学生进一步巩固"细胞是最基本的生命系统"的知识，并在新、旧知识的碰撞中，感悟细胞的多样性与统一性，激发学生的学习兴趣。

制作临时装片和显微镜操作技能应为高中生必备的一项基本功。但在实际教学中发现，学生存在以下疑问：①临时装片的制作中如何使用器具？具体的操作方法如何？例如，如何使用镊子？如何盖盖玻片？如何避免出现气泡？②显微镜对光标准如何？③在用高倍镜观察时，如何调节焦距才能看到清晰的物像？④如何移动物像到视野中央？

【解决的策略】

1. 临时装片的制作

临时装片的制作口诀：一净；二滴；三取；四展；五盖；六染。重点为"净""展""盖"。其中，"净"，即去掉污物，防止对实验效果产生影响；"展"，即一定要把材料展平，避免细胞相互堆积重叠，影响观察结果；"盖"，即盖盖玻片时没有倾斜，或者盖的速度过快，都容易产生气泡。在制作临时装片时，要严格按步骤和要求操作，展平和盖盖玻片这两个细节尤为重要，不容忽视。

2. 掌握使用高倍镜的关键技术

（1）对光

① 将低倍镜镜头正对中央通光孔；②调节光圈和反光镜；③视野中出现白亮色。

（2）低倍镜观察

① 放装片，肉眼判断材料是否正对通光孔；②顺时针旋转粗准焦螺旋，使物镜镜头下降至接近装片表面；③逆时针旋转粗准焦螺旋，上升镜头，当看到模糊物像时，用细准焦螺旋调至物像清晰为止。

（3）高倍镜观察

① 换高倍镜前，确认物像在视野正中央；②高倍镜视野暗，可以调亮视野；③逆时针旋转细准焦螺旋，缓慢上升镜头，直至物像清晰为止。

（4）物像移动

根据显微镜的成像原理，视野中出现的应为倒立放大的物像。将物像移至视野中央时，采用"同向移动"原则。

3. 收获与反思

本节实验我把显微镜使用的三大步骤——安放、对光、观察通过录制视频分阶段进行教学，化繁为简。问题较多的步骤可以采用重复播放，既便于学生领会掌握，又便于我控制教学速度，保证动作的准确性。通过足够的练习次数和练习时间，保证了学生操作技能的日渐熟练和长久保持。通过操作考核量化表进行考核，采用及时评分量化考核，指出学生错误并加以纠正。今后，我们还需要不时地进行强化训练，使学生由初步学会向独立操作、熟练操作的更高层次发展。

【作者简介】

毕军，昆明市呈贡区第一中学教师，先后获昆明市"名班主任"、呈贡区"优秀教师"等荣誉称号。他参与编写了《名师经典》《中学生物学实验与探究经典案例》等，先后获得生物学会教学设计一等奖、昆明市课堂教学大赛二等奖等荣誉。

毕军是昆明市张玉代生物名师工作室承担的市级课题"基于核心素养的高中生物学课堂实验教学研究"（立项编号：JY16006）子课题"使用光学显微镜观察各种细胞"负责人。

【荣誉证书】

概念

② 细胞的生存需要能量和营养物质，并需要通过分裂实现增殖

为帮助学生达成对概念2的理解，促进学生生物学学科核心素养的提升，应开展下列教学活动：①通过模拟实验探究膜的透性；②观察植物细胞的质壁分离和复原；③探究酶催化的专一性、高效性及影响酶活性的因素；④提取和分离叶绿体色素；⑤探究不同环境因素对光合作用的影响；⑥探究酵母菌的呼吸方式；⑦制作和观察根尖细胞有丝分裂简易装片，或观察其永久装片。

实验5 通过模拟实验探究膜的透性

【问题的提出】

"通过模拟实验探究膜的透性"是《普通高中生物学课程标准（2017年版）》中要求开展的实验，是现行人教版必修一教材"分子与细胞"第四章第一节物质跨膜运输的实例"问题与探讨"（P60）中的内容。

问卷调查结果如图1所示，在69所被调查的学校中，开设了该实验的学校仅有8所，占总数的12%；未能开设的有61所，占总数的88%。在开设了该实验的8所学校中，以学生分组实验的方式开设的有5所，教师演示实验的有3所。效果好的有4所，占50%；效果较好的有2所，效果一般的有2所。

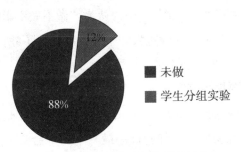

**图1 "通过模拟实验探究膜的透性"
开出率调查结果**

进一步对61所学校未开设该实验的原因进行调查（多选题），A代表做不做不影响学生成绩，能不开就不开（13所）；B代表缺乏生物实验材料（21所）；C代表试剂难购置、难配制（4所）；D代表实验时间过长，不易开设

（2所）；E代表实验过程中会有安全隐患（0所）；F代表实验课堂纪律难控制（2所）；G代表实验室老师不配合准备（5所）；H代表任课教师尚未做过（7所）；I代表实验效果差（1所）；J代表学校领导不重视，不支持（0所）；K代表其他原因（15所）。

调查结果如图2所示，其中，前3位的分别是B项缺乏生物实验材料（21所，占34%）、K项其他原因（15所，占25%）、A项做不做不影响学生成绩，能不开就不开（13所，占23%）。

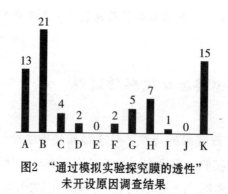

**图2 "通过模拟实验探究膜的透性"
未开设原因调查结果**

针对该实验开出率极低及未开设的原因，课题组以问题为导向，以提高实验开出率为目标，开展了针对性的研究。现将主要的研究成果汇报如下。

【解决的策略】

1. 重视"脚手架"

未开设的原因调查结果（见图2）中，认为"做不做不影响学生成绩，能不开就不开"的有13所，加上"实验室教师不配合准备"（5所）、"任课教师尚未做过"（7所）等共25所（占41%），可归因为态度问题，即对该实验的重要性认识不足。因此，要提高该实验的开出率，首先要重新认识其教育价值。

"通过模拟实验探究膜的透性"是大概念2的第一个实验，学生在此之前学习了细胞的物质组成和功能，对细胞这一最基本的生命系统的组成和结构已有一定的了解，但对于系统的开放性不甚了解，因此阐明系统的边界具有选择透过性对于学生理解细胞如何完成各部分功能，形成生命的"物质和能量观"这一生命观念有着十分重要的意义。

让学生通过分析渗透现象认识半透膜的作用，为后续讲述"动物细胞的细胞膜和植物细胞的原生质层都相当于一层半透膜"提供了肉眼可见的模型支撑，搭建了高阶思维发展的"脚手架"。该实验能为重要概念"质膜具有选择透过性"提供事实和证据，进而支撑次位概念"物质通过被动运输、主动运输等方式进出细胞，以维持细胞的正常代谢活动"，最终有利于大概念2"细胞的生存需要能量和营养物质"的建构。[①]

为什么要做模拟实验？原因显而易见，是因为细胞太小，细胞膜极薄且面积小，通常要借助于显微镜才能观察得到，要理解"质膜是选择透过性膜"，可从模拟实验开始，获得感性认识，再进行显微观察。可见，该实验的开设还能让学生领悟一种科学方法——模拟实验，同时学会建立模型、类比推理等思维方法。

2. 改进实验方案

调查结果显示，因实验材料、试剂、耗时、效果等问题而未开设实验的学校累计28所（见图2中的B、C、D、I四项），占未开设该实验的61所学校中的46%。这些都可归因为实验本身的问题。研究者试图通过改进实验方案，来提高实验开出率。

（1）典型的渗透装置（见图3）

用长颈漏斗模拟一个细胞，漏斗中30%的蔗糖溶液模拟细胞内液，漏斗外烧杯中是清水，半透膜模拟的是细胞膜，将"细胞"（漏斗）内的蔗糖溶液与外界清水隔开，这种膜可以让水分子自由通过，而蔗糖分子却不能通过。实验开始时，漏斗内、外液面等高，静止一段时间后，漏斗内的液面逐渐上升至停止。

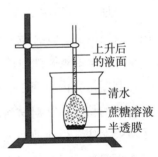

图3　渗透实验装置

（2）渗透效果最好的半透膜

现行人教版教材中，提供的半透膜是玻璃纸。针对调查中一线教师提出的玻璃纸材料难寻、玻璃纸与漏斗之间难以密封，以及实验效果不明显等问题，课题组通过查阅文献、动手实践和不断总结反思，寻找最好的半透膜。

可作为半透膜的材料很多，如鸡蛋卵壳膜、动物的膀胱、肠衣、鱼鳔、种

[①]中华人民共和国教育部.普通高中生物学课程标准（2017年版）［M］.北京：人民教育出版社，2018.

皮等，通过反复的对比实验和数据分析得出，鸡蛋卵壳膜的渗透效果最好，并且鸡蛋卵壳膜的内膜效果更好。鸡蛋易获得，适合做学生课堂实验材料。其次是猪膀胱膜，再次是猪肠衣，最后是鱼鳔。由于后三种膜的获取方便程度数鱼鳔最高，可以在农贸市场处理鱼的废弃物中收集。平时可以将收集到的鱼鳔晒干保存，如图4所示。因此实验课上也推荐使用鱼鳔做渗透实验。①

图4 鱼鳔

卵壳膜用于渗透试验效果最好，那么如何获得卵壳膜呢？下面介绍卵壳膜的几种制备方法。

方法1：①用镊子敲碎鸡蛋尖头一端，敲开一个直径3 cm左右的孔，倒出蛋清和蛋黄；②冲洗蛋壳内部，轻甩，让内膜与蛋壳之间的气室显现出来；③用镊子尖端轻轻敲碎蛋壳钝端，看到没有破损的内膜后，将钝端开口扩大；④在水龙头下方从气室处缓缓进水，逐渐加大流速，让内膜在水的重力下自行与蛋壳分离，内膜被冲出，即可获得。

方法2：①选用新鲜较大的鸡蛋，在一端敲开一个小孔，使蛋清和蛋黄流出，反复清洗；②将蛋壳浸泡在15%盐酸（或醋酸）和95%酒精的混合溶液中，直至外壳全部被腐蚀掉；③取出卵壳膜，放入清水中浸泡备用。

利用蛋壳内膜演示实验的优点：①与生物膜相似度高，便于学生直观认识半透膜的特点；②对材料的处理安全高效，装置易获得，操作简单；③易保存（浸泡在清水中或放在冰箱中，至少可保存两周）；④易清洗，可重复利用。需要说明的是，虽然蛋壳内膜对于渗透的分子像生物膜一样具有选择性，但其结构完全不同于生物膜，它只是蛋白质的交错网状结构，这一点教师需要及时向学生说明，以防混淆。

（3）可用玻璃管替代长颈漏斗

若没有长颈漏斗，可以用长玻璃管替代，用棉线将半透膜与玻璃管一端绑紧，用滴管从玻璃管另一端滴入蔗糖溶液（建议用30%的红糖水），用铁架台固定玻璃管，放入盛有清水的烧杯中，用橡皮筋标记液面起始高度。

---

①张慧.探究几种常见半透膜中渗透作用效果最好的半透膜［J］.生物学通报，2018，53（7）：53–56.

（4）自制简易渗透装置

选取直观卵壳膜材料模拟微观细胞膜。选取新鲜鸡蛋，在气室端轻轻敲碎，用镊子剥除部分蛋壳，露出卵壳膜；或者将鸡蛋气室端放在适宜浓度的盐酸或醋酸溶液中，直至蛋壳被腐蚀掉，露出卵壳膜，且卵壳膜不受损伤。再将鸡蛋的另一端敲出一孔，使内容物流出，用清水冲洗干净，浸在清水中备用，[①]如图5所示。

图5 用蛋壳制作简易渗透装置的过程

上述制备好的蛋壳可以完成一系列的渗透实验。

教材渗透实验装置的优化，如图6所示。

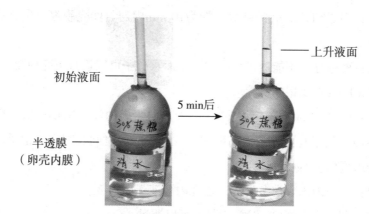

图6 利用蛋壳制作的简易渗透装置

---

①李雪竹，李霞，唐俊颖.蛋壳内膜用于渗透实验的改进［J］.生物学通报，2018，53（6）：47-48.

用蛋壳制作渗透装置，材料来源于生活，制作简单，实用性强，因有近2/3的蛋壳做支架，免去了用铁架台固定的麻烦，便于操作和移动；该装置可以在家中制作并完成渗透实验，有利于实验的生活化、普及化；实验效果好，可以在5 min左右看到明显渗透现象，及时观察，与课堂讲授内容同步。[1]

（5）用渗透装置拓展其他实验

用蛋壳做成的简易渗透装置（见图7），还可以开展定量实验和一系列的拓展实验。

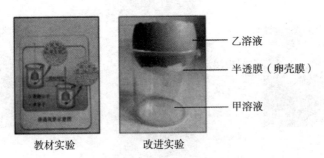

教材实验　　　　　　　　改进实验

图7　蛋壳做成的简易渗透装置

① 定量的渗透实验

操作：在烧杯中加入一定量的清水，量取2 mL红糖水倒入空蛋壳中，将蛋壳钝端坐在小烧杯中，10 min后，将蛋壳内的溶液完全倒入量筒中读数。

结果：多于初始2 mL的部分，即为10 min内通过卵壳膜渗透到蔗糖溶液的清水的量。

结论：蔗糖分子不能透过蛋壳内膜，而水分子可以透过蛋壳内膜。

② $NaCl$—$AgNO_3$拓展实验

操作：烧杯中的甲溶液为$AgNO_3$溶液，向蛋壳内注入$NaCl$溶液，即乙溶液为$NaCl$溶液，使蛋壳内外液面高度相等，静置一段时间，观察、记录烧杯和蛋壳内是否出现白色$AgCl$沉淀。

结果：烧杯内出现白色沉淀，蛋壳内溶液无明显变化。

结论：卵壳膜允许Cl^-透过，Ag^+不可以透过。

---

[1]拦生发，马小明.制作简易渗透装置拓展教材演示实验［J］.生物学通报，2018，53（2）：
48-49.

③淀粉—碘拓展实验

操作：甲溶液为淀粉溶液，乙溶液为碘液，使蛋壳内外液面高度相等，静置10 s后观察、记录烧杯内和蛋壳内是否出现蓝色。

结果：烧杯内出现蓝色，蛋壳内溶液无明显变化。

结论：卵壳膜允许碘透过，淀粉不可以透过。

④葡萄糖—清水

操作：将蛋壳置于盛有清水的烧杯，向蛋壳内注入葡萄糖溶液，使蛋壳内外液面高度相等，静置一段时间。

结果：取烧杯内待测溶液与斐林试剂混合均匀，水浴加热出现砖红色沉淀。

结论：卵壳膜允许葡萄糖透过。

⑤蛋白质—双缩脲试剂拓展实验

操作：烧杯中加入一定量的双缩脲试剂A液（含OH⁻）；从蛋壳中加入2滴蛋清液；将蛋壳钝端置于双缩脲试剂A液中，10 s后，将蛋壳内的液体倒入试管中，并同时吸取与蛋壳钝端接触的双缩脲A液加入试管中，在两支试管中同时加入4滴双缩脲B液，观察实验结果。

结果：观察到从蛋壳内倒出的液体变紫，而内膜外的液体呈现双缩脲B液原有的蓝色。

结论：蛋白质不能透过蛋壳内膜，而OH⁻可以通过蛋壳内膜。

系列实验小结：观察实验现象分析得出一些离子、小分子可以透过卵壳膜，一些离子、小分子和大分子不能透过卵壳膜，说明卵壳膜具有半透性。

3. 反思与讨论

对卵壳膜进行巧妙处理来模拟细胞膜，与教材模拟实验相比，更贴近生活，简化了实验装置，提高了实验的可操作性和成功率，使实验更直观、形象。通过卵壳膜模拟实验，启发了学生认识什么是半透膜。

通过类比推理得出细胞膜等生物膜也具有半透膜的特性。但类比推理得出的结论是否正确，还需要观察和实验来验证。细胞膜与半透膜在膜的通透性上具有什么区别呢，也需要进一步进行实验探究和验证。

回到本课题的问卷调查结果，未开设原因中填K选项"其他原因"的有15所，排在第二位。课题组认为，其中原因可能是因为现行人教版教材中，该实验是在"问题探讨"栏目中出现，不是在"实验"或"探究"栏目中出现。另外，也未明确提出组织学生动手操作的要求，只是在《普通高中生物学课程标准（2017年版）》中和高考《考试大纲》说明中有明确要求。所以多数一线教师认为可以不开展，导致该实验开出率极低。笔者期待该课题研究成果能给广大一线教师提供参考，更期待在内容聚焦大概念、课堂教学重实践等课程理念的指导下，该实验能得到应有的重视，能成为学生生物学学科核心素养形成的"脚手架"。

【教学设计】

物质跨膜运输的实例[①]

1. 教材分析

《物质跨膜运输的实例》是人教版高中生物必修一第四章第一节的内容，通过分析细胞的吸水和失水及物质跨膜运输的其他实例，总结出细胞膜和其他生物膜都是选择透过性膜。这是对第三章细胞膜、液泡等结构的功能认识的深入，根据结构决定功能原理引出第二节"生物膜的流动镶嵌模型"，为第三节"物质跨膜运输的方式"做铺垫，起到承上启下的作用。

第一课时细胞的吸水和失水对应课程标准中"观察植物细胞的质壁分离和复原"的活动建议，属于情感性目标中的经历水平。所以本课的核心内容为"探究植物细胞的吸水和失水"，课型为探究实验课。这是高中阶段第一个探究活动，对于发展学生的科学探究能力，树立质疑、求实、创新及勇于实践的科学精神和科学态度，落实"倡导探究性学习""提高生物科学素养"等基本理念，具有重要意义。

2. 学习目标

（1）尝试从生活现象中提出问题，做出假设。说出细胞在什么情况下吸水和失水，以及动植物细胞吸水、失水时的现象和区别。

（2）进行植物细胞吸水和失水的实验设计和操作，明确渗透作用发生的条件。

3. 教学重难点

重点：

（1）动植物细胞吸水、失水时的现象和区别。

（2）进行关于植物细胞吸水和失水的实验设计和操作。

---

①该教学设计作者为黄冈中学昆明分校邓娟老师.

难点：尝试从生活现象中提出问题，做出假设，设计实验。

4.学情分析

学生已经学习了组成细胞的元素、化合物，之后又学习了细胞的基本结构，对细胞结构方面有一个整体的概念，对细胞功能方面也有了初步的了解。但对于细胞膜、细胞器、细胞核行使功能的具体过程还不清楚，充满了探索未知的欲望。本节内容就是对细胞膜最基本的功能之一——物质运输做介绍，并且以水分进出细胞的实例逐渐展开至其他物质进出细胞的方式。因为学生早已运用过渗透作用原理，所以从动物细胞扩展到植物细胞，教师对学生加以引导即可使学生有清晰的认识。

5.教学过程

（1）课堂导入

播放视频：《沙漠植物吸水宏观现象》，让学生看到沙漠植物强大的吸水能力和吸水后的惊人变化，激发学生的学习兴趣，然后引导学生思考生物细胞如何吸收水分，其原理是什么。

（2）渗透现象演示实验

课前，用新鲜鸡蛋的卵壳膜、酸奶吸管、饱和蔗糖溶液和红墨水等为实验材料，组建改进的渗透作用装置，观察渗透现象（见图8）。

图8　自制简易渗透装置

动画演示渗透现象，讲解半透膜的概念，引导学生讨论：①吸管内的液面为什么会升高？水分往哪儿移动？总体上向哪个方向移动？②如果用纱布代替卵壳膜，漏斗管内的液面还会升高吗？③如果烧杯中不是清水，而是同样浓度的蔗糖溶液，结果会怎样？学生很容易总结出渗透现象发生的条件：具有半透膜和半透膜两侧溶液存在浓度差。师生共同引出渗透作用的概念：水分子（或其他溶剂分子）透过半透膜从低浓度溶液向高浓度溶液的扩散。

（3）显现真实情境，用类比推理法学习动物细胞的吸水和失水

教师引导学生运用类比推理：根据已有知识——细胞膜的功能之一是控制物质进出，与实验中的半透膜相比，细胞膜也具有相似的性质，即有的能进，有的不能进，动物细胞也会发生渗透现象吗？播放显微镜下红细胞置于清水中的视频，而后提问：视野中的红细胞为什么会逐渐消失？当我们吃比较咸的食物时，如腌制的咸菜、连续嗑带盐的瓜子等，你的口腔会有什么感觉？推测动物细胞也会发生渗透作用。教师进而展示红细胞正常形态及其在不同浓度的溶液中的形态变化，引导学生感受并认同动物细胞的吸水和失水现象。

在学生总结出动物细胞吸水会膨胀时，教师进行必要的引导和知识讲解及补充：动物细胞吸水会膨胀，甚至会胀破。

（4）探究植物细胞的吸水和失水

教师展示：课前演示萝卜的吸水和失水实验（见图9），证明植物细胞也存在渗透作用。

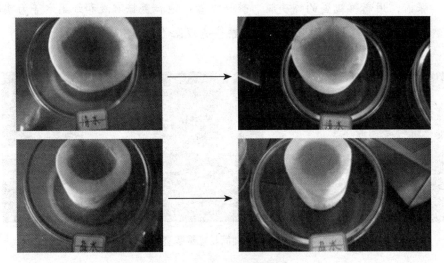

图9　萝卜吸水和失水实验

引发学生思考：植物细胞的结构与动物细胞有明显区别，那么植物细胞的吸水和失水会和动物细胞一样吗？还是会有不同之处？接下来教师和学生一起回顾植物细胞结构：教师告知学生成熟植物细胞中液泡的体积几乎占细胞总体

积的90%以上，植物细胞中的水分更多的存在于大液泡中——细胞液，水分进出细胞要经过细胞壁、细胞膜、细胞质、液泡膜，细胞膜和液泡膜具有选择透过性，介绍新概念——原生质层包括细胞膜、液泡膜以及这两层膜之间的细胞质，并告诉学生细胞壁是全透性的。

提出问题：原生质层是一层半透膜吗？

学生讨论：做出怎样的假设？如何设计实验？

教师给出材料用具：洋葱鳞片叶外表皮细胞、显微镜、载玻片、盖玻片和质量浓度为0.1 g/mL、0.2 g/mL、0.3 g/mL、0.4 g/mL、0.5 g/mL的蔗糖溶液、清水等。结合学生的讨论，告诉学生怎样选择实验材料，用什么试剂和方法使细胞吸水和失水，怎么观察细胞形态变化，预测会出现什么实验现象。

接下来，学生实验，分析结果，得出结论。①成熟植物细胞的原生质层相当于半透膜。②成熟的植物细胞可以发生渗透作用而吸水和失水：当细胞液浓度小于外界溶液浓度时，植物细胞渗透失水，发生质壁分离现象；当细胞液浓度大于外界溶液浓度时，植物细胞渗透吸水，发生质壁分离后复原。③外界溶液与细胞液浓度差越大，出现质壁分离现象的时间就越短。

最后提出问题：成熟的植物细胞发生质壁分离的原因有哪些？让学生知道质壁分离的原因有两点，一是外因，细胞液的浓度小于外界溶液的浓度；二是内因，原生质层的伸缩性大于细胞壁。

6. 板书设计

细胞结构	动物细胞	植物细胞
外界溶液	细胞膜外	细胞膜外
内部溶液	细胞质	细胞液
充当半透膜	细胞膜	原生质层
失水	皱缩	质壁分离
吸水	膨胀（甚至胀破）	质壁分离复原

7. 教学反思

这一节课，每一环节均以现实生活中的真实情境引入抽象知识的学习。首先，观看视频，认同细胞吸水现象。其次，利用演示实验，构建渗透作用发生的条件。再次，利用类比的思想，以及哺乳动物成熟的红细胞吸水胀破的视频，学习动物细胞的吸水和失水。最后，利用植物细胞吸水和失水的演示实验，引导学生思考，进入探究植物细胞的吸水和失水的环节，即植物细胞的质壁分离和质壁分离复原。

整节课，学生学习的积极性很高，能够积极参与讨论，通过讨论与教师的引导，能够掌握探究实验的流程：提出问题→做出假设→设计实验→进行实验→分析结果、得出结论。对于动植物细胞的吸水和失水都有所了解。

有人说，课堂教学是一门遗憾的艺术。本节课的教学由于时间的关系，探究植物细胞吸水和失水的实验刚做完还没来得及分析结果得出结论就下课了。曾经听老教师说过，一堂课不要求太满，但一定要把话语权交还给学生，给学生充足的时间讨论。学生是课堂的主人，课堂上要体现学生的主体性，但是这又往往和教学时间的不足相矛盾。从另一个角度思考，这个矛盾的存在，或许就是考验教师要如何进一步切实有效地提高课堂效率，而我也将不断思考、不断创新、不断努力。

【作者简介】

张玉代，昆明市张玉代生物名师工作室承担的市级课题"基于核心素养的高中生物学课堂实验教学研究"（立项编号：JY16006）负责人及子课题"通过模拟实验探究膜的透性"负责人。本文"教学设计"的作者为黄冈中学昆明分校教师邓娟。

实验6 观察植物细胞的质壁分离和复原

【问题的提出】

1. 开设现状

对省内外69所高中学校进行问卷调查，调查结果如下：①有61所学校开设了此实验，开设率近90%；②在开设此实验的学校中，有60所学校开设的是学生分组实验，占98%；③36所学校实验效果非常好，17所较好，8所一般，没有效果不理想的学校；④8所学校未开设的原因主要是试剂难购置、难配制，学校领导不重视、不支持；实验时间过长，不易开设。

2. 研究现状

（1）所查文献资料中探究过以下实验材料（见图1），但没有总结出哪种材料是最科学的。

| 紫色洋葱 | 蒜苗 | 大葱 | 黑藻 | 水绵 |

| 菠菜 | 马齿苋 | 甘薯藤 | 紫鸭跖草叶 |

图1 一些实验材料

（2）所查文献资料中探究不同浓度的蔗糖、氯化钠、硝酸钾（硝酸盐）、甘油、葡萄糖、盐酸、酒精等外界溶液对植物细胞质壁分离和复原的影响。

（3）文献资料中探究同一溶液的不同浓度对同种植物细胞质壁分离和复原的影响。

（4）所查阅的文献资料中没有涉及同一浓度的不同溶液对同种植物细胞质壁分离和复原的影响及同一溶液同种浓度对不同种植物细胞质壁分离和复原的影响。

（5）文献资料中探究在一定浓度的硝酸钾溶液中植物细胞能发生质壁分离后自动复原，但效果不明显，且没有分析效果不明显的原因。同样，葡萄糖溶液也如此。

3. 理论依据

探究植物细胞的吸水和失水的实验，是高中生物课中第一个完整呈现科学探究过程的实验。因此，在能力培养方面，该实验为学生体验科学探究、培养实验技能和逻辑思维提供了契机。此实验的理论依据是：植物细胞的原生质层相当于一层半透膜。当外界溶液浓度大于细胞液浓度时，根据渗透作用原理，水分会由细胞液中渗出到外界溶液中，通过渗透作用失水，由于细胞壁和原生质层的伸缩性不同，细胞壁伸缩性较小，而原生质层伸缩性较大，从而使二者分开。反之，外界溶液浓度小于细胞液浓度，则细胞通过渗透作用吸水，分离后的质和壁又慢慢地恢复原来的状态，如图2所示。

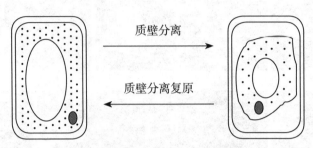

图2　植物细胞的吸水和失水图示

4. 我校现状

我校实验室条件较差，学生基础薄弱，能开设的实验很少，因而在开设此实验时，重点是引导学生多角度探究植物细胞质壁分离和复原。从生活现象引入，用问题串引导学生从宏观到微观进行多角度设问、假设，如探究材料的选择、试剂的配置，探究原生质层类似于半透膜、细胞壁具有全透性，探究同种溶液不同浓度对同种植物细胞吸水、失水的影响，探究洋葱根尖分生区能否发生质壁分离等，从而培养学生的科学思维及科学探究能力。

【解决的策略】

1. 设计符合学生认知的教学程序

创设情境、激发兴趣：生活现象引入

↓

师生互动、设计实验：问题串引导学生从宏观到微观进行多角度设问、假设

↓

各小组根据具体设问、假设完成实验方案

↓

实验准备

↓

自主实验、探究过程：实验操作

↓

实验答辩、解决问题，联系生活、迁移知识

2. 实验前充分准备

教师准备：

（1）试剂配制，如图3所示。

图3　试剂配制

（2）实验材料及器材的准备，如图4所示。

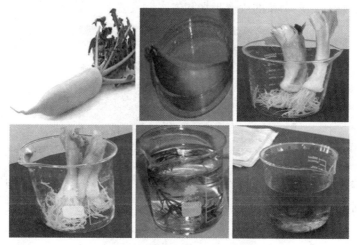

图4　实验材料及器材的准备

（3）推测实验过程中可能出现的情况，做到心中有数。

（4）实验分组（5~6名学生一组，全班分为8组），见表1。

表1　实验分组

组号	系列实验
1、2	紫色洋葱鳞片叶外表皮、0.3 g/mL蔗糖溶液、清水等实验材料探究质壁分离及质壁分离复原。 探究同种溶液不同浓度（0.1 g/mL蔗糖溶液、0.3 g/mL蔗糖溶液、0.5 g/mL蔗糖溶液）对同种植物细胞质壁分离和复原的影响

续 表

组号	系列实验
3	黑藻、0.3 g/mL蔗糖溶液等实验材料探究成熟植物细胞的原生质层
4	洋葱根尖分生区、加有红墨水的0.3 g/mL蔗糖溶液等实验材料探究洋葱根尖分生区能否发生质壁分离
5、6	紫色洋葱鳞片叶内表皮、加有红墨水的0.3 g/mL蔗糖溶液等实验材料探究原生质层类似于半透膜、细胞壁具有全透性的
7、8	配制一定浓度的不同溶液（0.3 g/mL蔗糖溶液、5%的KNO_3溶液、5%的HCl溶液等），探究不同溶液对同种植物细胞质壁分离和复原的影响

（注：学生根据预习提纲预习本实验内容并小组讨论设计本组实验方案）

3. 教学过程中的困惑与对策

困惑1：如何用实验探究细胞壁的伸缩性？

对策：增设"萝卜条的渗透吸水和失水"实验，如图5所示。

图5　萝卜条失水和吸水实验

增设了"萝卜条失水和吸水实验"，引导学生从宏观到微观对植物细胞的吸水和失水进行设问和假设。

困惑2：如何引导学生自己设计实验方案？

对策：用问题串引导大组讨论得出初步方案，之后师生随机分组互动完善方案。（见图6）

图6　师生探讨

精选学生提出的问题，再投影呈现方案设计中需要解决的系列问题，引导学生大组讨论得出初步方案。通过师生的共同探讨，完善实验设计方案。

困惑3：用什么材料便于探究成熟植物细胞的原生质层？

对策：补充黑藻做材料的实验。（见图7）

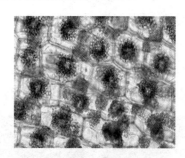

图7　补充黑藻做材料的实验

困惑4：洋葱根尖分生区细胞能发生质壁分离吗？

对策：补充洋葱根尖分生区做材料的实验，加有红墨水的0.3 g/mL蔗糖溶液做试剂。（见图8）

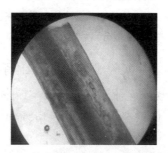

图8　补充洋葱根尖分生区做材料的实验

困惑5：如何用实验探究原生质层类似于半透膜、细胞壁是全透性的？

对策：紫色洋葱鳞片叶内表皮（黑藻）做实验材料，加有红墨水的0.3 g/mL蔗糖溶液做试剂。（见图9）

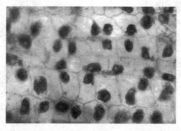

图9　紫色洋葱鳞片叶内表皮（黑藻）做实验材料

困惑6： 如何探究同种溶液不同浓度对同种植物细胞质壁分离和复原的影响？

对策： 配制0.1 g/mL蔗糖溶液、0.3 g/mL蔗糖溶液、0.5 g/mL蔗糖溶液。

困惑7： 如何探究不同溶液对同种植物细胞质壁分离和复原的影响？

对策： 配制一定浓度的不同溶液，如0.3 g/mL的蔗糖溶液、5%的KNO_3溶液、5%的HCl溶液等。

困惑8： 如何提高探究实验的效率？

对策： 各小组分别完成其中的一个系列实验后进行小组交流。

图10　0.3 g/mL蔗糖溶液对洋葱细胞
质壁分离和复原实验

困惑9： 如何引导学生利用实验现象构建知识体系？

对策： 在正常状态的现象交流时引导构建"原生质层"，在质壁分离状态的现象交流时引导构建"质壁分离""成熟植物细胞和外界溶液可以构成渗透系统"。（见图11）

引导学生构建物理模型——渗透系统

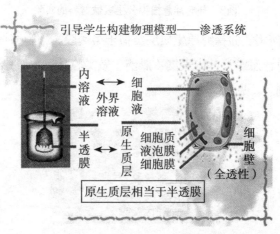

图11　实验现象构建知识体系

4. 实验答辩、联系生活，知识迁移、解决问题

通过实验答辩、小组交流，尝试从不同角度思考、分析和解释生活实践中的相关问题：①请用本节实验内容解释农作物施肥过多会出现烧苗现象。②为何用盐腌肉可防止其变质？③病人输液时常用质量分数为0.9%的生理盐水、5%的葡萄糖，如果浓度过大或改用蒸馏水，细胞会出现什么现象？④领悟探究植物细胞质壁分离和复原的意义，提升社会责任意识。

5. 反思总结、提炼经验

目前，各个学校的实验教学过程基本上都是按照课时安排的内容，由实验管理员按实验要求准备好实验过程所需的实验仪器、试剂、药品和材料等，学生课前进行必要的预习，上课时先由教师将实验目的、实验原理、实验步骤等写在黑板上，教师讲解实验过程及实验注意事项，然后学生按规定程序进行实验操作后得到预期的实验结果并总结实验结论，写实验报告。这种实验教学，学生完全是被动的，基本上不用思考，所以在实验没有达到预期的结果时学生也不能探讨具体的原因。面对这种情况笔者对本实验的教学进行了改进，使实验过程有所不同（生活现象引入，问题串引导学生从不同角度探究植物细胞质壁分离和复原）。学生学习实验原理后，教师引导学生深度思考，再经过"自主、合作、探究、交流"的教学活动使学生在自主学习和探究过程中获得丰富的知识和体验。同时也培养了学生团结合作的精神，提高了学生综合分析问题的能力，而教师在整个过程中始终是在扮演一个引导者的角色，实现了教师教得轻松，学生学得开心。将课堂交给学生，开展了符合学生需求及课堂内容的教学活动，并利用课堂有限的时间，引导学生由现象到本质进行科学分组探究，培养学生实验探究的思维能力，提升学生的实验分析能力。

但是本节课的教学中也出现了不少问题，首先，由于内容涉及较多，所以安排了三个课时。第一课时引导学生设计实验方案，第二课时实验操作，第三课时实验答辩，联系生活，但时间还是非常紧凑；其次，因为课堂中探究的问题较多，还有交叉观察实验现象的活动过程，所以课堂秩序不免有些混乱。相信通过本堂课的教学，教师在今后的生物教学中能做到更加有效的课堂教学。

【教学设计】

观察植物细胞的质壁分离和复原①

1. 教学目标

（1）观察提问，对生活中的现象进行解释，用质疑和探究的方式思考问题。

（2）设计和实施实验方案，并交流讨论结果，阐明植物细胞吸水和失水的方式及特点。

（3）培养学生的发散性思维，使学生体验科学探究的过程，认同结构与功能相适应的观点。

2. 教学重难点

（1）重点：通过探究实验阐明植物细胞吸水和失水的方式及特点。

（2）难点：培养学生的发散性思维，制订并实施实验方案。

3. 学情分析

高一学生第一次在高中阶段接触生物探究实验，对探究实验的开展方式和基本步骤都较为陌生，需要教师给予一定的引导。学生对于植物细胞的吸水和失水有较多的生活经验，在教师的引导下，能够提出探究的问题和根据已有知识做出相应的假设。由于初中阶段初二和初三都不涉及临时装片的制作以及显微镜的操作等内容，学生对实验基本操作较为生疏，需要教师较多的指导。

4. 课前准备

（1）实验材料：白萝卜条、洋葱鳞片叶、黑藻。

（2）实验用具：显微镜、载玻片、盖玻片、刀片、镊子、吸水纸、滴管、0.3 g/mL的蔗糖溶液、含红墨水的0.3 g/mL的蔗糖溶液。

5. 教学策略

由生活中的例子引入：对于萝卜条的吸水和失水现象学生具有生活经验，可以推测和解释出植物细胞吸水和失水的一些特点，同时帮助学生复习渗透作用和动物细胞的吸水和失水，通过对比，引导学生分析植物细胞吸水和失水的

---

①该教学设计由昆明市第十四中学娄子林老师提供，荣获2018年昆明市高中生物学实验课教学竞赛一等奖。

不同点。

引导学生提出本节课研究的问题后，由小组讨论制订探究实验的方案，避免教师生硬给出方案，体现学生的思维和自主探究。专门提出实验材料选择的问题，培养学生的发散性思维，不拘泥于教材内容，通过不同材料的探究，让学生自主构建起知识网络，自主发现质壁分离现象的必要条件并不包括液泡有颜色。

学生得到实验结果之后，小组间的展示交流可提高学习的效率。教师反过来追问质壁分离现象产生的原因或必要条件，帮助学生用逆向思维思考植物细胞的吸水和失水。完成这一实验之后，提出测定植物细胞的细胞液浓度范围的问题，既能把所学知识应用提升，也能提出进一步探究的问题。

6. 教学过程

教学环节	教师活动	学生活动	设计意图
情境引入	演示实验：清水和高浓度盐水中的萝卜条 （1）两个烧杯中萝卜条形态差异的原因是什么？ （2）推测A、B两个烧杯中溶液浓度的大小。 同学们结合所学知识做出了推测和解释。虽然大家都同意这样的说法，但毕竟大家没有亲眼看到植物细胞的变化。要得到确切的答案，我们需要进行探究实验。 （板书：观察植物细胞的质壁分离和复原）	观看并回答： （1）萝卜细胞吸水膨胀，萝卜条变硬；萝卜细胞失水皱缩，萝卜条变软。 （2）A烧杯中溶液的浓度小于B烧杯中溶液的浓度	通过生活经验引入课题。学生对植物细胞的吸水和失水进行尝试性解释，增强探究的目的性
提出问题	植物细胞结构与动物细胞结构的区别。 （1）细胞内的液体环境主要指的是_____。 （2）水分进出细胞要经过_____。 那么，原生质层是否相当于一层半透膜呢？	回答： （1）液泡内的细胞液。 （2）原生质层	通过对比了解植物细胞特点 引导生成探究问题

教学环节	教师活动	学生活动	设计意图
做出假设	根据刚才的分析，假设原生质层相当于一层半透膜（你做出相应假设的依据是什么）	假设：原生质层相当于一层半透膜。植物细胞的细胞膜和液泡膜都是生物膜，它们与红细胞的细胞膜具有基本相同的化学组成和结构	假设应当有一定的依据
设计实验	提问：实验的基本思路和预期结果是什么？引导学生思考。及时进行评价	思考回答：基本思路：将植物细胞浸润在较高浓度的蔗糖溶液中，观察其大小的变化；再将细胞浸润在清水中，观察其大小的变化	预先形成大致思路
设计实验	小组讨论：（1）应选取什么样的实验材料进行实验？实验室提供了紫色洋葱鳞片叶、白色洋葱鳞片叶（或紫色洋葱鳞片叶内表皮）和黑藻叶，三种材料都可以用于该探究实验吗？（2）小组内说出大概的实验步骤。（板书：方案：材料、步骤）	预期结果：由于原生质层相当于一层半透膜，水分子可以自由通过，而蔗糖分子不能通过，在较高浓度的蔗糖溶液中，植物细胞的中央液泡会变小，细胞皱缩；在清水中植物细胞的液泡又会变大，细胞膨胀。小组讨论并展示结果：（1）活的成熟的植物细胞，最好液泡有色素方便观察。这三种材料都可以用于实验探究，黑藻因为有叶绿体，原生质层为绿色，可以观察到原生质层的变化。（2）先制作植物细胞临时装片，然后在低倍镜下观察液泡及原生质层的位置，之后分别滴加蔗糖溶液和清水后观察液泡和原生质层位置	学生自主讨论实验方案
进行实验	教师进行实验指导：（1）撕取洋葱内表皮或者外表皮时，划一个井字，用镊子从边缘撕取，注意要薄，很小一块即可。黑藻直接取黑藻叶制作装片即可。（2）低倍镜操作有忘记的，在实验报告上有操作提示。（3）每一次操作观察到结果时举手示意老师。	学生2人小组进行实验：（1）制作临时装片：擦载玻片→滴清水→撕取材料→展平→盖盖玻片。（2）在低倍镜下观察液泡大小、原生质层位置。（3）盖玻片的一侧滴蔗糖溶液，另一侧用吸水纸吸引，重复几次。（4）在低倍镜下观察液泡大小、原生质层位置。	教师指导学生动手操作

教学环节	教师活动	学生活动	设计意图
进行实验	（4）分组：2个大组以紫色洋葱鳞片叶外表皮为实验材料进行实验，1个大组以洋葱鳞片叶内表皮为实验材料进行实验，1个大组以黑藻叶为实验材料进行实验。动作快的小组可以每一种材料都实验一次	（5）盖玻片的一侧滴清水，另一侧用吸水纸吸引，重复几次。 （6）在低倍镜下观察液泡大小、原生质层位置。 实验过程中，看到自然状态下的细胞的小组先进行展示	不同实验材料由不同小组分工完成，提高效率
分析结果得出结论	教师评价学生展示的结果。 教师提问： 是否与预期相吻合，如果吻合说明假设成立；如果不吻合，请分析原因。 三个小组分别进行展示，并且请实验不成功的小组分析原因。 （第一小组展示后板书结果） （最后一组展示结束后）教师追问： 发生质壁分离现象的必要条件是什么？	小组展示结果： 现象试剂 / 中央液泡大小 / 原生质层的位置 / 细胞大小：蔗糖溶液、清水 学生分别展示不同材料的结果，失败的小组总结分析失败的原因。 答案： （1）外界溶液浓度大于细胞液浓度。 （2）原生质层相当于一层半透膜。 （3）原生质层比细胞壁的伸缩性大	小组展示结果 小组间交流讨论
小结与进一步探究	教师小结： 植物细胞的吸水和失水也是一种渗透现象，其中，原生质层相当于一层半透膜。（液泡含有色素并不是发生质壁分离的必要条件） 细胞的吸水和失水是水分子顺相对含量梯度跨膜运输的过程。 进一步探究： 请设计实验方案，测定洋葱鳞片叶表皮细胞中细胞液的浓度范围	思考讨论并回答： 配制一系列浓度梯度的蔗糖溶液，让待测细胞分别浸润在不同浓度的蔗糖溶液中，在低倍镜下进行观察。细胞液浓度范围处于未发生质壁分离和刚刚发生质壁分离的外界溶液的浓度之间	应用升华，继续体验探究性学习

小组展示结果表：

现象试剂	中央液泡大小	原生质层的位置	细胞大小
蔗糖溶液			
清水			

7. 板书设计

观察植物细胞的质壁分离和复原

问题：原生质层相当于一层半透膜吗？

方案：（1）材料。

（2）步骤。

结果：植物细胞发生质壁分离和质壁分离复原的现象。

分析：发生质壁分离现象的必要条件。

（1）外界溶液浓度大于细胞液浓度。

（2）原生质层相当于一层半透膜，是渗透作用发生的条件。

（3）原生质层比细胞壁的伸缩性大。

结论：原生质层相当于一层半透膜。

8. 教学反思

本节实验课在教学中主要有三个方面取得了较好效果：首先，由萝卜条吸水和失水的演示实验引起学生对植物细胞吸水和失水的思考，让学生结合所学知识进行推测和解释，从而增强学生的探究目的。其次，在探究过程中，由学生自主讨论制订实验方案，亲自动手进行实验从而探究是否与预期结果相符合，这样的设计体现了学生学习的主体地位，能真正达到探究的目的。在制订方案的过程中考虑了不同材料是否能运用于此实验，学生出现不同意见，最后通过实验得出结论：液泡中含有色素并不是植物细胞质壁分离的必要条件。最后，学生在实验过程中不断展示自己的实验结果和进行自我分析，由学生自己得出结论和自我分析结果。

不足的地方主要在于课堂时间的把握不好，学生还没能进行质壁分离的复原实验，在课堂上学生没有能观察到质壁分离的复原现象。由于借班上课的缘故，学生探究问题还不够开放，仍然局限在探究教师引导的问题。最后是对实验结果的评价和分析不够深入，学生自我分析以后教师没有进行深入的归纳分析。

【作者简介】

柳明艳，2003年毕业于云南师范大学应用生物教育专业，在嵩明县一中工作并担任教研组长、备课组长。昆明市张玉代名师工作室学员，云南省基础教育质量评估研究工作站学员，嵩明县高中生物名师工作室负责人。

工作期间多次获嵩明县高考教学质量优秀奖、嵩明县第一中学课堂竞赛一等奖；获得嵩明县首届"课堂之星"、嵩明县优秀教师等荣誉称号。曾获昆明市优质课比赛一等奖、云南省优质课比赛一等奖、云南省中学生物课堂实验教学展评活动二等奖、云南省中学生物课堂实验教学论文展评活动二等奖、全国中学生物课堂实验教学展评活动二等奖。多次参加命题工作，参与编写多本校本教材、教辅、系列丛书等；撰写的多篇论文发表并获奖。

柳明艳是昆明市张玉代生物名师工作室承担的市级课题"基于核心素养的高中生物学课堂实验教学研究"（立项编号：JY16006）子课题"观察植物细胞的质壁分离和复原"负责人。

【荣誉证书】

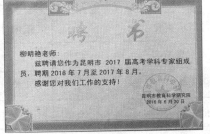

实验7 **探究酶催化的专一性、高效性及影响酶活性的因素**

【问题的提出】

1. 教学现状

高中生物人教版教材必修1《分子与细胞》中有关酶的实验有两个，一个是比较过氧化氢在不同条件下的分解，一个是探究影响酶活性的因素。

比较过氧化氢在不同条件下的分解这个实验因为材料易得，操作简便，现象明显，在大多数学校都有开设。但从开设的情况来看，存在以下一些问题：①该实验简单，成功率高，课堂富余时间多；②教材上的实验是个验证性实验，缺乏实验探究、思维创新；③单纯按教材进行实验，知识容量太少，教学枯燥单调，缺乏对实验思想、实验方法和实验精神的渗透；④未充分利用过氧化氢作为反应物的优点，缺乏对该实验的进一步开发和对教材中酶的相关实验的有效整合；⑤未充分利用生活中的材料，实践应用不够。

探究影响酶活性的因素的实验开设率不是很高。通过问卷调查可知：①该实验对实验材料、试剂、设备要求高；②教师认为做不做实验不影响学生成绩，能不开就不开；③任课教师未做过该实验；④实验所需时间过长；⑤实验效果不太理想等原因导致了该实验的开设率不高。此次问卷调查结果见表1。

表1 探究影响酶活性的因素问卷调查统计表（有效问卷：69份）

已开设	份数	未开设	份数
开设方式	42	未开设原因	27
		A. 做不做不影响学生成绩，能不开就不开	8
A. 学生分组实验	37	B. 缺乏生物实验材料	10
B. 教师演示实验	5	C. 试剂难购买、难配制	6
开设原因	42	未开设原因	27
C. 生物兴趣小组实验	0	D. 实验时间过长，不易开设	4
D. 其他	0	E. 实验过程中会有安全隐患	0

续 表

已开设	份数	未开设	份数
实验效果	42	F.实验课堂纪律难控制	1
		G.实验室教师不配合准备	2
A.非常好	25	H.任课教师尚未做过	4
B.较好	12	I.实验效果差	4
C.一般	5	J.学校领导不重视、不支持	1
D.不理想	0	K.其他原因	3

2. 提出问题

在有限的教学课时内，如何做好实验，落实核心素养，切实提高课堂效率显得尤为重要。比较过氧化氢在不同条件下的分解的实验所需时间短、课堂效益低；探究影响酶活性的因素这个实验所需时间较长，若以过氧化氢和过氧化氢酶为实验材料来整合相关实验就能有效解决这个问题。

【解决的策略】

1. 优化课堂流程，通过三个环节来实现教学目标

（1）环节一是以生活情境"受伤消毒"来导入新课，教师通过演示实验验证酶来自细胞内。

用马铃薯代替人，来检验过氧化氢对"皮肤"的作用。实验证实酶来自细胞内。（见图1～图4）

图1　用过氧化氢擦拭健康皮肤　　图2　用过氧化氢擦拭健康马铃薯的皮

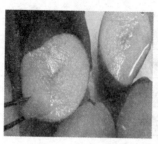

图3　用过氧化氢擦拭　　　　　图4　用过氧化氢擦拭
马铃薯的受伤部位　　　　　　　煮熟的马铃薯

共有两组实验，其中，A组用过氧化氢来擦拭健康马铃薯的皮；B组用过氧化氢来擦拭切开的马铃薯受伤部位。

观察气泡是否产生，得出结论并解释。

煮熟的马铃薯用过氧化氢处理不会产生气泡，使学生对酶的活性受温度影响这一知识点有一个初步的认识。联系生活，提出问题，并用实验验证，提高了学生的实验能力，激发了学生学习生物的兴趣，引导学生学以致用。

（2）环节二是把教材中，比较过氧化氢在不同条件下的分解的验证性实验，改成让全班学生自主设计并完成的分组实验。

实验原理：$2H_2O_2 \rightarrow 2H_2O + O_2$，高温、$FeCl_3$和过氧化氢酶都可以是这个反应进行的条件。

实验材料：$FeCl_3$的溶液、猪肝研磨液（含有过氧化氢酶）、过氧化氢溶液、蒸馏水、酒精灯、卫生香、医用输液瓶、注射器和实验所需要的各种器皿。

分组讨论：设计实验并比较过氧化氢在不同条件下的分解速率。

提醒学生：①需要设计几组实验？需要一组不做处理的过氧化氢吗？②气体怎么收集？

观察实验现象，分析实验结果，得出实验结论：过氧化氢酶有催化作用。猪肝研磨液组与$FeCl_3$组的比较可知，过氧化氢酶的催化作用比无机催化剂强。

该环节让学生进一步学习设计实验、分析实验，同时掌握变量的控制，为下一个环节的自主设计实验打下基础。

（3）环节三是在环节二的基础上，请学生提出假说，并用已有的材料、仪器分组自主探究，最后再分享实验结果。

不同的学生感兴趣的点不同，提出的问题不同，探究的方向也有差异。通过环节二学生可知酶和无机催化剂都可加快化学反应的速率。学生就会提出疑问：酶是否像无机催化剂一样不改变化学平衡点？在反应前后其数量和化学性质是否发生改变？其他的酶对过氧化氢有无催化作用？

根据学生已有的认知提出问题：食物为什么可冷冻保存？食物食用时为什么要高温蒸煮炒？做酸碱实验时为什么试剂不能沾染在皮肤上？人们做腌肉、腌菜为什么常加入高浓度的NaCl溶液？嗜酒的人为什么会酒精中毒？农药杀死害虫的原理是什么？洗手液等化学物质是怎么对人体发挥消毒作用的呢？这些因素是通过对酶的活性产生影响来影响人类的生命活动的吗？学生就会提出问题：低温、高温、酸性（HCl）、碱性（NaOH）、高盐（NaCl）、重金属（HgCl）、酒精、农药、洗手液等因素会影响酶的活性吗？甚至有学生提出墨水对酶活性是否有影响诸如此类的问题。

2. 优化实验设计，提高学生的实验探究能力

在实验设计上，把比较过氧化氢在不同条件下的分解的实验由验证性实验变成探究性实验；把探究影响酶活性的因素的实验改为请学生结合自己的生活经历，提出酶的相关问题，做出假设，并根据实验材料自主探究影响酶催化化学反应的因素。

如用过氧化氢和淀粉设计实验，探究酶有专一性。实验方案参考见表2。

表2　实验方案参考

试管编号	过氧化氢	淀粉	猪肝研磨液	唾液淀粉酶	加入碘液	观察有无气泡和蓝色
1	2 mL		2滴			
2	2 mL			2滴		
3		2 mL	2滴		2滴	
4		2 mL		2滴	2滴	

本实验若用淀粉酶和蔗糖酶为实验材料所需的时间长，斐林试剂检测还需要水浴加热，操作过程相对复杂。

如通过用盐酸和氢氧化钠溶液分别处理猪肝，探究酶反应需要适宜的pH。

实验步骤参考：

（1）取3个培养皿编号1、2、3，分别加入1块大小相同的猪肝，再分别加入2 mL5%的HCl溶液、2 mL蒸馏水、2 mL5%的NaOH溶液。

（2）取3支试管编号1、2、3，向3支试管中各加入2 mL过氧化氢溶液[①]。

（3）5 min后取出各培养皿中的猪肝块分别放入对应的1、2、3号试管中。

（4）反应相同时间，观察3支试管中气泡的多少。

可以明显观察到2号试管有大量气泡产生，1、3号试管几乎无气泡产生，说明酶的反应需要适宜的pH。

本实验若用淀粉和淀粉酶来做，所需时间较长，且检测淀粉是否反应时若用碘液来检测，强碱条件使淀粉酶已失活，也无蓝色出现。原因是碘与氢氧化钠发生歧化反应，从而没有紫蓝色络合物出现。若用斐林试剂来检测淀粉也会有一些问题。斐林试剂与酸性溶液混合时，酸一方面会与斐林试剂中的氢氧化铜反应使砖红色沉淀无法生成；另一方面会与斐林试剂中过量的碱反应，破坏砖红色沉淀所需的碱性环境，使砖红色沉淀无法生成，故得到的实验结果没有说服力。

而用过氧化氢和过氧化氢酶来实验，不需要其他试剂参与颜色反应，且产生的气泡现象明显，也不需恒温箱保温使其反应，同时所需时间短。

这部分的优化使课堂的自主探究更加丰富，学生的学习自主性更强。让学生在自身生活经历的基础上提出问题，能极大地提高学生的学习兴趣，并通过实验验证和实验结果分析，提高学生发现问题、提出假设、设计实验、分析实验的能力。

3. 改进装置，把定性实验改成定量实验

（1）第一代的改进装置，用气球扎上橡皮筋来收集气体，如图5所示。

该装置可操作性差，两支试管不能同一时间进行反应，绑橡皮筋时气体很容易跑出。反应物过氧化氢为2 mL时，产生的气体太少不易测量，过多气泡又容易溢出。所以该装置很难到达定量测定气体的目的，如图6所示。

[①]徐新河.用唾液验证酶的活性受温度或pH值影响的试验设计［J］.生物学教学，2011（1）：46–47.

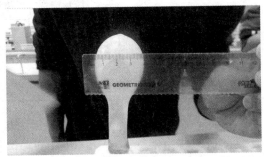

图5　用气球收集气体　　　图6　用直尺测量气球直径（气体量）

（2）第二代的改进装置，通过活塞移动的距离测定气体含量，如图7所示。

用一个医用的输液瓶作为反应容器，插入一个注射器，根据注射器活塞的移动距离来确定产生气体的多少。两组实验可以同时进行，在相同时间测定气体的含量。

装置设计原理：医用输液瓶瓶口有橡皮塞和铝箔密封，气密性好。当瓶内产生氧气时，气压会推动与医用输液瓶瓶口相连的注射器的活塞移动，根据活塞移动的距离与产生的氧气量成正比，注射器的读数即为产生的氧气量。

该装置设计简单，材料易得，安装方便，使用安全，且密封性良好，效果明显。可以一个人同时用注射器加入等量试剂，让两组反应同时进行，且不会有气体溢出，定量测定氧气含量安全、可靠。实验装置改进后，在完成教材所要求的观察气泡的多少外，还能根据注射器的活塞移动的距离观察相同时间内产生气体的多少，非常直观，且气泡不会溢出，如图8所示。

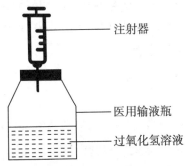

注射器

医用输液瓶

过氧化氢溶液

图7　测定产生气体量装置示意图　图8　测定产生气体量装置实物图

比较3、4号装置中的注射器读数不再变化时的最终读数，可得知过氧化氢酶只是加快了反应速率，未改变化学平衡点，见表3。

表3　统计产生的气体量

时间/min	1	2	3	4	5	...
3号注射器读数/mL						
4号注射器读数/mL						

该改进的定量测定装置在环节三的自主探究实验中也有重要用处。待4号装置反应结束后，排出活塞中的气体，让装置内外的气压相等，注意装置中原反应液不要弃去，再向4号装置中加入等量过氧化氢液，观察、记录注射器的读数，见表4。

表4　统计产生气体量

时间/min	1	2	3	4	5	...
4号注射器读数/mL						

可以观察到4号注射器最终读数与环节二的读数基本相同。结合前面的数据[①]，说明酶在反应前后其数量和化学性质未变。

4. 学以致用，充分利用身边的材料进行实验探究，构建酶的相关知识

除了课堂的环节一中用到了大家熟悉的马铃薯外，课堂的环节三中也充分地利用了生活中的材料。通过学生熟悉的材料，如高盐（NaCl）、重金属（HgCl）、酒精、农药、洗手液等分别处理猪肝，探究其是否影响酶的活性。

实验步骤参考：先按探究的问题处理猪肝块，然后取出猪肝块放入试管中与过氧化氢反应，观察试管内产生气泡的多少。注意要设置空白对照组。

根据相同时间内气泡产生的多少，分析酶的活性是否受该条件影响。

5. 做好预实验，针对实验结果做好实验分析

（1）定量测定气体时，加入过氧化氢和过氧化氢酶的含量会直接影响实验结果。

50 mL的医用输液瓶加入3～4 mL体积分数为3%的过氧化氢溶液，用最大刻度为5 mL的注射器即可达到实验效果。过氧化氢溶液含量过少，注射器的活塞不会移动或移动的距离太短不便于观察计数。过氧化氢溶液含量过多，注射器

---

①张俊.对酶的特性的进一步探究［J］.中学生物学，2014（6）：49–50.

的活塞移动会超过刻度值，导致观察计数不准确。

（2）定量测定气体时，不能振荡医用输液瓶，否则会导致实验数据偏大。

实验中，为了反应充分常常会振荡反应容器。该实验用注射器的活塞测定气体量，振荡医用输液瓶会导致瓶内的温度和气压迅速升高，使实验数据明显偏大。

探究过氧化氢在不同条件下的分解实验中的1、2组实验建议在试管中做，不定量测定气体。因为第二组实验中的加热会导致气体体积膨胀，也会使注射器的活塞移动。3、4组医用输液瓶不要用手捂着，否则会影响注射器的读数。

（3）学生自主提出问题探究，会出现意料之外、情理之中的结果，要引导学生分析原因。

如加入洗手液处理猪肝研磨液后，会明显发现气泡增多。学生会提出疑问，难道洗手液会提高过氧化氢酶的活性？其实洗手液就是具有清洗作用的活性物质，本来就会产生大量气泡。所以选择实验材料很重要，对照实验的设置很重要。因此引导学生正确选择实验材料、科学设计实验、正确分析实验结果就显得尤为重要。

6. 收 获

本节课以生活实例导入，用贴近生活的马铃薯作为实验材料能极大地提高学生的学习兴趣。整节课以实验活动为中心，以学生为主体，通过演示实验、分组实验、探究实验、展示成果这种体验学习、合作学习，使学生在提出问题、设计实验、操作实验、分析实验的主动探究过程中，实现了思维创新，提高了能力。

以过氧化氢作为反应物，所需时间短，不需要其他试剂进行显色反应，且现象明显，便于观察，整节课就充分利用了这个优点。以过氧化氢和过氧化氢酶为研究对象，对教材中酶的知识点和实验进行有效整合，对与酶有关的实验的进一步发掘，使学生能通过实验主动构建知识。充分利用了一节课的时间，课堂容量大，教学内容丰富，教学方式多样。

针对实验中出现的问题，鼓励学生继续研究，正所谓有了"异想"方得"天开"，有了"探究"方知"真假"。

7. 反 思

设计一节课总想十全十美、面面俱到，这只是一种理想。一节课不可能把全部的问题都讲到、实验都做到，所以根据教学需要有所取舍、有所侧重的进行授课，或者用两节课的时间来授课更好。

【教学设计】

酶的作用和特性

1. 教材实验分析

（1）该实验的设计初衷

比较过氧化氢在不同条件下的分解是人教版高中生物必修一"分子与细胞"模块的一个重要实验。教材希望学生通过实验，明白酶的作用，从而建构酶的知识体系，提高实验探究能力。

（2）原实验的教学现状

比较过氧化氢在不同条件下的分解实验因为材料易得，操作简便，现象明显，在大多数学校都有开设，但课堂效率不高，未充分利用过氧化氢作为反应物的优点，缺乏对该实验的进一步开发和对教材中酶的相关实验的有效整合；未充分利用生活中的材料，实践应用不够。

2. 教学目标

（1）通过设计实验，比较过氧化氢在不同条件下的分解，分析实验结果，能解释说明酶在细胞代谢中的作用，初步学会控制自变量，排除无关变量的干扰，从而观察和检测因变量的变化。

（2）通过定量测定过氧化氢分解后的气体产生量，明白酶不改变化学平衡点，酶在反应前后其数量和化学性质不改变。

（3）通过教师的演示探究实验明确酶的化学本质，并给学生的自主探究实验提供一个从提出问题到得出实验结论的模板。

（4）教学重难点：控制变量的方法，设计、分析实验的方法。

3. 教学过程设计

本节课分成三个环节，每个环节就是一个不同的实验。环节一是演示实验，环节二是定量实验，环节三是学生自提问题的探究实验。整节课以过氧化氢和过氧化氢酶为主要的实验材料，达到通过实验学习酶的作用、特性的目的。

（1）环节一：生活情境创设导入新课，设计实验证实酶来自细胞内

"受伤消毒"导入：提供擦伤后用过氧化氢消毒的情境。

有网友说：用过氧化氢直接涂抹在健康的皮肤上不会冒气泡，但涂抹在受伤的皮肤上就会冒气泡，是真的吗？怎么验证呢？

实验验证，教师用棉签蘸上医用过氧化氢涂抹在手背上。

问题：怎么来验证受伤的皮肤呢？能否用植物代替动物呢？

实验验证：用马铃薯代替人来检验过氧化氢对"皮肤"的作用。（设计几组实验呢？）

两组实验：A组用过氧化氢来擦拭健康马铃薯的皮；B组用过氧化氢来擦拭切开的马铃薯受伤部位。

要求：请4名学生到讲台上来，两位作为实验操作者，另外两位作为实验公证人。

实验现象：A组基本无气泡，B组产生大量气泡。

分析实验现象：①气泡内是什么气体？是什么物质分解生成的？②气泡的产生与切开的马铃薯有关吗？和哪种物质有关？（过氧化氢酶）

议一议：过氧化氢酶存在于细胞外还是细胞内？煮熟的马铃薯用过氧化氢处理会产生气泡吗？演示实验进行验证。

思考：为什么煮熟的马铃薯用过氧化氢处理不会产生气泡？

要解决这个问题就必须学习第五章第一节降低化学反应活化能的酶。我们首先学习酶的作用和本质。

（2）环节二：把教材中的实验改为让全班分组设计实验并探究"酶在细胞代谢中的作用"

实验原理：$2H_2O_2 \rightarrow 2H_2O + O_2$，高温、$FeCl_3$ 和过氧化氢酶都可以是这个反应进行的条件。

实验材料：$FeCl_3$ 的溶液、猪肝研磨液（含有过氧化氢酶）、过氧化氢溶液、蒸馏水、酒精灯、卫生香、医用输液瓶、注射器和实验所需要的各种器皿。

分组讨论：设计实验并比较过氧化氢在不同条件下的分解速率，写出实验步骤。

提醒学生：①设计几组实验？需要一组不做处理的过氧化氢吗？②气体怎么收集？怎么定量收集？

在学生展示、交流实验步骤的过程中，提出设计实验的两个原则。

引导学生分析实验结果，明确实验的变量的处理和理解酶的作用。

分析实验：①1、2组是对照实验吗？这两组实验在处理上有什么不同？出现不同的现象说明了什么？还有其他因素会影响该实验吗？②3、4组是对照实验吗？自变量、因变量、无关变量各是什么？3、4组的实验现象说明了什么？③2、4组实验都加快了过氧化氢的分解速率，其原理一样吗？在细胞内，能通过加热来提高反应速率吗？

实验结论：过氧化氢酶有催化作用。与$FeCl_3$组的实验比较可知，过氧化氢酶的催化作用比无机催化剂强。

讲解：酶并未给过氧化氢提供能量，而是降低了过氧化氢分解反应所需的活化能。

活化能即分子从常态转变为容易发生化学反应的活跃状态所需要的能量。

所以正是由于酶的催化作用，细胞代谢才能在温和条件下快速进行。

问：酶的化学本质是什么呢？

教师提出一个探究问题：酶的化学本质是蛋白质吗？（既达到对教材知识的掌握，又给学生自主提问、探究提供一个示范作用。）

问：选择什么材料呢？用新鲜的肝脏研磨液作为该实验所需的酶行吗？（新鲜的肝脏研磨液含有多种蛋白质，会影响实验结果。引导学生选择合理材料。）

问：设置几组实验？需要设置对照实验吗？

两组实验：实验组：淀粉酶溶液+双缩脲。

对照组：稀释的鸡蛋清+双缩脲。

实验结论：淀粉酶是蛋白质。

请快速阅读教材P81～P82的资料分析，回答问题。

问题1：酶的化学本质是什么？

问题2：哪些科学家为认识酶的本质做出了贡献？你觉得要成为一个科学家要具备哪些素质？

试一试：给酶下个定义。（从酶在什么部位产生、酶的作用和化学本质几方面考虑。）

（3）环节三：引导学生大胆提出问题，并设计实验验证、展示

环节三是在环节二的基础上，请学生提出假说，设计实验，并用已有的材

料、仪器分组验证所探究的问题，最后再分享实验成果。鼓励每名学生试着提出一至两个假说。不同的学生感兴趣的点不同，提出的问题不同，探究的方向也有差异。

可提供的实验材料用具：马铃薯、新鲜的肝脏研磨液、冷冻的肝脏研磨液、淀粉酶溶液、双缩脲、鸡蛋清、质量分数为3%的H_2O_2溶液、质量分数为3%的可溶性淀粉、质量分数为5%的盐酸溶液、质量分数为5%的NaOH溶液、质量分数为20%的NaCl溶液、无水乙醇、HgCl、洗手液、蒸馏水、沸水、医用输液瓶、注射器、试管、酒精灯、试管架、量筒、滴管、小烧杯、大烧杯、锥形瓶等。

通过环节二学生可知酶和无机催化剂都可加快化学反应的速率。学生就会提出疑问：酶是否像无机催化剂一样不改变化学平衡点？（可用定量测定气体装置检测。）在反应前后酶的数量和化学性质是否发生改变？其他的酶对过氧化氢有没有催化作用？从而类比无机催化剂，结合自己所探究的实验达到认识酶的特点的目的。

学生根据已有的生活知识，就会提出疑问：低温、高温、酸性（HCl）、碱性（NaOH）、高盐（NaCl）、重金属（HgCl）、酒精、农药、洗手液等因素会影响酶的活性吗？甚至有学生提出墨水对酶活性是否有影响的问题。通过实验，学生通过自主探究、分析，认识到了影响酶活性的因素。

最后，学生展示实验探究成果，归纳总结酶的特性及其影响因素。教师根据实验中出现的问题鼓励学生继续研究。让学生大胆假设，科学地设计实验，规范实验操作，严谨地进行实验结果分析，做到学以致用。

4. 教学反思

整节课以实验活动为中心，以学生为主体，通过演示实验、分组实验、探究实验和展示成果这种体验学习、合作学习，使学生在提出问题、设计实验、操作实验、分析实验的主动探究的过程中，实现了思维创新，提高了自身能力。

整节课充分地利用了以过氧化氢作为反应物，所需时间短，不需要其他试剂进行显色反应，且现象明显这个优点。

同时，本节课需要学生有一定的实验基础才能达到教学目的。学生提出的问题可能超出教师的预期，教师要适当引导。对于环节三的探究实验，教师要加强对小组的指导、管理和评价，充分发挥小组的集体智慧和管理功能，否则很多小组的探究实验会流于形式。若要让所有学生参与每个小课题的研究，可用两节课来完成。

【作者简介】

张青松，云南省昆明市第十中学高中生物教师，张玉代名师工作室成员，盘龙区学科带头人。

【荣誉证书】

实验8 提取和分离叶绿体色素

【问题的提出】

对69所中学进行问卷调查，结果表明，此实验的开设率是85.5%，但是，实验的可供材料和可行实验方案单一、实验试剂和实验步骤需要优化；实验提取的色素浓度低，分离的色素效果不够显著，使得整体实验效果不够好。

根据课前进行的关于"提取和分离叶绿体色素"实验的开设情况和改进建议问卷调查，此实验改进的两个中心问题分别是：如何提高色素的浓度？（包含三个子问题，即实验材料如何选择和处理？如何有效提取绿叶中的色素？如何画滤液细线？）如何采用较佳的方法来分离色素？

【解决的策略】

1. 如何进行实验准备

教师教学准备：进行绿叶中色素的提取与分离、前期探究的预实验；提前进行实验分组，培训指导学生分组实验的组长（例如，指导学生如何进行网络查询、关键实验操作、记录实验结果，如何发现问题、分析问题、解决问题等），充分发挥组长的模范带头作用；课前布置学生预习的任务，让学生理解实验原理及实验过程。本实验虽然操作不难，但要求极为细致，学生初次实验可能得不到比较理想的色素带，所以作为教师应在课前多做几组实验，以便在学生没有得到比较理想的色素带时呈现比较理想的色素带供学生学习和认知。

学生学习准备：课外兴趣小组的学生分组分析往届学生实验失败的原因，网络查询本实验的相关改进信息，通过课前探究实验的开展寻找解决问题的方法；做好对实验过程和现象进行摄影摄像的准备工作；用干燥的定性滤纸制备滤纸条（7×1.2 cm、10×1.5 cm）和带中央圆形小孔（$\phi 0.5$ cm）的圆形滤纸片（$\phi 11$ cm）；将60 mL滴瓶橡胶塞较小的一端用小刀沿直径纵切出一条深约1 cm的浅缝备用。

实验用具、试剂、药品和材料准备：用具包括干燥的定性滤纸、烧杯（80 mL）、培养皿（$\phi 70$ cm、$\phi 75$ cm）、量筒（10 mL）、带橡胶塞的棕色滴瓶（60 mL）、带橡胶塞的透明滴瓶（60 mL）、毛笔、试管架、棉塞、研钵、玻璃漏斗、尼龙布、镊子、载玻片、滴管、盖玻片、剪刀、药勺、天平、尺子、手表。试剂包括无水乙醇，层析液（石油醚：丙酮=20：2）、SiO_2、

$CaCO_3$。实验用具的改进情况具体见四种色素分离方案。

2. 如何选择和处理实验材料，优化实验试剂

实验材料的选择：我校通过多年的实践摸索，使用过教材推荐的菠菜，还陆续尝试过胡萝卜叶、韭菜、番薯叶、车前草、蒲公英、三叶草（菠菜∶胡萝卜叶=1∶1、韭菜∶胡萝卜叶=1∶1）等多种单一或混合实验材料。课前学生利用网络查询了此实验的替代实验材料的相关信息，学生经过对新鲜芥菜叶和菠菜的课前探究实验发现，芥菜叶为目前最佳实验材料。菠菜由于含水量高，经研磨过滤得到的滤液颜色偏淡，纸层析后的色素带不明显。芥菜叶为十字花科植物，在我国栽培历史悠久，分布广泛，类型和品种很多；芥菜叶的细胞内含水量相对较少，褐变反应不明显，叶肉组织发达，色素含量丰富，研磨过滤后的滤液浓稠，层析后的四条色素带非常明显，效果最佳；不受季节和开课学期的限制[①]。实验时应选择叶片肥厚的深绿色叶片。实验研究发现，芥菜叶比较适于做"色素的提取与分离"实验的材料，符合实验材料经济易得、优质的原则，四条色素带清晰，颜色鲜艳，实验效果良好。

实验材料的处理：课前需对芥菜叶进行5~12 h的阴干处理，这样提取到的色素含量比较高，层析后色素带的颜色比较浓艳。实践研究发现，阴干时间超过12 h后，叶片明显变黄，色素含量明显减少。

实验试剂的优化：以石油醚∶丙酮=20∶2作为层析液，能够清晰地分离绿叶中的色素，满足中学生物学教学的要求。层析液中减去苯，不仅可以节约药品，还能减少实验室有毒化学试剂的用量，减少空气的污染[②]。实践研究中发现，混合色素分离试剂的分离效果比单一色素分离试剂的效果显著（每种分离试剂重复试验三次）。

3. 如何优化实验方法、步骤

（1）提取叶绿体色素

通过实践研究，笔者发现，要提高色素的提取量，需改用芥菜绿叶作为实

①黄宝星，陈红芝."绿叶中色素的提取和分离"实验失败原因分析及改进方案［J］.实践与技术，2013：124-125.

②陈琳.层析液和实验材料对"叶绿体中色素的提取和分离"实验结果的影响［J］.生物学教学，2014，39（5）：47.

验材料，改称取5 g为称取8 g绿叶，由此色素的含量明显增多。由于学生不易把握二氧化硅和碳酸钙的用量，致使二氧化硅和碳酸钙明显地残存在滤液中，影响实验效果，因此两种药品分别改进为称取0.5 g。由于提取色素时无水乙醇10 mL用量偏多，导致滤液中色素浓度不高，所以无水乙醇由一次研磨改进为两次充分研磨，每次研磨时加入3 mL无水乙醇（总加入量为6 mL）。另外，也对研磨进行了改进，先按教材描述的方法步骤进行研磨，然后将研磨好的混合物用单层尼龙布包裹，左手抓住尼龙布的顶端，右手用镊子夹住下方，挤压过滤出滤液，再将滤液通过玻璃漏斗收集到量筒中，可直接读取收集到的滤液毫升数。

具体操作方法：①称取8 g芥菜绿叶，剪碎，放入研钵中。②向研钵中放入0.5 g（或1/2平药勺）二氧化硅和碳酸钙，再分两次分别加入3 mL无水乙醇，进行迅速、充分的研磨。③将研磨液迅速倒入玻璃漏斗（漏斗基部垫一块单层尼龙布），左手拎起包裹着研磨液的单层尼龙布，右手用镊子挤压过滤。④将滤液收集到量筒中，及时用棉塞将量筒口塞严，同时读取所收集到的滤液毫升数。

广西桂林市桂林中学的廖永梅老师，优化提取过程，采用了超声波提取法，实验效果较好。廖老师使用超声波清洗机（功率200 W，功率可以从40%调节到100%），加速破坏叶肉细胞膜和双层叶绿体膜，利于色素提取。改进后的操作为：取材称量（降低叶片质量从5 g改为1 g）→研磨1 min→超声波处理3～5 min→倒出提出液。不需添加二氧化硅和无水乙醇，超声波具有加速颗粒沉降作用，提取液不需过滤，有效实现简化程序，节省试剂，节约时间，提高效率，并且扩大了选材范围。

贵州省绥阳县绥阳中学的张渊老师用石油醚和水按2：1的比例提取较纯的色素后，采用蒸馏方法获得色素浓缩液。

（2）制备滤纸条

根据四种色素分离方案的具体要求在课前提前制备和选用不同规格的滤纸。实验操作过程中，制备和选用的滤纸是用实验前已由学生准备完成的干燥的定性滤纸制备的滤纸条（10×1 cm、7×1.2 cm、10×1.5 cm）和带中央圆形小孔（ϕ0.5 cm）的圆形滤纸片（ϕ11 cm）。

（3）画滤液细线

教材用毛细吸管画滤液细线，易造成滤液细线画得不齐、不直、过粗，分离后的色素带易形成带峰、带谷，甚至部分色素带重叠。一些研究者使用过棉线法（缺点是易吸收部分色素使色素含量有限）、牙线法（缺点是画出的滤液细线较粗，导致色素带出现带峰、带谷）和色素涂片法（缺点是在距滤纸条低端1 cm处折叠时会使滤纸纤维折断，阻碍了色素随层析液靠毛细吸力扩散；滤纸条擦拭过程易吸水变软）等。为了画出更清晰的滤液细线，我们尝试用2片盖玻片蘸印法在滤纸条上画滤液细线和用毛笔在圆形滤纸上画着样色素带。用盖玻片蘸印法在滤纸上画滤液细线的优点是由于盖玻片几乎不吸附色素，易得到一条又细又整齐、浓度均匀的滤液细线，并且在重复画三次的情况下，滤液细线上的色素含量较多，层析后的各色素带颜色更鲜艳、明显，实验效果相对较好。用毛笔在圆形滤纸上画着样色素带的优点是使用毛笔容易画出较规整的色素带，但由于毛笔吸附了部分色素，需重复画几次，色素带才会比较明显。四种色素分离方案中的具体操作方法如下：

方案一选用的滤纸条为10×1 cm，方案二选用的滤纸条为7×1.2 cm。在载玻片中央滴加4滴滤液，用2片重叠盖玻片蘸取滤液，与尺子1 cm刻度对比，在距滤纸条剪去两角一端的1 cm处用盖玻片蘸印出滤液细线。待滤液干后，再蘸印一两次。

方案三中画滤液细线、着样纸捻的制作及与圆形滤纸的组装：选用滤纸条（10×1.5 cm），与尺子0.2 cm刻度对比，沿滤纸条（10×1.5 cm）的长边，两把尺子垂直比对确定滤纸条的色素滤液着样带区域大小（10×0.2 cm）。在载玻片中央滴加4滴滤液，用2片重叠盖玻片蘸取滤液，蘸印着样带区域。待滤液干后，再蘸印一两次（每次蘸印之前，在载玻片中央滴加4滴滤液）。沿滤纸条长边方向卷（着样带朝外），制成着样纸捻。取一圆形滤纸片，将着样纸捻的着样带芯一端插入圆形滤纸片的中央圆形小孔中，使其与滤纸平齐。

方案四中画滤液细线、纸捻的制作及与着样圆形滤纸的组装：选用滤纸条（10×1.5 cm），沿滤纸条长边方向卷，制成纸捻。在载玻片中央滴加4滴滤液，用毛笔蘸取滤液，沿一圆形滤纸片的中央圆形小孔边缘画着样带区域（宽度约0.2 cm）。待滤液干后，再画一两次，将纸捻芯的一端插入圆形滤纸片的中央圆形小孔中，使其与滤纸平齐。

（4）分离叶绿体色素

实验教学组织策略是：学生采用小组合作探究的方式，分四个实验小组分别实际操作层析效果较好的四种层析方案。每个实验小组的实验方法步骤基本相同，主要不同的实验操作方法是采用四种色素分离方案进行色素的分离。实验结束后小组内比较分析，再进行小组间的展示分享交流，小组答辩，最后推荐较为理想的实验方法。

方案一：

将3 mL的层析液倒入烧杯（80 mL）中，将滤纸条（有滤液细线的一端朝下）略微倾斜靠着烧杯的内壁，轻轻插入层析液中，沿着烧杯上沿稍微折叠滤纸条上端使其挂于烧杯上沿，随后用培养皿（φ70 cm）盖住烧杯（见图1）。注意，不能让滤液细线触及层析液。

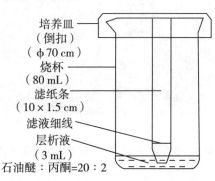

图1 "滤纸条+烧杯+层析液"层析法色素分离实验装置（侧面）

方案二：

将3 mL的层析液倒入带橡胶塞的60 mL的棕色或透明滴瓶中，用橡胶塞较小一端在深约1 cm的浅缝处夹住滤纸条（7×1.2 cm），使其悬挂于滴瓶中，塞紧橡胶塞进行密闭层析（见图2）。注意，不能让滤液细线触及层析液。

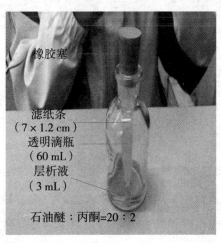

图2 "滤纸条+带塞滴瓶+层析液"层析法色素分离实验装置（60 mL透明滴瓶）

方案三：

将6 mL的层析液倒入培养皿（φ75 cm）中，将插有着样纸捻的圆形滤纸片平放在培养皿上沿，同时将着样纸捻的另一端轻轻插入层析液中，在圆形滤纸片上加盖培养皿（φ75 cm），双手给予色素分离实验装置较均匀的按压。（见图3）

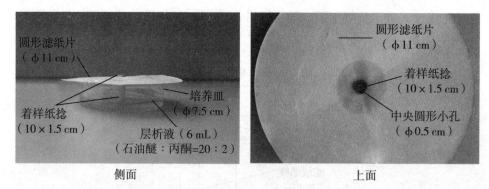

圆形滤纸片
（φ11 cm）

圆形滤纸片
（φ11 cm）

着样纸捻
（10×1.5 cm）

培养皿
（φ7.5 cm）

着样纸捻
（10×1.5 cm）

中央圆形小孔
（φ0.5 cm）

层析液（6 mL）
（石油醚：丙酮=20：2）

侧面　　　　　　　　　　　　上面

图3　"圆形滤纸+着样纸捻+培养皿+层析液"层析法色素分离实验装置

方案四：

将6 mL的层析液倒入培养皿（φ75 cm）中，将插有纸捻的着样圆形滤纸片平放在培养皿上沿，同时将纸捻的另一端轻轻插入层析液中，在圆形滤纸片上加盖一培养皿（φ75 cm），双手给予色素分离实验装置较均匀的按压。（见图4）

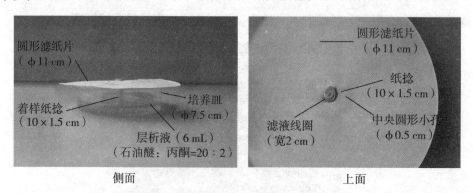

圆形滤纸片
（φ11 cm）

圆形滤纸片
（φ11 cm）

纸捻
（10×1.5 cm）

着样纸捻
（10×1.5 cm）

培养皿
（φ7.5 cm）

滤液线圈
（宽2 cm）

中央圆形小孔
（φ0.5 cm）

层析液（6 mL）
（石油醚：丙酮=20：2）

侧面　　　　　　　　　　　　上面

图4　"着样圆形滤纸+纸捻+培养皿+层析液"层析法色素分离实验装置

有的学生发现，教材中采用烧杯和培养皿的方式的缺点是滤纸层析后会变软，易发生相互接触或贴壁，在加盖培养皿时也容易导致滤纸条移位，影响层析的效果。为了有效解决以上问题，较容易地得到平行色素带，有的学生创新性地利用废弃硬纸片，裁剪成大于烧杯口径的纸盖，其上剪开多条宽度与滤纸条宽度相当的狭缝，将滤纸插入小缝，进行悬挂式层析，层析后的四条色素带比较明显。

（5）观察与记录

观察滤纸条上出现了几条色素带，它们的排序以及每条色素带的颜色和宽度等，将观察结果记录下来。

（6）实验结果与定性、定量分析

① 四种色素分离方案的实验结果的定性分析（包括优缺点和讨论改进）。

方案一分析：

优点：学生通过阅读对教材中的这种操作方法容易理解。

缺点：①常出现滤纸条贴壁或软塌而导致色素溶解到层析液中的现象，从而降低了层析的成功率。②滤纸条斜靠在烧杯口上沿，增加了色素分子向上扩散的阻力。

讨论与改进：

常出现的问题是层析效果不是很明显。

方案二分析：

优点：①滤纸条夹在橡胶塞中，能防止因滤纸条贴壁或软塌而导致色素溶解到层析液中的现象，从而提高了层析的成功率。②与圆形滤纸相比，因为滤纸条的宽度较窄，所以色素扩散后，同种色素易集中于局限空间，色素浓度高，颜色鲜艳，色素带比较明显，即色素分辨率为高等水平。③试管加棉花塞或烧杯加盖培养皿的装置密闭性差，层析液有毒又容易挥发，这会导致药品用量大和环境污染等问题。橡胶塞的使用则明显减少了层析液的挥发，而且装置内的层析液可供几个班重复使用，既减少了药品的用量，又降低了对环境的污染。④使用透明滴瓶方便学生观察色素的分离过程及层析现象，同时还方便学生移动分离装置展示层析效果，利于学生之间的交流与讨论。

讨论与改进：

滤纸条长宽的确定问题：根据60 mL滴瓶的长度8 cm拟定滤纸条长度为8 cm。根据橡胶塞较小一端的直径1.5 cm拟定滤纸条宽度为1.5 cm。初次实验操作时发现，在滤纸条插入狭缝的前提下，将带滤纸条的橡胶塞塞入滴瓶后，因滤纸条长度稍长，导致塞上橡胶塞后，滤纸条弯曲，使滤液细线触及层析液。同时还发现，滤纸条宽度应稍小于滴瓶口直径，才方便塞入滤纸条。因此将滤纸条改进为7×1.2 cm。

在第二个实验组中提供棕色滴瓶和透明滴瓶，由学生自己选择。选择棕色滴瓶的学生认为它的优点是可以一定程度地保护色素，使层析在阴暗处进行。

在滴瓶中加入的层析液的用量问题：实验操作时，在滴瓶中加入6 mL层析液，后来经讨论研究认为只需加入3 mL层析液即可，这样做可以明显降低化学药品的使用量和对环境的污染。

方案三分析：

优点：①与滤纸条相比，圆形滤纸的着色面积比较大，色素带之间的对比性较强，易于学生观察到并快速区分出四条色素带。②可以定量分析色素分离效果，例如，在层析纸上距圆心0.5 cm处标点，通过观察分离试剂的到达时间，确定叶绿体色素分离的速度；通过测量各色素带外边与圆心的距离，确定叶绿体色素扩散的范围大小，从而推测出叶绿体中各色素在层析液中溶解度的大小；通过测量各色素带的宽度，估算叶绿体中各色素的含量及其比例。③与方案四相比，由于在纸捻上直接点样，着样带区域面积为10×0.2 cm^2，这样做明显增加了点样量，使得色带的能见度和分辨率均明显增加。

缺点：①由于各层纸捻圈重叠部位存在空隙，阻碍了纸捻中心色素层层向外扩散至圆形滤纸；由于纸捻与圆形滤纸中央圆形小孔拼接部位也存在空隙，导致色素向圆形滤纸360°方向扩散的程度不一，四条色素带的颜色明显但不够鲜艳，即色素浓度虽高但色素分辨率为中等水平，且各色素带边缘不齐整，容易出现许多峰形。②操作烦琐，操作的细节要求较多。③与滤纸条纸层析法相比，圆心滤纸纸层析法操作耗时明显增加许多。原因有蘸印10×0.2 cm色素滤液时，因为着样面积稍大，蘸印过程耗时；蘸印滤液后不易干，再次蘸印需等待更长时间，延长了实验用时。④由于操作用时延长，三次蘸印前重叠滴加在载玻片中央的色素滤液暴露于空气中的时间随之延长，氧化变质的程度增大。⑤直接将圆形滤纸平放在培养皿上，色素扩散速度较慢、色素带边沿不齐整、各色素带对比不明显。

讨论与改进：

由于出现纸捻自身松紧和与圆形滤纸紧密拼接问题，制作纸捻时尽量卷紧纸捻并尽量让纸捻紧密贴合到圆形滤纸的中央圆形小孔上。

经反复实践研究发现，直接将分离试剂加入培养皿中，使用小培养皿（≤φ7.5 cm），甚至较小培养皿（φ4.6 cm），至少需要6 mL才能淹没培养皿内底，才能使纸捻吸收到层析液。改用小培养皿（≤φ7.5 cm）来盛放层析液后，可以明显降低化学药品使用量和对实验室环境的污染程度。

分离时直接将圆形滤纸盖在大培养皿上，色素扩散速度较慢且层析效果不明显，主要原因是圆形滤纸不能紧密地贴合在培养皿边沿，它在水平方向上不完全水平，增加了色素向外扩散的阻力。后改为在圆形滤纸上面添加一个倒扣着的大培养皿（φ7.5 cm，与盛放试剂的培养皿同等尺寸，可以防止有机溶剂挥发），同时用双手覆盖在大培养皿的边缘，对整套分离装置施加向下的压力，这样既辅助色素扩散速度加快、色素带边沿齐整、各色素带对比明显，又便于实时观察层析过程。多次重复实验后发现，双手给力较大时，出现四层明显的色素带；双手给力较小时，只出现明显的叶绿素色素带，且分层不明显；无双手给力时，色素带能见度非常低，且色素扩散距离很短。因此，双手应对整套分离装置施加足够大的向下的压力，层析效果才会比较明显。

方案四分析：

优点：①与方案三相比，实验用时缩短。②与方案三相比，直接在圆形滤纸的中央圆形小孔边缘点样，利于色素快速向外围扩散，四条色素带的分界较清晰。

缺点：①与方案三相比，四条色素带的颜色较淡，即色素分辨率为低等水平，且色带能见度低。②画0.2 cm滤液线圈时，画线圈不方便，滤液线圈不易干，且毛笔会吸收一定量的色素，导致着样线圈内色素浓度降低。

讨论与改进：

可考虑使用毛细吸管代替毛笔来画滤液线圈。

综上所述，将四种色素分离方案实验结果的定性分析归纳如下（见表1）。

表1 四种色素分离方案实验结果的定性分析表

纸层析法类型	方案序号	层析平均用时（min）	色素类型	各色素带能见度	各色素带分辨率水平（颜色深浅度、颜色鲜艳程度）	各色素带分层（分层明显程度、分层界限清晰度、带峰和带谷情况）
滤纸条纸层析法	方案一	7	胡萝卜素	高	分辨率为中等水平，颜色深度一般，颜色明显	分层明显，色素带边缘不够齐整，有较小的带峰和带谷
			叶黄素	低	分辨率为低等水平，颜色深度一般，颜色明显	分层明显，色素带边缘不够齐整，有较小的带峰和带谷
			叶绿素a	高	分辨率为中等水平，颜色深度一般，颜色明显	分层明显，色素带边缘不够齐整，有较小的带峰和带谷
			叶绿素b	高	分辨率为中等水平，颜色深度一般，颜色明显	分层明显，色素带边缘不够齐整，有较小的带峰和带谷
滤纸条纸层析法	方案二	8	胡萝卜素	很高	分辨率为较高等水平，颜色较深，颜色鲜艳	分层较明显，色素带边缘齐整，无明显带峰和带谷
			叶黄素	很高	分辨率为较高等水平，颜色较深，颜色鲜艳	分层较明显，色素带边缘齐整，无明显带峰和带谷
			叶绿素a	很高	分辨率为较高等水平，颜色较深，颜色鲜艳	分层较明显，色素带边缘齐整，无明显带峰和带谷
			叶绿素b	很高	分辨率为较高等水平，颜色较深，颜色鲜艳	分层较明显，色素带边缘齐整，无明显带峰和带谷
圆形滤纸纸层分析法	方案三	13	胡萝卜素	很高	分辨率为高等水平，颜色深，颜色鲜艳	分层较明显，色素带边缘不齐整，有明显带峰和带谷
			叶黄素	很高	分辨率为高等水平，颜色深，颜色鲜艳	分层较明显，色素带边缘不齐整，有明显带峰和带谷
			叶绿素a	很高	分辨率为高等水平，颜色深，颜色鲜艳	分层较明显，色素带边缘不齐整，有明显带峰和带谷
			叶绿素b	很高	分辨率为高等水平，颜色深，颜色鲜艳	分层较明显，色素带边缘不齐整，有明显带峰和带谷
	方案四	11	胡萝卜素	低	分辨率为较低等水平，颜色浅，颜色不鲜艳	分层不够明显，色素带边缘齐整，无明显带峰和带谷
			叶黄素	低	分辨率为较低等水平，颜色浅，颜色不鲜艳	分层不够明显，色素带边缘齐整，无明显带峰和带谷
			叶绿素a	低	分辨率为较低等水平，颜色浅，颜色不鲜艳	分层不够明显，色素带边缘齐整，无明显带峰和带谷
			叶绿素b	低	分辨率为较低等水平，颜色浅，颜色不鲜艳	分层不够明显，色素带边缘齐整，无明显带峰和带谷

　　方案一和方案二中滤纸条实验结果的定量分析：通过测量各色素带外沿与滤纸条底边的距离，测定各色素扩散的距离大小，推测出叶绿体中各色素在层析液中溶解度的大小；通过测量各色素带的自身宽度，估算叶绿体中各色素的含量大小及其比例（各数值均取多次实验结果的平均值）。

　　方案一和方案二的色素分离实验结果的定量分析归纳见图5（图5中各数值均取多次实验结果的平均值）。

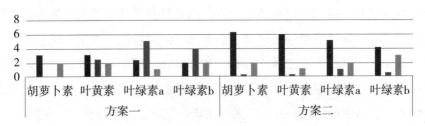

图5　滤纸条纸层析法两种方案的色素分离实验结果的定量分析

　　方案三和方案四中圆形滤纸实验结果的定量分析：在层析纸上距圆心0.5 cm处标点，通过观察记录分离试剂到达时间，估算各色素分离的速度；通过测量各色素带外沿与圆心的距离，测定叶绿体色素扩散的范围大小，从而推测出叶绿体中各色素在层析液中溶解度的大小；通过测量各色素带的宽度，估算各色素的含量大小及其比例。

　　方案三和方案四的色素分离实验结果的定量分析归纳见图6（图6中各数值均取多次实验结果的平均值）。

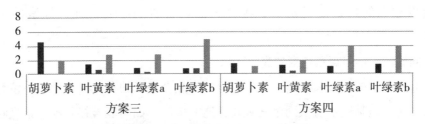

图6　圆形滤纸纸层析法两种方案的色素分离实验结果的定量分析

（7）得出实验结论

通过师生的共同讨论交流，得出的实验结论是：绿叶中含有四种色素，它们在滤纸上从外到内的排序是胡萝卜素、叶黄素、叶绿素a、叶绿素b。其中最宽的为叶绿素a（蓝绿色），最窄的为胡萝卜素（橙黄色），相邻色素带最近的为叶绿素a和叶绿素b，相邻色素带最远的为胡萝卜素（橙黄色）和叶黄素（黄色）。

师生从耗费的时间、层析效果、操作的难易程度及节约药品等方面进行综合比较后发现，滤纸条纸层析法优于圆形滤纸纸层析法，方案二优于方案一，方案三优于方案四，方案二优于方案三和方案四。师生从实验教学的最基本要求"操作简便、效果明显"方面进行综合比较后一致认为，方案二是适用于中学生物实验教学的最优色素分离方案。建议采用方案二进行色素的分离。

4. 本实验还有哪些值得拓展探究的问题

根据实验教学，学生动态生成问题，开设系列拓展实验，实现实验教学的校本课程化。

实验教学课后主要拓展探究实验列举如下。

问题一：我们能不能使用其他方法用肉眼来判断提取色素的浓度高低？

师生查询资料商议后，提出可以借助叶绿素的荧光现象来判断。学生拿着手机打开"手电筒"在暗处直射装有色素提取液的试管，观察到了叶绿素的荧光现象。学生的学习兴趣瞬间高涨，提出质疑："为什么会出现荧光现象呢？"学生继续查询资料后得知，由于叶绿素提取液吸收的绿光最少，我们用肉眼看到的是绿色。叶绿素分子吸收光能后，就由能量较低的稳定状态提高到能量较高的不稳定状态，这种状态是激发态。激发态不稳定，叶绿素就会将能量以红光的形式发射出来，因此我们就会看到红光，即叶绿素的荧光现象。

问题二：如何观察色素的吸收光谱？

通过色素的提取和分离，学生对绿叶中光合色素的种类、含量、颜色有了一定了解，但是还不能认同色素吸收光能的事实。如何能直接看到色素吸收光谱的事实？教材中提到用三棱镜将白光分成单色光，有学生想到平常见到的光盘也能出现"彩虹"，光盘应该可以分光。随后，他们找来光盘，把太阳光反射到白色墙壁上，但分出的七色光比较弱，不规则。为了方便观察，学生找到铁架台，又想到家中所用的灯非常明亮，于是把灯固定在铁架台上，把光盘斜插在废弃的泡沫板上，调整角度，拉上窗帘，七色光非常清晰。学生解决了分光的问题。他们把提取液装入试管，把试管移到光源前面，希望看到相应色光被吸收的现象，遗憾的是无论怎么调整角度，哪怕装入的是清水，都不能看到红光和蓝紫光单独被吸收的现象，要么离光源太近，光发散绕过试管，墙上的七色光全部没有变化；要么离光源稍远，形成一条黑影。查阅文献资料后，教师引导学生用比色皿装溶液，最终成功观察到相应色光被吸收的现象。吸光结果展示，两只比色皿，若左边装的是无水乙醇，右边装的是色素提取液，通过对比观察，学生很容易得出"光合色素主要吸收红光和蓝紫光"这个结论。师生共同解决了观察吸光情况的问题。

问题三：在一年中哪个季节哪些色素是可见的？

问题四：哪些因素可能影响叶绿素的结构？

问题五：植物细胞中除了含有光合色素之外，在哪些细胞结构中还含有哪些色素？

问题六：在光合作用过程中，起主要作用的是哪些色素？

5. 如何运用Vee图指导学生主动进行科学探究学习

科学探究学习的核心环节是探究。探究式实验教学成功的关键在于采用科学学习策略——运用Vee图指导学生主动进行科学探究学习，从而体现科学探究的本质。

运用奥苏伯尔的有意义学习理论和Vee图指导学生主动进行科学探究学习，其学习关键步骤包括确定探究的焦点问题；预习实验目的、材料试剂、方法步骤、注意事项等；制作探究前的Vee图（见图7）；对Vee图组体的解释说明，设计可行实验方案，构思记录表；运用Vee图学习工具理解建构"绿叶中色素的提取和分离"；探

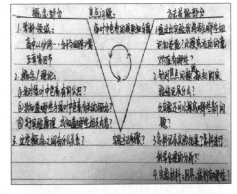

图7 学生制作的探究前的Vee图结构

究实验有初步结果后，制作探究后完整的Vee图（见图8），依据实验过程，有效评价实验能力；对探究过程进行分析与反思，充分交流与表达，可动态生成

进一步的假设与问题，引发新的科学探究活动。

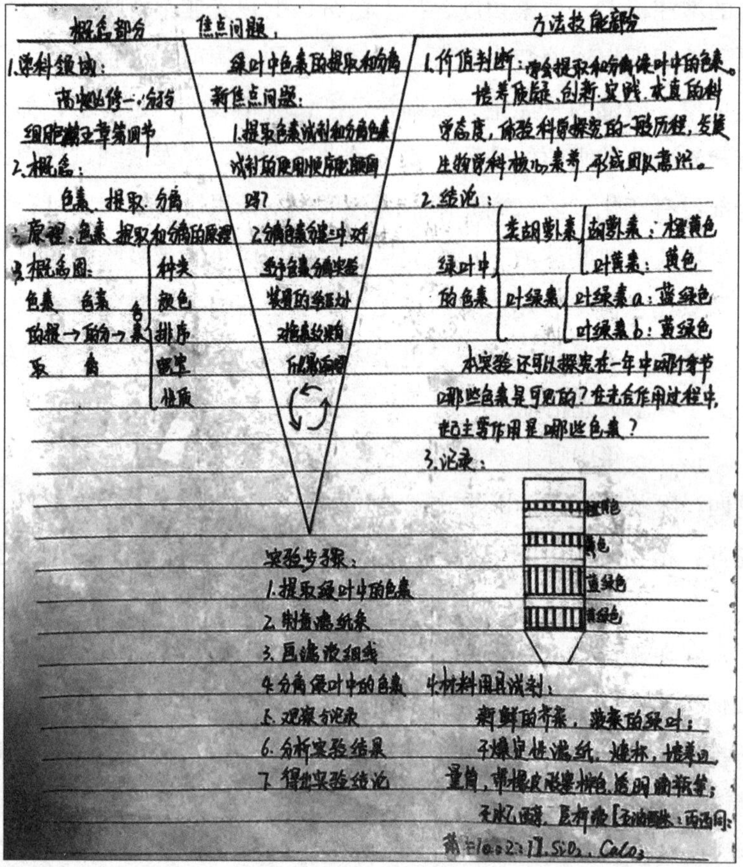

图8　学生制作的探究后完整的Vee图结构

Vee图通过凸显学生在科学探究学习中的主体性而有助于学生有意义地学习科学，促进理解的建构，而非结果的验证。从科学探究的核心问题出发，以学生原有的概念体系为基础，Vee图不仅搭建了开展科学探究学习的"脚手架"，并且彰显了学生科学概念转变的历程，促使学生对科学探究活动的价值与意义做出反思。

6. 如何实施问题教学

实施问题教学的教学指导思想是布鲁纳的发现学习理论。

实施问题教学的教学关键是设置以解决问题为中心的探究活动任务，把课堂动态生成问题变成科学探究主题，展开反思和行动，深化学习；以"发现问题→实验探究→解决问题……"的循环方式进行研究性学习。

实施问题教学的意义是增强学生问题解决倾向、提高问题开放性、突出问题的批判性和创造性、发展问题解决能力。

7. 如何实现跨学科原理的联系

教师引领学生理解实验原理时，可以实现跨学科原理的联系，指导学生理解科学的本质、科学的思想方法和跨学科的科学概念和过程。

本实验的实验原理包括生物原理和化学原理。该实验所用的层析液（溶剂）是有机溶剂，其主要成分是石油醚、丙酮等，溶质是四种色素，溶剂和溶质都是脂溶性化合物。叶绿素分子具有一定极性，其疏水性远大于亲水性，因此它易溶于有机溶剂而难溶于水。根据化学物质相似相溶的原理，非极性溶质一般能溶于非极性溶剂，极性溶质一般能溶于极性溶剂。

8. 主要收获与反思

在关于"中学生物课堂实验教学的探索和研究"主题的实践研究大背景下，笔者通过对"提取和分离叶绿体色素"实验教学的探索和研究，主要收获与反思如下：

（1）开展生物学实验教学的重要价值是什么？为学生积极搭建自主、合作、探究、有意义的学习"平台"——生物学实验教学，是发展学生生物学科核心素养的重要途径。学生自主探究，自制实验改进装置，自主进行实验设计，实施实验方案，交流展示研究成果，这些过程锻炼了学生语言表达的能力、合作探究的能力、知识迁移的能力，提高了学生的生物科学素养，体现了自主、合作、探究的新课标理念。

（2）如何优化某个实验教学？笔者和学生的回答是："实践是检验真理的唯一标准！"具体如何改进呢？根据课前所进行的关于"绿叶中色素的提取和分离"实验的开设情况和改进建议问卷调查，确定此实验改进的两个中心问题，即如何提高色素的浓度和如何采用较佳的方法来分离色素。经过反复实践探究，笔者和学生共同尝试改进了此实验五个基本方法步骤的部分细节，重点探讨了层析效果较好的四种层析方案的优缺点及其相应改进措施。

（3）实验教学设计理念有哪些？布卢姆的"认知、技能、情感"三个目标领域，预期学生的学习结果；皮亚杰的"建构主义"教学理论；美国行为心理学家马杰关于教学设计的模式，解决三个问题：①把学生带到哪里？②怎样把学生带到那里？③如何确信已经把学生带到那里？新课标的四大理念和高考大纲的"四大能力要求"实施有效教学。

生物学是以实验为基础的自然科学。生物学实验教学的具体指导思想是：发展学生的生物学学科核心素养（生命观念、科学探究、科学思维、社会责任）是生物教育教学的核心目标；《普通高中生物学课程标准（2017年版）》倡导探究性学习。通过实验探究，可有效促进学生通过主体的建构活动来学习科学知识。以"发现问题→实验探究→解决问题……"的循环方式进行研究性学习，深化实验教学的内涵和外延，从而提高中学生物课堂实验教学质量。

开展生物学实验教学应从学生已有的知识基础、认知规律和心理特征出发，着眼于学生的最近发展区，通过学生的具体实验操作，对得到的实验现象进行对比分析，得到相应的结论，然后根据已有的结论提出新问题，在小组合作讨论的基础上，自主设计实验进行探究。通过这样的生物学实验教学方式，每一个学生都能参与到问题的探讨中，在问题探讨中自主学习，在合作讨论中进行有意义学习，在相互评价中感受学习的乐趣，最终可以发展自己的生物学学科核心素养。

（4）教师帮助学生拟定课前和课后探究实验时，应该重点考虑什么？重点考虑学生的兴趣需求，研究课题的实际价值和实验开展的可行性。

（5）关于"中学生物课堂实验教学的探索和研究"这一永恒的主题，今后我们将研究什么呢？生物教材中的每一个实验都值得我们深入研究，教学不止，探究不止。

【作者简介】

杨岑，毕业于云南师范大学生命科学学院，教育学硕士，是昆明市张玉代生物名师工作室成员，"昆明市2017届高考学科专家组成员"，"昆明名师网络课堂"授课教师，"昆明市盘龙区第一届教育评估专家"，昆明市盘龙区生物"学科带头人"，市、区、学校科研课题团队中的核心成员之一。

连续多年中考、高考生物教学成绩优秀，多次荣获教学质量优秀奖、进步奖和集体奖；多次参与市、区级统测试卷命题、审题和校正工作；多次承担市

级示范课、研究课；多次参加国家级、市级、区级生物课堂教学竞赛并荣获一、二等奖；撰写的论文多次荣获国家、省、市、区级比赛一、二、三等奖，部分论文公开发表于国家级、省级期刊；多次参加市、区级重要课题研究，多次参与编写高等学校教材、云南

省教辅和校本教材等，其中国家级和省级的教材均公开出版发行。

杨岑是昆明市张玉代生物名师工作室承担的市级课题"基于核心素养的高中生物学课堂实验教学研究"（立项编号：JY16006）子课题"绿叶中的色素提取和分离"负责人。

【荣誉证书】

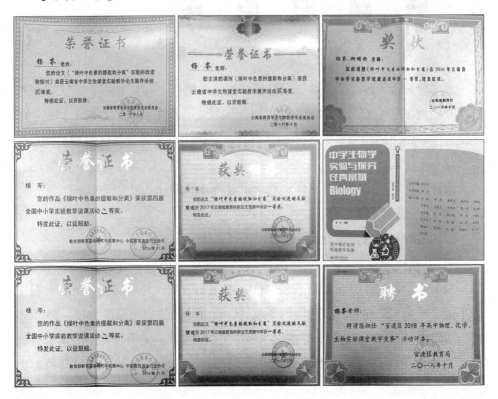

实验9 探究不同环境因素对光合作用的影响

【问题的提出】

笔者对所在地区的19所学校进行问卷调查，发现仅有2所学校开设过此实验，其中一所学校进行了学生分组实验，一所学校为教师演示实验。可见，这是一个开设率较低的实验。图1是未开设原因统计结果。

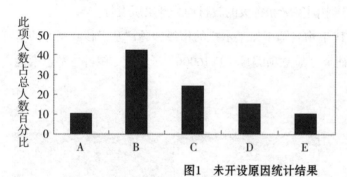

此
项
人
数
占
总
人
数
百
分
比

A. 做不做不影响学生成绩
B. 任课教师未做过
C. 设备难配置
D. 实验时间过长
E. 结果检测困难

图1　未开设原因统计结果

此实验开设率较低的主要原因是任课教师未做过（占42.1%）。在人教版教材中只给出了一个参考案例（探究光照强弱对光合作用强度的影响），光源的提供、实验结果的定量研究等问题都存在一定的困难，导致任课教师对完成此实验信心不足。

本课题针对该实验能否在课堂教学中有效开展进行了相关研究。

【解决的策略】

1. 实验材料的选择与处理

（1）教材方案

根据教学进度，开设此实验的时间一般为11月底，环境温度较低。教材中采用菠菜叶为实验材料。菠菜属耐寒蔬菜，营养生长适宜的温度为15～20 ℃，25 ℃以上生长不良，地上部分能耐–6～8 ℃的低温[①]。昆明11月的温度适宜，可以在室温下进行实验。李俐提到可采用青菜作为实验材料。实验时将恒温

---

①节选自中国农业推广网的《菠菜生长对环境条件的要求》。

水浴锅的温度调至30 ℃[①]。樊晓红探究不同植物光合作用强度差异时采用了黑藻、菠菜、南美蟛蜞菊、蜘蛛兰等多种材料[②]。可见，此实验可以因地制宜地选取多种实验材料，还可以考虑探究对不同植物的光合作用强度。

教材中用1 cm的打孔器打出小圆形叶片。韩子煜等人选取抽气处理后的直径为0.8 cm、0.6 cm、0.4 cm的菠菜圆叶进行实验，认为直径为0.4 cm的圆叶片为理想的实验对象[③]。

（2）用水生植物做实验材料

乔新虹等人比较了中、日、韩三国初中生物教材中"光合作用需要二氧化碳"的实验后，提到可用水生植物做实验材料[④]。陈维[⑤]、吴军华[⑥]的实验都采用了水生植物做实验材料。水生植物如黑藻、金鱼藻，容易获取、生活环境的影响因素容易控制、实验操作简单，是探究二氧化碳对光合作用影响的理想材料。

2. 实验装置的改进

用水生植物进行实验不需要打孔获得小圆形叶片，操作简便。依据乔新虹等人文章中的韩国和日本初中生物教材实验装置，只需将等量的水生植物放入试管并在试管中加满水即可进行实验，实验操作简单易行。韩国教材在试管内加入了溴麝香草酚蓝水溶液，通过颜色变化体现溶液中二氧化碳的变化。日本的教材中，一段时间后将水生植物经酒精脱色、碘液染色后在显微镜下可观察光合作用产生的淀粉。

樊晓红文章中用打孔器将橡皮塞打两个孔并塞住试剂瓶，一个孔插入玻

①李俐."探究环境因素对光合作用强度的影响"实验改进与教学设计［J］.生物学通报，2014，49（10）：34-37.

②樊晓红.一套探究环境因素对光合作用强度影响的装置［J］.生物学通报，2016，51（9）：57-59.

③韩子煜，朱利川."环境因素对光合作用强度的影响"实验改进方案［J］.中学生物学，2017，33（2）：35-37.

④乔新虹，窦玉敏.中、日、韩三国初中生物学教材中"光合作用需要二氧化碳"实验的比较［J］.生物学通报，2015，50（5）：60-62.

⑤陈维.探究环境因素对光合作用强度的影响［J］.生物学通报，2008，43（2）：55-57.

⑥吴军华.对"检验光合作用需要二氧化碳"实验的改进［J］.生物学通报，2016，51（1）：56-67.

璃管，另一个孔插入移液管。移液管尖头朝上倒着插入，使玻璃管上端略低于移液管零刻度线，移液管和玻璃管下端都要露出一定长度的橡胶塞。实验时两者下端均保持在液面以下。如果光合作用产生了氧气，瓶内压强增大，移液管内液面就会上升，产氧量越多，液面上升越多。该装置能定性地观察氧气产生的多少，但是不能对氧气的产生量进行定量检测。赵广宇等人对装置进行了改进，将移液管换成注射器[1]，可以对产生的氧气进行定量分析。陈维的实验装置又将注射器换成量筒，测量量筒中收集到的水的体积即可知道光合作用产生氧气的体积，在定量研究的同时还能检验产生的气体即为氧气。

3. 自变量的控制

（1）光照强度的控制

教材建议：3盏40 W台灯分别向3个实验装置照射，通过调整光源与烧杯的距离来调节光照强弱。这里存在两个问题：第一，普通灯泡会伴随发热现象，温度会对实验结果造成影响，自变量不能准确控制；第二，不同光源发出的光线之间会发生叠加，且叠加的程度不同，有可能改变自变量，也可能影响实验温度。

① 光源的选择。韩子煜等人在文章中指出："普通灯泡组三个不同距离下烧杯中的溶液温差为1~2 ℃，而LED灯泡组的温差为0.1~0.3 ℃，且两个灯泡组中圆叶片上浮情况良好，因此用LED节能灯泡既能达到实验效果，又能减少温度差异对实验的干扰。"此外，在多篇文章中可以看到LED灯的使用。李俐在文章中还提出，"LED灯光谱窄，单色性好，无须过滤可直接产生单色可见光，正是进行光质影响实验的良好材料"。

于爱玲等人在文章中建议："为避免不同光源互相干扰，3个实验组只用一盏100 W台灯做光源，通过调整台灯与烧杯之间的距离控制光照强度。注意：各烧杯之间不要遮挡光源。"

② 光照强度的控制。通过改变灯泡功率改变光照强度。例如，李俐的实验采用15 W、25 W、40 W、60 W的灯泡，结果显示60 W光照强度下，叶圆片上浮时间更快。

---

[1]赵广宇，汪绍鑫."探究CO$_2$浓度对光合作用强度的影响"的实验教学案例［J］.生物学通报，2017，52（4）：29-32.

通过改变灯泡与装置的距离改变光照强度时，距离的控制方式是实验设计需要考虑的问题。肖振龙利用亚克力板和LED灯条自制实验器材，将亚克力板制作成不同高度的三层，然后在底部安装LED，较好地控制了灯与试管的距离，为定量分析结果奠定了基础。[①]

（2）二氧化碳浓度的控制

教材建议用嘴通过玻璃管吹气为烧杯中的小圆形叶片提供二氧化碳。韩子煜等人的实验结果显示，采用吹气法提供二氧化碳的小烧杯中10 min内未出现叶片上浮。此方法有待改善：一方面二氧化碳在水中溶解度较低，实验效果不明显；另一方面不易控制二氧化碳的浓度，不利于进行定量研究。

乔新虹的文章中提到韩国教材中的实验设计利用了溴麝香草酚蓝水溶液（BTB）在酸性条件下呈黄色、在中性条件下呈绿色、在碱性条件下呈蓝色的特性，根据BTB颜色的变化判断CO_2浓度的变化。相似的原理，吴君华的实验则利用石蕊溶液。

利用$NaHCO_3$溶液控制二氧化碳浓度进行定量实验在文献资料中最为常见。以菠菜作为实验材料，王钢等人的实验（15 ℃）表明，$NaHCO_3$浓度以2%为佳；夏天等人的实验（20 ℃），设置了0、0.5%、1%、1.5%和2%的浓度梯度，结果显示1%浓度梯度的$NaHCO_3$最有利于光合作用；李俐的实验同样支持此结果；于爱玲的实验（30 ℃）在3%$NaHCO_3$溶液中光合作用最强。值得注意的是，$NaHCO_3$溶液浓度过高可能会导致细胞失水，气孔关闭，使光合作用强度下降，影响实验结果，所以在实验时要注意$NaHCO_3$溶液浓度的控制，最好提前进行预实验。

为解决上述问题，赵广宇等人设计了CO_2发生器，将两个可乐瓶用吸管连接，A瓶中装入柠檬酸，B瓶中装入$NaHCO_3$溶液，多次挤压A瓶，使柠檬酸溶液流入B瓶与$NaHCO_3$溶液接触，反应生成CO_2气体；当B瓶中的CO_2过多时，压强增大，可阻止A瓶溶液流入B瓶，减少气体生成；当B瓶中的CO_2过少时，压强减小，则A瓶溶液顺利流入B瓶，增加气体生成。因此可产生连续、稳定、纯净的CO_2气流。

4. 实验结果的检测

教材中将单位时间内叶片的浮起数量用于光合作用强度的检测，不需要特

---

①肖振龙.“研究影响光合作用的环境因素”的实验教学改进［J］.生物学通报，2016，51（8）：18—20.

殊的设备，操作简单，是绝大多数文献中采用的方法。

采用水生植物作为实验材料时，可以通过检测单位时间内氧气的产生量来定量研究光合作用强度。排出水的体积、注射器的移动距离均能定量研究氧气的生成量，是简单易行的方案。

利用氧气传感器和二氧化碳传感器分别检测这两种气体的变化，能准确地对实验进行定量检测。

综上所述，文中提到的菠菜、黑藻、金鱼藻、LED灯、$NaHCO_3$溶液、溴麝香草酚蓝水溶液、注射器等材料均容易获取。通过预实验确定适宜的光照强度、CO_2浓度、温度条件，10 min内就能完成实验。单位时间内小圆形叶片的浮起数量、排出水的体积、注射器的移动距离等均可以对实验结果进行定量分析，氧气传感器和二氧化碳传感器能对气体进行准确检测，此实验在教学中能得到较好的开展。

【教学设计】

探究环境因素对光合作用强度的影响

1. 教学目标

（1）在设计并完成"某种环境因素对光合作用强度的影响"的实验过程中，体验科学探究的基本思路和方法，能提高学生实践能力；在探究过程中善于进行团队合作。（科学探究、科学思维、社会责任）

（2）了解环境因素对光合作用强度的影响，构建某种环境因素对光合作用强度影响的数学模型。（生命观念、科学思维）

（3）运用环境因素对光合作用强度的影响的知识和方法，关注绿色植物的生长，树立和践行"绿水青山就是金山银山"的理念。（社会责任）

2. 教学难点

（1）设计并实施某种环境因素对光合作用强度影响的实验。

（2）对实验结果进行交流与讨论，并建构环境因素对光合作用强度影响的数学模型。

3. 实验材料与用具

菠菜叶、$NaHCO_3$溶液、蒸馏水、打孔器、注射器、LED灯、小烧杯、镊子等。

4. 教学过程

教学步骤	教师的组织和引导	学生活动	教学意图
引入	"绿水青山就是金山银山"，这里涉及植物的光合作用。绿色植物的光合作用受到哪些环境因素的影响？我们应该如何让"绿水青山"生长地更好？学生就"影响光合作用的环境因素"展开实验探究。 播放学生录制的实验视频，引导学生关注以下问题： 1.实验设计有哪些错误？ 2.实验中如何表示光合作用强度？ 3.实验中哪些因素会影响光合作用强度？其中哪些属于环境因素？ 4.温度会对实验结果造成影响吗？	观看视频，找出视频中有关实验设计的错误。思考并回答相关问题： 1.注意单一变量。 2.用单位时间内浮起的叶片数表示光合作用强度。 3.叶片大小、光合作用时间、光照强度、$NaHCO_3$溶液浓度。光照强度、$NaHCO_3$溶液浓度属于环境因素。 4.会	关注绿色植物的生长，树立和践行"绿水青山就是金山银山"的理念。 明确实验的基本操作，复习实验设计的基本原理。分析实验的自变量、因变量。确定本节课的探究课题
提出问题	设计实验探究光照强弱、二氧化碳浓度、温度对光合作用强度的影响。 课前指导学生分组。全班统筹安排，共分6个大组、12个小组	分小组进行实验设计	训练学生设计实验的能力
实验操作 （15 min）	观察、指导学生的实验	按小组实验设计进行实验并记录实验结果，讨论分析得出实验结论。 2个大组探究温度对光合作用强度的影响，温度设置为0 ℃、20 ℃、40 ℃。 2个大组探究二氧化碳浓度对光合作用强度的影响。2个小组碳酸氢钠的浓度分别为0.05 mol/L、0.1 mol/L、0.15 mol/L和0.2 mol/L、0.25 mol/L、0.3 mol/L。 2个大组探究光照强度对光合作用强度的影响。2个小组分别采用不同距离和遮光程度不同的两组实验方案	培养学生实验探究能力和实验操作能力

教学步骤	教师的组织和引导	学生活动	教学意图
实验数据处理	给予学生指导和帮助	各大组完成小组内的数据统计工作。 将得到的实验数据转换为曲线图	尝试构建某种环境因素对光合作用强度影响的数学模型
表达交流	主持教师在学生交流的基础上进一步对实验数据进行挖掘和整理。 1.温度 提出问题：为什么将温度提高至40℃后光合作用强度下降？ 指导学生绘制温度对光合作用强度影响的曲线图。 2.二氧化碳浓度 汇总两个大组的实验数据。 绘制植物在正常生长环境中光合作用强度随二氧化碳浓度变化的曲线图。 注意：实验中的自变量是$NaHCO_3$溶液的浓度，而不是二氧化碳浓度。所绘制曲线表示的是$NaHCO_3$溶液浓度对光合作用强度的影响。与二氧化碳对光合作用的影响有所不同。 3.光照强度 展示课前实验，绘制光合作用强度随光照强度变化的曲线图。 展示光照强度和光合作用时间两个自变量的实验结果曲线图（注意引导学生关注横坐标由光照距离变为光照强度时自变量的变化和曲线的变化）	各小组汇报实验设计、实验结果、实验结论、实验中遇到的问题及解决方案。 做出合理解释：菠菜是冬季的时令蔬菜，生长的最适温度为15～20℃。 绘制温度对光合作用强度影响的曲线图。 分析曲线图，解释0.3 mol/L的$NaHCO_3$溶液中浮起叶片数下降的原因（$NaHCO_3$溶液模拟提供二氧化碳，$NaHCO_3$溶液浓度过高会影响植物细胞的生命活动）。 预测实验结果，绘制曲线图，分析曲线图，得出结论	培养学生的理性思维能力和语言表达能力，完成从具体实验到理论提升的转变。学会绘制和分析环境因素对光合作用强度影响的曲线图
再提出问题	在光合作用强度随二氧化碳浓度变化的曲线图中找一点P（转折点）。 P点后如何再提升光合作用强度？ 光的成分是否会影响光合作用强度？ 课后作业：利用自己设计的实验完成实验操作，得出实验结论	描述P点前和P点后的限制条件有1，2… 设计实验并分享实验思路	体会发现问题、解决问题的途径

5. 教后反思

2003年版《普通高中生物课程标准》的四个课程理念中包含了倡导探究

性学习；2017年版《普通高中生物课程标准》中科学探究是核心素养的一个方面。尽管课程标准有所改动，但是实验探究始终占有一席之地。

本节课是昆明市教科院"生物学学科核心素养下的科学探究"教研活动的市级公开课（见图2），也是一节富有挑战性的课。

图2　昆明市教科院市级公开课

先说挑战中比较成功的地方。

第一，为满足市级公开课大量教师听课的需求，上课地点在学校大礼堂而非实验室。但是本节课探究的是"环境因素"对光合作用强度的影响，环境条件对实验结果的影响很大。最终克服了外界环境因素对实验的影响，使实验达到了预期效果。

第二，全面地对实验进行研究和改进。由于各种原因，这个实验我们学校一直没有开设。经过查阅资料、反复实验、不断改进，在课堂教学过程中，不仅较好地完成了实验，还能用课堂实验的结果完成结果分析和概念构建。

第三，思想上对待实验课的转变。曾经我一直将实验课与实验分析剥离开，实验课仅是完成实验操作而已。本节课的设计理念是，实验是构建生物学概念的工具，生物学学科核心素养中的科学研究、科学思维和生命观念是密不可分的。学生通过实验掌握的不仅仅是实验的过程，更要理解生物学本质。本节课的尝试可以说是成功的。

第四，利用"环境因素对光合作用强度的影响"这一特定的生物学现象展开科学探究，提高学生实验探究的综合能力。课堂教学中呈现出的学生能力仅仅是极少的一部分。学生的实验设计能力、实验操作能力、语言表达能力、对实验数据的分析能力，在整个探究过程中得到了明显的提高。学生在科学探究的过程中，自然而然地形成了科学探究的思路和方法。

再议挑战中不太成功的地方。

第一，就实验本身而言，实验自变量的控制还是存在问题。教材中只给出了光照强度对光合作用影响的实验设计是有道理的，因为光照强度是最容易做到控制单一变量的。二氧化碳浓度有多种改变的方式，本实验中利用了碳酸氢钠溶液，优点是能定量地进行实验，缺点是碳酸氢钠溶液对植物本身会有影响，需要教师对实验结果分析进行有效的引导。温度对光合作用的影响是实验操作中最难控制变量的部分，主要原因是受到了实验环境、实验材料、实验时间等方面的限制，在与所有小组同步完成实验和严格控制温度条件的取舍之间，我选择了前者，带来的问题是实验操作的不准确。

第二，就课堂教学而言，由于实验没有能在预计的时间内完成，实验分析部分没有形成完整的概念，对学生遇到的部分问题也没有能够当堂完全解决。在试讲中有几个点的分析给听课的教师留下了深刻的印象，如从横坐标为距离的曲线变化为横坐标为光照强度的曲线，从横坐标为碳酸氢钠浓度的曲线变化为横坐标为二氧化碳浓度的曲线，最适温度的确定过程，学生对扩展实验的设计思路等在本节课上都没能展现。没能最终构建影响光合作用环境因素的数学模型是最大的遗憾。

第三，在进行教学设计时，仅仅考虑了将探究性实验引入课堂，实验结果的定量分析只是一个副产物，没有想到利用定量的实验结果进行教学，从而帮助学生构建数学模型和生物学概念。由于没有对实验的定量研究部分有足够的重视，没有认真地去对实验装置进行思考和改进。

总的说来虽然革命刚刚起步，遇到了诸多的问题，呈现的课堂也不完美，但是通过一系列的探究活动，我和学生都体验到了真实的实验探究过程，有效地提高了学生的生物学学科素养。

课后，很多教师感慨："实验课原来还可以这么上！"这是对我辛苦准备的最大肯定。

【作者简介】

杨晶，昆明三中、昆明滇池中学骨干教师，昆明张玉代生物名师工作室学员。近10年来一直从事高三生物教学工作，具有丰富的高中生物教学经验。多次获得各类教学竞赛一等奖。撰写的论文、课例，多次在全国生物学年会及省级论文评选中获奖和发表。参与编写了《中学生物学实验与探究经典案例》一书。经常参与各类命题工作，具有丰富的高考等各类考试的阅卷经验。

【荣誉证书】

实验 10　探究酵母菌细胞的呼吸方式

【问题的提出】

1.实验开设情况调查结果

2018年7月，昆明市张玉代生物名师工作室成员调查云南省内外68所中学，经统计分析，"探究酵母菌细胞的呼吸方式"实验开设情况调查结果如图1、图2、图3所示。

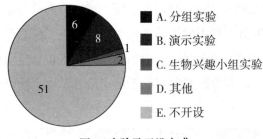

A. 分组实验
B. 演示实验
C. 生物兴趣小组实验
D. 其他
E. 不开设

图1　实验及开设方式

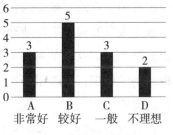

图2　实验开设效果

A. 做不做不影响学生成绩，能不开就不开
B. 缺乏生物实验材料
C. 试剂难购置、难配置
D. 实验时间过长，不易开设
E. 实验过程中会有安全隐患
F. 实验课堂纪律难控制
G. 实验室教师不配合准备
H. 任课教师尚未做过
I. 实验效果差
J. 学校领导不重视、不支持
K. 其他原因

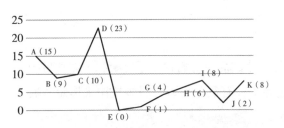

图3　实验未开设原因

2. 调查结果分析

根据以上数据分析，调查的68所中学中，有17所开设"探究酵母菌细胞的呼吸方式"实验，有51所未开设，开设率相对较低。开设方式中以教师演示实验居多，实验效果整体较好。未开设原因分析中因实验时间过长，不易开设居多。综合分析以上问题，主要与该实验本身开设难度有关：实验材料、用具较多；部分试剂不易购置、不易配制；实验操作过程较为复杂，不易操控等。

3. 教学意义分析

实验"探究酵母菌细胞的呼吸方式"属于人教版高中生物必修1《ATP的主要来源——细胞呼吸》一节。2003年版《高中生物学课程标准》对细胞呼吸的具体内容标准是说明细胞呼吸原理，探究其原理的应用；活动建议是探究酵母菌的呼吸方式。2017年版《普通高中生物学课程标准》对细胞呼吸一节的课程内容要求为"概念2：细胞的生存需要能量和营养物质，并通过分裂实现增殖"中的说明生物通过细胞呼吸将储存在有机分子中的能量转化为生命活动可以利用的能量。为帮助学生达成对概念2的理解，促进学生生物学学科核心素养的提升，应开展探究酵母菌的呼吸方式的教学活动。两版课程标准均体现了通过探究酵母菌细胞的呼吸方式，说明细胞呼吸的原理及应用。"探究酵母菌细胞的呼吸方式"实验能很好地通过生活中利用酵母菌进行发面蒸馒头、酿酒等现象，开展实验探究，了解有关有氧呼吸和无氧呼吸的相关知识，真正从生活中获取生物学知识，并应用于生活。该实验的开展有助于落实培养学生生物学学科核心素养。

综合以上分析，"探究酵母菌细胞的呼吸方式"实验在高中阶段开展并实施学生分组非常必要。针对实验本身存在的问题，可通过改进试剂配制、简化实验装置、缩短实验时间等方式进行改善。

【解决的策略】

1. 教材实验问题分析

（1）实验材料、用具较多，且部分试剂不易购置、不易配制（如教材中无溴麝香草酚蓝水溶液具体配制方法等）；有氧、无氧呼吸装置用锥形瓶、玻璃弯管等较多，不易制作，且易损坏。

（2）实验操作过程较为复杂，不易操控。如有氧呼吸装置中如何在分组实验中实现连续通入气体；通过质量分数为10%的NaOH溶液处理能否保证排除空气中CO_2对结果的干扰；无氧呼吸组密封后放置多长时间才能排除锥形瓶中O_2的干扰；两组实验在什么条件下可以停止并开始检测等。

（3）实验时间较长，如教材中将实验装置放到25～35 ℃的环境中需培养8～10 h。这就导致纵然教师课前做好准备，学生也很难在一节课上完成实验探究、检测实验结果，更不可能进行相关问题的进一步探讨和思考。

以上原因使很多学校生物教师对此实验开展望而却步。但现实是仅通过理论教学，使多数学生对细胞呼吸原理部分的知识更多停留在反复记忆的水平上，导致考试过程中应用能力较低，使细胞呼吸部分的知识在学业水平考试及高考中成为难点。

A.有氧呼吸装置图　　　　　　B.无氧呼吸装置图

图4　探究酵母菌细胞的呼吸方式实验装置图（人教版）

2.实验再探究

笔者在实际重复操作以上注射器替代实验过程中，实验结果对酒精的检测出现了较大误差，有氧呼吸组同无氧呼吸组均使酸性重铬酸钾溶液呈现不同程度的灰绿色。查找资料，分析原因，可能为有氧呼吸组氧气供应不足。若在注射器活塞位置自主移动前（活塞移动，说明开始无氧呼吸产生CO_2）停止实验，则有氧呼吸不彻底，残留的葡萄糖作为还原性糖类，亦会与具有强氧化性的酸性重铬酸钾溶液发生反应，呈现灰绿色；若在注射器活塞位置自主移动后停止实验，必然在有氧呼吸装置中发生无氧呼吸，产生酒精。

如何改进有氧组通气装置？若采用注射器替代原实验装置，如何保证有氧呼吸组氧气供应充足？结合以上实验分析，笔者思考并实施以下几点改进措施。

（1）试剂配制方法的改进

① 配制溴麝香草酚蓝水溶液。取0.1 g溴麝香酚蓝粉剂溶于100 mL蒸馏水中，再逐滴滴加质量分数为5%的$NaHCO_3$溶液，颜色由黄变蓝停止，pH经试纸测定约为7~8即可。

② 活化酵母菌。取1 g安琪干酵母溶于10 mL蒸馏水中，搅拌混匀后，置于35 ℃水浴中保温1 h左右。当活化液出现体积增多、冒出大量气泡时即可。切勿在活化时加入葡萄糖，否则部分活化的酵母菌接触空气部分已开始有氧呼吸，内部进行无氧呼吸，不利于控制单一变量，干扰检测实验结果。应在活化后再据实验方法，合理配制酵母菌葡萄糖培养液。

（2）简化实验装置，减少实验材料

① 选用合适的有氧组供气装置。自改装置：用简易气泵对气球充气，与输液管连接，将气体通入装有质量分数为10%的NaOH溶液的锥形瓶中，再通过一个装有澄清石灰水的锥形瓶（可检测并排除CO_2的干扰）。其中用输液管上的开关控制气体流量，即可实现连续通气，用于有氧呼吸组实验所需气体供应。亦可用药店售卖的便携式氧气瓶对气球充气，再连通输液管，实现有氧组连续通入氧气。改进后的有氧组供气装置如图5所示。

图5 改进后的有氧组供气装置

② 简化有氧组和无氧组实验装置，减少材料，缩短实验时间。比较其他注射器替代教材实验用具的操作为：简单计算有氧组通入处理后空气的量，使有氧呼吸充分进行；注意有氧组和无氧组试剂加入的先后顺序，均衡无关变量。

根据有氧呼吸反应式理论推算耗氧量。若用质量分数为5%的葡萄糖溶液2.5 mL（质量约为2.75 g，借助于电子天平和量筒转换）：

$$C_6H_{12}O_6 + 6O_2 + 6H_2O \qquad 6CO_2 + 12H_2O + 能量$$

$$2.5 \text{ mL} \qquad X$$

$$180 \qquad 6 \times 32$$

计算需消耗氧气量理论上至少应为：$X=2.5 \times 6 \times 32 \div 180 \approx 2.67$ mL。若无氧气，则至少需要$2.67 \div 21\% \approx 12.71$ mL空气（且需除去其中的CO_2）。因此应选用较大容量注射器，如药店常售的20 mL注射器开展实验。

实验具体操作步骤如下：

有氧呼吸组（A组）和无氧呼吸组（B组）均吸入质量分数为5%的葡萄糖溶液各2.5 mL；A组中再吸入约13 mL除去CO_2的空气；A、B两组分别吸入活化后的酵母菌溶液1 mL，密封（密闭活塞或是小铁夹）后振荡摇匀。

放在相同且适宜的条件下进行实验（若外界温度较低，可进行水浴加热或是让一位实验者的双手分别握住A、B组注射器，进行体温加热）（见图6）。实验过程中注意同步轻微振荡，使反应充分进行。且注意观察A组注射器活塞，若位置略有移动，立即停止实验，进行结果检测。

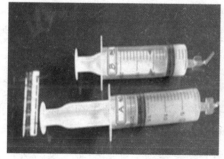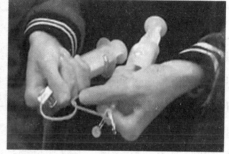

图6　改进后的实验操作装置

实际实验结果检测及分析如下：

取三支刻度试管，从左至右依次加入2 mL蒸馏水、有氧呼吸酵母菌培养液、无氧呼吸酵母菌培养液（因培养液量少，未进行过滤），再向试管中分别滴加酸性重铬酸钾溶液0.5 mL，轻轻振荡摇匀，颜色依次呈现橙色、深蓝色、灰绿色。根据橙色重铬酸钾溶液在酸性条件下与酒精发生化学反应，变成灰绿色的实验原理，说明无

图7　酒精检测结果

氧呼吸产生了酒精（见图7）。

检测CO_2的方法有两种：一种是通过注射器软管分别将A、B组气体缓缓通入澄清石灰水中，均出现浑浊现象，说明有氧呼吸和无氧呼吸均有CO_2生成。

一种是取三支刻度试管，分别加入1 mL溴麝香草酚蓝水溶液，再从右至左依次向试管中分别加入1 mL蒸馏水、有氧呼吸酵母菌培养液、无氧呼吸酵母菌培养液，轻轻振荡摇匀，依次呈现出蓝色、黄色、黄绿色。根据CO_2可使溴麝香草酚蓝水溶液由蓝变绿再变黄的实验原理，说明有氧呼吸和无氧呼吸均产生了CO_2，且根据变黄时间的长短，说明在本实验中，有氧呼吸比无氧呼吸产生的CO_2量多（见图8）。

图8　CO_2检测结果

3. 实验后反思

"探究酵母菌细胞的呼吸方式"实验通过优化试剂配制、改进实验器材、简化实验工具、减少实验试剂用量，大大缩短了实验时间，且实验效果较好。这就使本实验能在一节40 min的生物课堂上完成，且能结合实验结果初步构建细胞呼吸概念，切实提高了学生课堂分组实验操作的可能性。中学生物学是一门实验课程，通过实验构建概念，方能真正培养学生科学探究能力及精神。学习的终极目的不是考试，培养学生生物学学科核心素养才是生物学课程的价值追求，也是课程预期的教学目标。实验本身存在的装置、试剂等问题可以通过师生共同努力，再探究，再寻找更合适的方法去突破。实验的改进措施还有很多，比如借助交警查酒驾常用的酒精检测仪直接检测有无酒精生成；采用CO_2检测仪检测有无CO_2生成，且能借助计算机软件，在电脑上呈现出具体生成CO_2的量化图，更直观准确，将定性实验提升为定量实验。实验本身不是难度，真正要转变的是师生的观念。中学生物学实验课的开设需要生物教师态度上重视、行动上落实，通过用心准备，引导开展好学生分组实验，结合学生实验过程中出现的问题，展开有效分析与讨论；针对有意义的问题可引导学生继续开展课下探究，真正提高学生的科学探究能力，落实培养学生的生物学学科核心素养。

【教学设计】

探究酵母菌细胞的呼吸方式

1. 教材分析

"探究酵母菌细胞的呼吸方式"实验是一个探究性实验。实验的开设利于培养学生科学探究能力，且有助于构建细胞呼吸概念模型。可通过生活中利用酵母菌进行发面蒸馒头、酿酒等常见现象导入，引导学生能够发现现实世界中的生物学问题，针对特定的生物学现象，进行观察、提问、提出假设、设计实验、方案实施以及结果的交流与讨论等活动。活动开展过程中，引导学生结合教材实验目的，探索酵母菌有氧、无氧条件的控制方法，依据实验原理探究有氧和无氧条件下细胞呼吸产物，归纳整理出有氧呼吸和无氧呼吸的基本原理。在该实验过程中，亦可引导学生探究如温度对实验结果的影响，菌种不同呼吸作用产物有什么变化等，努力培养学生不断质疑、再探究、再实践的科学探究精神，落实培养学生生物学学科核心素养。

2. 教学目标

（1）学生学会从生活中观察现象，发现并提出问题，结合问题开展实验探究的一般方法。

（2）探究实验，引导学生构建酵母菌细胞呼吸的原理。

（3）实验过程中，引导学生学习科学实验的方法，养成严谨认真的学习态度，参与合作与成果分享，学会反思与再探究。

3. 教学重难点

教学重点：通过探究酵母菌细胞呼吸方式的实验，培养学生科学探究的能力，引导学生主动构建细胞呼吸的基本原理。

教学难点：引导学生进行实验再探究，设计并分组操作实验。

4. 实验教学准备

（1）配制实验需要的各种试剂

质量分数为5%的葡萄糖溶液、质量分数为10%的NaOH溶液、澄清石灰水溶液、溴麝香草酚蓝水溶液（配制方法：0.1 g溴麝香酚蓝粉剂溶于100 mL蒸馏水中，再逐滴滴加质量分数为5%的$NaHCO_3$溶液，颜色由黄变蓝停止，经pH试纸测定约为7～8即可）、酸性重铬酸钾溶液（配制方法：100 mL体积分数为

95%～97%的浓硫酸溶液加入10 mL溶有20 g重铬酸钾的蒸馏水中）。

（2）活化酵母菌

1 g高活性干酵母溶于10 mL蒸馏水中，并置于35 ℃水浴保温1 h后即可使用。

实验装置：每组两个20 mL注射器，制作滤去空气中CO_2的装置。

5. 教学过程

教学步骤	教师的组织和引导	学生活动	教学意图
导入 细胞呼吸实质 根据实验目的，分析实验变量	课前生物兴趣小组的同学对本实验进行了预实验，同学们进行了课前预习，已经了解了什么是细胞呼吸及与呼吸的区别。由概念可知，细胞呼吸的实质是细胞内有机物氧化分解，释放能量的过程。（板书） 细胞呼吸常用的有机物是什么？ "氧化分解"一定需要氧气吗？ 依据对氧气的需求，细胞呼吸的方式可能有哪些？ 今天咱们通过实验来探究生物在有氧和无氧条件下是否都能进行细胞呼吸。 本实验的自变量是什么？ 实验需设置几组？分别是什么？ 在实验过程中，实验对象属于什么变量？要怎样处理？ 为什么选用酵母菌作为实验材料？	重要的糖类：糖类中的战斗糖——葡萄糖。 不一定。 有氧呼吸和无氧呼吸。 氧气的有无。 两组。无氧组和有氧组。 无关变量。相同且适宜。 酵母菌是一种单细胞真菌，有氧无氧条件下都能生存，属于兼性厌氧菌，因此便于用来探究细胞呼吸的方式	课前播放细胞呼吸的歌曲，引导预习，并激发学生学习的兴趣
探究实验过程：联系生活，观察现象，提出问题	酵母菌在我们的日常生活中应用较多，举例说明。 比如本周我就利用酵母菌做了馒头和甜白酒。（用手举起玻璃发面碗）其中的原理咱们初中就已了解，在这些过程中有什么产物生成，如何检测？（及时板书） 根据这些生活现象，结合课前预习，你提出的探究问题是什么？做出怎样的假设？如何设计实验进行探究呢？ 请同学们再思考讨论，对课前预习结果进行再分析和修改，并请两组同学展示并说明理由。 CO_2和酒精是在无氧还是有氧条件下生成的呢？酵母菌在有氧条件下呼吸的产物是什么？无氧条件下呢？	利用酵母菌进行发面，使蒸出来的馒头蓬松；利用酵母菌酿酒。 学生回答： 检测CO_2和酒精的方法和原理 （PPT展示试管颜色变化及颜色反应实质文字说明） 学生展示	引导学生从生活现象入手思考探究

教学步骤	教师的组织和引导	学生活动	教学意图
做出假设	根据同学们的知识背景及生活经验，尝试做出合理的假设	酵母菌在有氧条件下通过有氧呼吸产生CO_2，在无氧条件下进行酒精无氧呼吸产生CO_2和酒精	鼓励学生科学合理地做出假设
设计实验	如何设计实验进行探究？要解决哪些问题？ 请同学们结合导学案实验过程3设计实验部分，对课前预习结果进行再讨论分析。我们请两组同学进行展示，并说明原因。这两个组的设计科学合理吗？有新的问题提出吗？ 问题补充： （1）无氧组选用A时，锥形瓶内少量空气是否会影响无氧呼吸产物？如何处理？ （2）有氧组能否直接通入空气？为什么？ （3）空气会主动进入吗？如何处理？你现在了解到这些气球是做什么用的了吗？ （4）为什么气球供气装置除了连通$NaHCO_3$溶液滤去CO_2外，还要再连通一个装有澄清石灰水的锥形瓶呢？ （5）由此思考，在有氧组中，顺序能否为：C→B→A→B呢？ 相比较C→A→B更为科学和严谨。 我们请课前进行预实验的同学对教材实验进行分析。 结合以上问题，我们对实验进行了改进。请同学们结合以上问题和眼前已有的材料和工具，设计科学可行的实验方案。并请两组同学进行方案展示，其他组同学可结合自己的方案提出质疑，一起思考解决	展台或QQ展示，请两组同学展示并说明。 （1）会。①装满，则有氧组也需装满（产出的气体如何导出）；②放置一段时间后再连接B装置。有氧组亦需放置相同时间（多久合适呢）；③均加入等量氧气。纯氧气不好找（化学上会用什么方法隔绝空气呢）；④加入一层液状石蜡或植物油隔绝空气。 （2）不能，空气中少量的CO_2会影响实验结果。要用质量分数为10%的$NaHCO_3$溶液处理空气。 （3）不会，教材中可用橡皮球或气泵让空气间歇性依次通入。 （4）进一步检测是否除尽空气中的CO_2。 设计实验，展示实验，提出问题，讨论解决	引导学生进行问题思考，并尝试解决。 鼓励学生在提出问题的基础上，结合眼前的材料用具，设计科学可行的实验方案

教学步骤	教师的组织和引导	学生活动	教学意图
实施实验	设计好了实验，就可以实施实验了！我们今天用注射器开展本实验，较教材实验节省材料和时间。实验设计思路无差异，实验材料量减少，请同学们结合之前的设计，快速用数字和箭头表示实验顺序，并请同学表述。 强调关键： （1）有氧组顺序中①②必须分开；无氧组①②加入时需与有氧组时间一致。 （2）实验过程中注意事项（PPT展示）。 请同学们结合自己的实验方案，组内分工合作，高效有序、科学合理地开展实验。因为有针头、有腐蚀性的酸性重铬酸钾溶液，请同学们注意安全。 实验时若有其他问题，可举手让老师帮你。 可用橡胶塞对注射器进行密封；实验终止以有氧组注射器活塞移动为标志。（为什么？得出结论后请再回来分析！） 检测方法： 请用双层纱布裹住注射器出口处进行过滤，利用酵母菌培养液滤液进行结果检测。 检测酒精：2 mL滤液中滴入0.5 mL酸性重铬酸钾溶液，轻轻振荡混匀。 （使用时请注意安全，酸性重铬酸钾溶液为强盐酸，使用时请戴手套，用后及时倒入废液缸。） 检测CO_2：1 mL溴麝香草酚蓝水溶液中可加入1 mL滤液，观察颜色变化	学生排序，并请两组同学口头表述。 开展实验过程： （1）A无氧呼吸组和B有氧呼吸组均吸入质量分数为5%的葡萄糖溶液各5 mL。 （2）B组中再吸入气球滤气装置中约26 mL气球除去空气中的CO_2。 （3）B两组分别吸入活化后的酵母菌溶液2 mL，密封后振荡摇匀且平置（PPT说明酵母菌适宜的发酵温度25～35℃，若环境温度低，引导学生利用好自身携带的体温加热器，如用双手紧握注射器，但注意同一人双手，且刻度露出，便于观察B组中注射器活塞位置移动情况）。 （4）放在相同且适宜的条件下进行实验观察。待B组中注射器活塞位置略有移动便立即停止实验，进行结果检测	提醒学生注意安全，并注意实验过程中出现问题的积累
演示	生物兴趣小组的学生课前准备好的微课实验，演示改进后的实验操作过程	观看，思考操作过程	引导改进实验操作

教学步骤	教师的组织和引导	学生活动	教学意图
引导再探究	在课前预习时，很多同学不仅对教材实验进行了分析，还进一步提出了新的探究思路，如有的同学提出温度对酵母菌的呼吸方式是否有影响，菌种是否影响酵母菌呼吸作用的产物等问题，我们能否对这些问题进行探究呢？如何开展？要注意什么问题	引导学生控制单一变量，均衡无关变量，注意实验过程操作的严谨性。 分组针对提出的问题再进行探究、实验	引导学生进一步开展探究
检测结果，观察分析，得出结论	实验原理： 酒精检测：橙色重铬酸钾溶液在酸性条件下与酒精发生化学反应，变成灰绿色。 CO_2检测： CO_2可使澄清石灰水变混浊，也可使溴麝香草酚蓝水溶液由蓝变绿再变黄，且根据变黄时间的长短，可检测产生CO_2量的多少。 请同学们结合观察到的现象，分析结果，得出结论。 实验小结： 大部分同学通过科学合理的探究，验证了自己的假设： （1）酵母菌在有氧呼吸条件下，通过细胞呼吸产生大量CO_2。 （2）酵母菌在无氧条件下，通过细胞呼吸产生了酒精和少量CO_2。 结合原料、条件、产物，初步构建细胞呼吸概念	学生根据实验现象展示并说明。 酒精检测：取三支刻度试管，从左至右依次加入2 mL蒸馏水、有氧呼吸酵母菌培养液、无氧呼吸酵母菌培养液，再向试管中分别滴加酸性重铬酸钾溶液0.5 mL，轻轻振荡摇匀，观察颜色变化。 CO_2检测： 方法一：通过注射器软管分别将A、B组气体缓缓通入澄清石灰水中，观察现象。 方法二：取三支刻度试管，分别加入1 mL溴麝香草酚蓝水溶液，再从右至左依次向试管中分别加入1 mL蒸馏水、有氧呼吸酵母菌培养液、无氧呼吸酵母菌培养液，轻轻振荡摇匀，观察颜色反应	引导学生根据实验原理，开展实验结果检测，并尝试分析得出结论
讨论分析，交流反思	请同学们对比相邻组实验结果，分析自己在实验过程中存在的问题，并思考讨论，找出解决的方法，完善实验报告	讨论、分析、交流	依据结果及结论，反向分析发现问题

6.实验教学问题再探讨

（1）该实验改进后，简化了实验工具，减少了实验材料，大大缩短了实验时间，切实提高了学生课堂操作的可能性。但因培养液少，结果直接用含酵母菌的培养液检测，而未过滤，酵母菌是否会对检测结果产生较大影响？

（2）对有氧呼吸组培养液滴加酸性重铬酸钾溶液进行酒精检测时，大部分小组呈现蓝黑色，能否说明一定无酒精生成？

（3）溴麝香草酚蓝水溶液中通入多少CO_2气体才能使颜色发生变化？

【作者简介】

王伟花，中国共产党党员，昆明市第一中学西山学校高中生物教师，中学一级教师，昆明市教坛新秀，昆明市张玉代生物名师工作室成员。2017—2019学年期间参与市级课题"基于核心素养的高中生物学课堂实验教学研究"；参与"中学生物学实验与探究经典案例"

（立项编号：JY16006）的编写；多次获西山区区级、校级优秀教师、优秀班主任、优秀党员等称号；多篇教育教学论文及案例获国家级、省市级奖项；在各级课赛中多次获奖，在2018学年高三生物复习课大赛中分获西山区区级及昆明市市级一等奖。在教育教学中还有很多不足，不忘初心、不辱使命，追求进步，做一名好老师！

【荣誉证书】

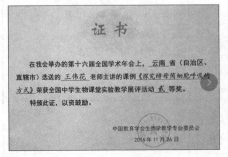

实验 11　制作和观察根尖细胞有丝分裂简易装片

【问题的提出】

在人教版普通高中生物必修1《分子与细胞》中，"观察根尖分生组织细胞的有丝分裂"是一个重点实验。笔者通过问卷调查了省内外中学本实验的开设情况，发现很多开设实验的学校按照教材提供的方法步骤成功率很低，一些学校也因为本实验难达到预期效果而选择让学生观察永久装片或不开设。

在调查的省内外35所学校中共有10所不开设本实验，原因主要有：①学校改扩建影响实验室的使用，占2%；②学校没有配备实验员、缺乏齐全的实验药剂和器具（如能用的显微镜较少），占13%；③课时紧张，占20%；④实验效果不佳，占65%。共有25所学校开设本实验，笔者对开设过程中存在的问题及教师的解决措施进行了统计，见表1。

表1　实验开设过程中存在的问题及教师的解决措施

存在的问题	解决措施
1. 学生找不到分裂期的细胞、分生区细胞	1. 利用班上效果较好的学生装片供大家学习。 2. 教师提前做几个
2. 解离时间控制不好，装片染色过深导致不易辨认染色体	1. 严格控制解离和染色的时间。 2. 买新的醋酸洋红试剂。 3. 实验开始前教师先根据实验时的温度等外界条件做预实验
3. 用拇指压片，细胞分散不好，根细胞相互重叠分辨不清	无
4. 解离、漂洗需要时间较长，影响后面的观察，一节课难以完成	观察永久装片
5. 在广口瓶上培养根尖时洋葱易腐烂	无
6. 难在分裂旺盛的时候取到根尖	接近中午做的效果较早上温度低时的效果要好

续 表

存在的问题	解决措施
7. 9月份的洋葱往往处于休眠状态，发根少或不发根，不适合学生实验用	将教材实验材料换成水仙花根尖。购买水培水仙花，加少许水培营养液培养。水仙花根尖的选材标准是，观察选择呈黄色微胖膨胀状态的根尖；最佳取材时间是在下午2：00—2：30时段；剪取材料后应及时进行解离

　　笔者通过文献检索发现，为提高本实验的成功率，很多教育工作者对实验的选材、实验的方法进行了改进和优化，不同研究者的改进措施各不相同、说法不一，笔者将这些改进研究进行综述，并综合多位研究者的优良改进方法进行实验和反思，博采众家之长，设计了一套改进方法，以期能为一线教师提供较为全面的认识。

【解决的策略】

1. 选择什么实验材料进行实验

　　人教版教材中本实验的推荐材料是洋葱（可用葱、蒜代替）。林亮[1]、方春妮[2]、杜晓捷[3]等人认为大蒜也是适合本实验的材料，因为它是生活中较常见的材料，取材方便，生根培养容易且根尖细胞分裂旺盛、解离时间短，实验效果比教材推荐的洋葱好。刘怡[4]通过比较人教版、浙科版、上海版教材的实验材料、材料处理认为，洋葱、大蒜、吊兰是本实验的好材料，需要提前3天左右的时间用水培养即可生根，只要取材时机恰当都能观察到较好的实验效

①林亮，上官兴星.观察根尖分生组织细胞的有丝分裂实验方法改进［J］.中学生物学，2012（7）：46.

②方春妮."观察根尖分生组织细胞的有丝分裂"实验细节补充［J］.生物学教学，2012，37（9）：3

③杜晓捷.观察根尖分生组织细胞的有丝分裂实验中根尖获取方法的改进［J］.教学仪器与实验，2008，24（10）：31.

④刘怡.三版高中生物学教材中有丝分裂实验的比较及方案优化的探讨［J］.中学生物学，2012，28（7）：42.

果。柯达珊[①]、陈小清[②]等人采用水仙作为实验材料，因为水仙的根粗壮，便于实验操作。孙召华[③]认为小麦是进行本实验的好材料，因为小麦发芽率高，染色体数为$6n=42$，比洋葱多，在细胞分裂过程中形态、行为变化更明显，更易辨认。

　　笔者查阅了上述实验材料的相关资料并进行了实验，从染色体数目、核型图等方面进行比较，以此参考找到较为适宜的材料。比较结果见表2。

表2　不同材料的染色体数目、形态及核型图

材料名称	染色体数	核型图	染色体显微照片
洋葱	$2n=16$	王惠英等[④]提出的洋葱的染色体及核型	洋葱染色体显微照片（10×40）
大蒜	$2n=16$	王惠英等提出的大蒜的染色体及核型	大蒜染色体显微照片（10×40）

①柯达珊.水仙根尖是观察细胞有丝分裂的好材料［J］.实验教学与仪器，2012（12）：31.

②陈小清.关于"根尖细胞有丝分裂"实验的改进［J］.生物学教学，2013，38（6）：51.

③孙召华.有丝分裂的好材料：小麦种子［J］.中学生物学，2004（3）：43.

④王惠英，李晓峰，赵倩，等.几种葱属物的核型分析与比较［J］.河北农业大学学报，2006（2）：13.

续 表

材料名称	染色体数	核型图	染色体显微照片
吊兰	2n=28	 李国泰[1]提出的 吊兰的染色体及核型	 李国泰获得的吊兰的染色体
水仙	2n=30	 王瑞[2]提出的 水仙的染色体及核型	 王瑞获得的水仙的染色体

这些研究所采用的实验材料各有优点，都很有效，适合教学。笔者经过研究认为，洋葱、大蒜作为实验材料的好处在于容易获得、生根数量多、染色体数目合适。若材料的染色体数目过多，细胞中染色体集中在一起，将难以观察到染色体的形态和数目。因此，倾向于推广洋葱和大蒜为实验材料。

2. 如何使洋葱、大蒜解除休眠

洋葱和大蒜可长不定根，一次性发根后可供几个班的学生使用，但很多学校开展本实验是在9月底，洋葱还处在休眠期，不易生根；很多市场上购买的洋葱和大蒜是经过冷藏、辐射和一些抑制剂处理的，不易生根。许多研究者提出了不同的解除休眠的方法，见表3。

---

①李国泰.吊兰染色体核型分析［J］.亚热带植物科学，2005，34（1）：33.

②王瑞.中国水仙的细胞学观察和六倍体诱导［D］.厦门：厦门大学，2007：1-54.

表3　解除洋葱、大蒜休眠的方法

研究者	方法
方春妮、李新[1]	先将洋葱和大蒜放在4 ℃冰箱内低温处理若干天，解除实验材料的休眠期或抑制剂对实验材料的影响
卢小玉[2]	可将洋葱去除老根后放在20 ℃的环境中经常翻动，2~3周后当观察到洋葱鳞茎盘向外突出，面积增大，顶端长出茎叶时，即标志着鳞茎盘上的根尖分生区在进行着旺盛的有丝分裂，此时取鳞茎盘大而突出的洋葱进行培养发根率较高

两种解除休眠的方法都是可取的，进行实验时可根据实验材料、时间是否充裕进行选择。

3. 如何培养洋葱根尖

洋葱根尖的培养方法，人教版教材中推荐的是将洋葱放在广口瓶上，瓶内装满清水，让洋葱的底部接触到瓶内的水面，再将此装置放在温暖的地方培养，一段时间后即可长出不定根。笔者在调查中发现，采用这一方法常因洋葱底部与广口瓶吻合，易造成氧气不足而出现烂根的现象。针对这一问题，研究者和笔者提出的改进方法，见表4。

表4　培养洋葱根尖的方法改进

研究者	改进方法
卢小玉	（1）将烧杯杯口外翻，洋葱底部与其接触处有空隙。 （2）将洋葱外层干死的鳞片叶撕去，使洋葱底部与烧杯口的水接触，并经常换水
笔者	取3根牙签插入洋葱或（大蒜）底部茎盘的浅层，使其能够以一定的高度竖直地放在培养器皿上，向杯中倒入蒸馏水至刚好没过茎盘，置于窗台或光源下培养观察；每天换一次水，水量应保证茎盘一直浸没水中，如右图所示 洋葱根尖培养模式图

①李新."观察根尖分生组织细胞的有丝分裂"实验方法的改进［J］.福建基础教育研究，2013（5）：120.

②卢小玉，张豪."观察植物细胞有丝分裂实验"的整体优化［J］.生物学通报，2007，42（7）：51.

笔者的每一次实验，培养洋葱根尖都采用表4中的方法，均未出现烂根现象，因此这是一个值得推广的方法。

4. 取材时间如何控制

取材的时间决定着能观察到的处于分裂期的细胞的多少，是非常关键的一步。人教版教材选择的实验材料是洋葱，认为上午10：00—下午2：00洋葱根尖分生区处于分裂期的细胞较多，但这会因洋葱品种、室温等的差异而有所不同，言下之意即为不同的地区、不同的洋葱品种，教师应该通过预实验探究洋葱根尖细胞分裂旺盛的时间。

刘怡通过实验分析认为，用洋葱做实验材料，在上午9：00、中午12：00、下午3：30左右取材制作的临时装片视野中更容易观察到处于不同分裂期的细胞。郭丽红等人认为洋葱的最佳取材时间是中午11：00左右和下午3：00—4：00，大蒜的是中午11：00—下午1：00。

笔者通过自己的教学、实践经验发现，在云南昆明对洋葱取材的最佳时间是接近中午，因此将实验的取材时间定为中午12：00左右较为合适。笔者认为，即使是同一种材料，也会由于品种、时间等因素影响，探究出的最佳取材时间不同。此外，不同地区的气候条件、经纬度不同，对实验取材的时间也会有影响，因此需要教师根据当地的材料、气候等进行预实验，以确定不同材料取材的时间。

5. 如何缩短解离时间，如何控制解离的时间

解离的好坏直接关系到实验的效果。笔者研究发现，解离的时间与解离液中盐酸的浓度有密切关系，调查中发现一些教师觉得解离、漂洗需时较长，影响后面的观察，一节课难以完成，改用永久装片进行观察，但这样学生失去了锻炼操作能力的机会，也不利于学生对本实验的学习和理解。针对这一问题，不同的研究者有不同的缩短解离时间的方法，笔者将其进行了总结，见表5。

表5　缩短解离时间的改进方法

研究者	盐酸浓度	解离温度和时间
人教版	15%	温室下，3~5 min
刘怡等	20%	室温下，5 min

续 表

研究者	盐酸浓度	解离温度和时间
郭丽红[1]等	15%	60 ℃左右的热水中水解1~2 min
周伯春[2]	1 mol/L	60 ℃左右的热水中水解8~10 min。 因为盐酸浓度较高，学生操作存在安全隐患且挥发出来的浓烈气味不环保、不利于学生的身体健康
林亮		班级学生较多，解离液用量较大，选择了白色点滴板进行解离
笔者	15%	用白色点滴板进行解离，在解离时设置一组放在蒸馏水中的对照组以控制解离时间

笔者用以上不同浓度的盐酸进行大量实验比较分析，发现人教版中的浓度和林亮的改进方法组合效果最佳。林亮的具体方法是：每个学生在点滴板上选择4个小窝，1个小窝滴入解离液，另外3个小窝滴入清水，如图1所示；将根尖先放入盛有解离液的小窝进行解离，解离完成后再将根尖依次放入盛有清水的小窝漂

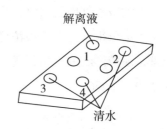

图1 林亮对解离、漂洗方法的改进

洗。这样的操作既方便又安全，可以避免解离液的浪费。

解离的时间是学生难以控制的一个环节，笔者根据自己的实验发现，很多时候不用拘泥于教材上或资料中的解离时间，在解离过程中可通过观察根尖的变化，判断解离的程度。当观察到根尖变白，略带透明时即可。为了方便观察，建议学生在解离时设置一组放在蒸馏水中的对照组。

6. 漂洗方法的改进方法

人教版教材中建议，待解离到根尖酥软后，需将根尖放在盛有清水的玻璃皿中漂洗约10 min。卢小玉认为漂洗时间较长，为了节省时间，她采用动态冲洗的方法，即在玻璃皿中装入适量清水，放入根尖，用镊子搅动玻璃皿中的水，使它产生小的水流，或用吸管鼓起5~6次，产生小水流，这样换洗3次，共

①郭丽红，王淑静.提高细胞有丝分裂实验效果综合分析［J］.实验科学与技术，2010，
　　8（3）：13.

②周伯春.关于"观察根尖分生组织细胞的有丝分裂"的实验改进［J］.生物学通报，2012，
　　47（8）：45.

用2 min即可达到漂洗的效果。林亮提出用白色点滴板进行漂洗，避免漂洗不充分的情况发生，还能避免漂洗过程中根尖被倒掉的情况发生。

笔者觉得可推广的是林亮的改进方法。这种方法巧妙地应用点滴板，用少量的试剂达到多次漂洗的效果，还能避免学生因操作不当将根尖倒掉的情况发生。但笔者认为，这一方法需要不断地用镊子夹取根尖从一个小窝转移到另一个小窝，由于解离后根尖已经较为酥软，在频繁的转移过程中很容易将根尖夹碎，因此在取材时可将根尖取长一些。

7. 如何做到均匀染色

人教版教材中建议染色用龙胆紫溶液或醋酸洋红液，但很多实验者发现用龙胆紫染色很难把握染液浓度和染色时间，经常出现深紫或紫一团、白一团的现象，醋酸洋红液价格昂贵，很少有人选用。针对这些问题，研究者提出了改进方法，见表6。

表6　染色的改进方法

研究者	改进方法
李新和周伯春	改良苯酚品红染液存放时间越长，染色效果越好，建议选择
张雪玲[1]	2%的醋酸洋红染液
刘怡	将龙胆紫溶于0.2%的醋酸溶液中，质量分数为0.25%的龙胆紫溶液染色1 min（醋酸起到了分色的作用，可加强细胞核和染色体的选择性着色，避免核内染成一片深紫色的现象，且试剂可长期保存）
郭丽红	方法1：用10%的冰醋酸以3∶1的比例稀释质量浓度为0.01 g/mL的龙胆紫，在25 ℃左右的室温下染色3 min
	方法2：将龙胆紫溶液改用0.0025 g/mL在23~25 ℃条件下染色3~5 min，染完色后，可用酒精灯轻轻烤片
林亮	用1%的碱性品红染液染色2~3 min，染色完成后加一步用清水漂洗，洗去浮色效果更好
郁建强[2]、张玉香[3]	在染色前将根尖用刀片纵切或用镊子捣碎后再染色，仅30 s即可，且每个细胞的细胞核内的染色体都能被充分染色，细胞分散均匀

---

①张雪玲.观察植物细胞有丝分裂的实验改进［J］.中学生物学，2003，19（6）：32.

②郁建强，陆文初.植物有丝分裂实验技术的改进［J］.实验室研究与探索，2001，20（6）：79.

③张玉香.植物细胞的有丝分裂实验的改进［J］.实验教学与仪器，2006（5）：23.

研究者	改进方法
笔者	用0.2%的醋酸配制质量分数为0.25%龙胆紫溶液进行染色，并在染色前将根尖用刀片纵切或用镊子捣碎后再染色可缩短染色时间

笔者在实验教学实践中发现用醋酸配制龙胆紫溶液染色效果较好，并且在染色前将根尖用刀片纵切或用镊子捣碎后再染色可缩短染色时间。这一方法虽非独创，但对于时间有限的实验教学有很大的意义。

8. 如何制片能将细胞分散成单层

完成染色后，通过制片使细胞分散成单层，制成临时装片即可用高倍显微镜进行观察。制片成功与否关系着是否能在显微镜下看到分裂期的细胞。如果制片过程没能将细胞分散成单层，则前面步骤的工作都将前功尽弃。人教版教材中提出的制片方法是用镊子将已染色的根尖放在载玻片上，加一滴清水，并用镊子尖将根尖弄碎，盖上盖玻片，在盖玻片上再加一片载玻片，然后用拇指轻轻地按压载玻片。这一方法存在的问题是：①学生难以掌握"轻压"的程度。压得过轻，细胞重叠；压得过重，可能会将盖玻片压碎。②取下附加的载玻片易使盖玻片移动甚至脱落。针对这些问题，研究者提出了改进方法，见表7。

表7 制片方法的改进

研究者	改进方法
张玉香	不加附加的载玻片，直接用镊子的钝端适度敲击至细胞均匀分散成雾状
郭丽红、卢小玉、李新、周伯春、刘怡	用镊子钝端或带橡皮的铅笔轻轻敲击盖玻片，但敲击过程中要用手将盖玻片固定好（或在盖玻片与上层载玻片之间放置一层吸水纸），防止盖玻片移位造成细胞变形
黄淑峰①	用稍宽于盖玻片的吸水纸包绕盖玻片和载玻片3~4圈后，再用镊子钝端或带橡皮的铅笔轻轻敲击盖玻片，可避免取下附加的载玻片时使盖玻片移动的情况发生
黄桂丽②	采用透明塑料薄膜代替玻片，将根尖放在滴有一滴清水的塑料薄膜内，折叠薄膜并用手轻轻按压使细胞分散成单层
笔者	用稍宽于盖玻片的吸水纸包绕盖玻片和载玻片3~4圈后，再用镊子钝端适度敲击至细胞均匀分散成雾状

① 黄淑峰. "观察根尖分生组织细胞的有丝分裂"实验的关注点 [J]. 生物学教学，2009，34（8）.
② 黄桂丽. 植物根尖分生区细胞的有丝分裂实验的几点改进 [J]. 新课程（上），2012（8）：137.

　　笔者经过实践操作发现，黄淑峰的方法可很好地解决盖玻片压碎、移位两个问题，值得推广。

9. 取大家之长的实验改进方案

　　综合上述改进方法，经过实验教学实践，用以下方法完成本实验会取得良好的效果。

　　（1）实验材料

　　选择人教版教材中推荐的洋葱。培养洋葱的不定根采用水培法，为避免洋葱与烧杯口吻合而造成缺氧烂根，采用表4中笔者提出的方法。

　　在中午12：00左右取根尖，要求学生用镊子或轻轻用手将整条根从洋葱根部拔出，每名学生拔2根。这样可以避免学生在操作过程中丢失根尖，并能保证在后续的解离、漂洗过程中用镊子夹取根尖的过程中不会破坏分生区细胞。取2根的目的是为解离过程把握解离时间做准备。

　　（2）解离和漂洗

　　① 解离液的选择和解离时间。解离液选择人教版教材中建议的质量分数为15%的盐酸和体积分数为95%的酒精按体积1：1混合进行解离。

　　解离的时间通过设置一组空白对照组进行把握，方法是：要求学生在解离时同时设置一组将根放在蒸馏水中的对照组，解离过程中通过观察对照两组根尖的变化判断解离的程度。当与对照组相比，实验组观察到根尖变白，略带透明时就可以取出根尖进行漂洗。图2即为实验组和对照组解离后的对比照。

图2　实验组（左）、对照组（右）
解离后的对比照

　　② 解离和漂洗的方法。用白色点滴板进行解离和漂洗，并在此方法上进行了改进。具体方法是：为每个学生准备一个白色点滴板，每桌或前后两桌放置一瓶解离液和一瓶清水。进行解离和漂洗时，要求学生在点滴板上选择6个小窝，1个小窝滴入解离液标记为A，另外5个小窝滴入清水标记为B、C、D、E、F；将取出的2根根尖先分别放入A小窝和B小窝中进行解离，解离完成后再将实验组根尖依次放入盛有清水的小窝漂洗。

　　③ 染色。用醋酸做溶剂配制质量分数为0.25%的龙胆紫溶液作为染色剂。染色时，将漂洗好的根尖放在载玻片上，去除多余的根，将根尖用刀片纵切或

用镊子捣碎后滴适量染液染色30 s。

④ 制片。用稍宽于盖玻片的吸水纸包绕盖玻片和载玻片3~4圈，将盖玻片和载玻片固定住，再用镊子钝端或带橡皮的铅笔轻轻敲击盖玻片，直至细胞均匀分散成雾状为止。

⑤ 观察。制片完成后，让学生先在低倍镜下找到处于分裂期的细胞，然后换用高倍镜观察。按照改进后的方法进行实验，得到的结果如图3所示。

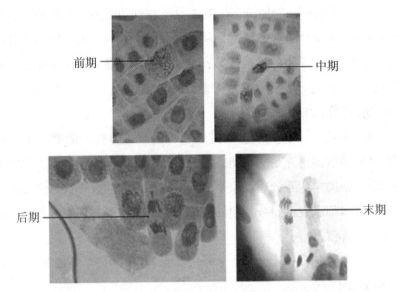

图3　用改进后的实验方法得到的实验结果

在用改进后的方法进行实验的同时，笔者也用人教版教材中提供的方法进行了实验，结果如图4所示。

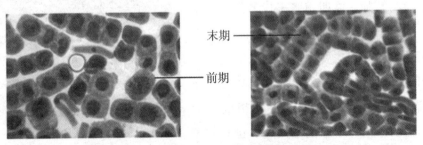

图4　用人教版教材中的实验方法得到的实验结果

对比图3和图4可发现，改进后的实验方法得到的实验结果更清晰，更易观察，原因可能是改进的方法起到了一定的效果，也有可能是操作过程中的误差、材料的差异等原因造成的，但改进的方法值得肯定的是缩短了实验的时间，节省了实验药品的使用，可操作性更强。

在实验中，学生往往观察到某个细胞并判断为目标细胞后不自信，还需要教师确认，学生才敢相信自己判断的正确性。这样，教师在一节实验课上忙得不亦乐乎，但还是有一些学生照顾不周。为避免这个问题，在学生自行观察的过程中教师将自己预实验中做得较为成功的各个分裂期的照片放在演示文稿（PPT）上，让学生一一对照分析，判断自己找到的时期是否正确，有条件的学校还可以在实验室中准备数码显微镜实验系统，在大屏幕上既显示教师的示教作品，也可以显示学生的显微作品；大屏幕的分屏显示功能还能显示多个小组的显微作品，并能对多个小组的实验结果进行比较。这样不仅可解决学生的困惑，还能提高分组实验的效率。

这样改进的实验综合了众多研究者优秀的改进方法，能缩短实验操作时间，为教师的讲解留出充足的时间，教师可及时讲解学生在操作、观察的过程出现的问题，帮助学生充分理解整个实验，提高课堂的效率；还能改进实验效果，让学生基本都能观察到分裂期的细胞，成功的结果有利于激发学生的学习兴趣，增强自信心。

（注：上文发表于全国核心期刊《生物学通报》2017年第12期，ISSN0006–3193　CN11–2042／Q）

【作者简介】

王玉清，2009年毕业于华东师范大学生命科学学院，研究生学历，昆明市第一中学生物教师，昆明市张玉代名师工作室成员。教学成绩优异，在昆明市第一中学青年教师公开课比赛中多次获一等奖。获昆明市教坛新秀称号，第七届五华区"教坛新秀"称号。多次参与昆明市统测命题、昆明市第一中学高三命题。撰写的多篇论文获全国一等奖、云南省一等奖和二等奖；多篇论文发表于全国核心期刊《生物学教学》《生物学通报》，参与编写了《提高中学生物课堂教学有效性的策略》系列丛书。指导学生完成多个研究性课题并荣获校级优秀课题；担

任昆明市第一中学2016届生物竞赛主教练，在2015年全国中学生生物学联赛中，1人获得一等奖，18人获得二等奖，47人获得三等奖。

王玉清是昆明市张玉代生物名师工作室承担的市级课题"基于核心素养的高中生物学课堂实验教学研究"（立项编号：JY16006）子课题"制作和观察根尖细胞有丝分裂简易装片或观察其永久装片"负责人。

【荣誉证书】

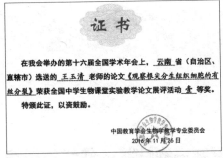

必修2 遗传与进化

> 在本模块的教学中，教师应创造条件让学生参与调查、观察、实验和制作等活动，引导学生从生活经验中发现和提出问题；学习有关概念、原理、规律和模型，应用有关知识分析和解决实践中的问题；体验科学家探索生物生殖、遗传和进化奥秘的过程。基于近年来基因研究的进展，教师可介绍通过生物信息学方法获得筛查遗传病的技术。

概念

③ 遗传信息控制生物性状，并代代相传

为帮助学生达成对概念3的理解，促进学生生物学学科核心素养的提升，应开展下列教学活动：①运用模型、装片或视频观察模拟减数分裂过程中染色体的变化；②搜集DNA分子结构模型建立过程的资料并进行讨论和交流；③制作DNA分子双螺旋结构模型；④模拟植物或动物性状分离的杂交实验；⑤调查常见的人类遗传病并探讨其预防措施。

实验12 运用模型模拟减数分裂过程中染色体的变化

【问题的提出】

在高中生物模块2"遗传与进化"的概念3"遗传信息控制生物性状，并代代相传"的学习中，为了帮助学生达成对概念3的理解，促进学生生物学学科核心素养的提升，《新课标》要求开展教学活动"阐明细胞的减数分裂，并模拟分裂过程中染色体的变化"。在以往的教学中，笔者发现大部分教师会用视频的方式进行教学，因为这种方式简捷快速，更容易被接受，但学生在这种教学方式中缺少亲自动手实践的机会，对于概念的理解往往容易忘记。相对于视频演示教学模式，运用模型和装片等方式可以让抽象的知识更形象化、直观化，更能加深学生对知识的深入理解，但实际的教学中采用构建模型的方式却

很少。综合原因：很多教师认为制作模型需要耗费太多的时间和精力，活动的准备、设计、材料的购买以及活动的开展耗时耗力。针对本现象，笔者查阅了大量的文献和资料，收集整理了很多一线教师对该活动模型建构的一些具体做法，希望对一线教师的教学有所帮助。

【解决的策略】

1. 材料的选择

笔者通过查阅大量的文献并结合自己的实践教学发现，在该模型的构建中大家选用的材料有橡皮泥、扑克牌、卡纸、毛线等，也有采用手指模型和表演式模型等多种形式的。

2. 各种模型的优势比较

橡皮泥模型的优势在于材料易准备，操作方便，形象、直观，但是橡皮泥不容易标上基因符号，不能很好地帮助学生理解基因的分离和自由组合定律，这一缺点也使这一模型在后续章节中的运用受到限制，浪费了很好的教学资源。纸质模型材料成本低，操作方便，但不便于学生制作，并且两条染色单体在着丝点处容易分离，也不容易表现染色体在分裂过程中的形态变化。毛线模型形象、直观，但是所需要的材料较多，准备时间较长，操作时间也相对较长。

3. 几种运用模型模拟减数分裂过程中染色体变化的新方法

（1）手指模型[①]

学生两人一组，用一个手指表示一个染色体，那么一只手就表示5条各不相同的染色体（一个染色体组）。如果2个学生各伸出一只手放在一起，就表示一个细胞总共有未进行复制的5对同源染色体，例如，2个学生的一对食指可形象地表示一对同源染色体且明显来源不同。在此基础上，如果每名学生再将自己的两只手的食指交叉，相同的手指在相同的部位靠在一起，表示完成复制的染色体。这样两名学生的手在一起就可以表示完成复制的5对同源染色体。如果再将交叉的手分开，又可以表示染色单体的分离。这样，两名学生通过配合，变换手和手指的位置就可以形象地表示减数分裂的过程。（见图1）

---

①玛依拉木拉提.减数分裂中染色体变化的手指模型及各种模型的比较［J］.中学生物学，
2012，28（6）：10-11.

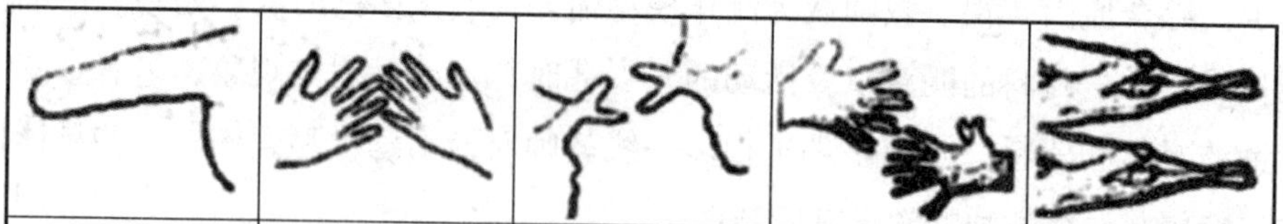

1条染色体	5对同源染色体	1对复制后的同源染色体	5对复制后的同源染色体	四分体的排列（4个食指即1个四分体）

图1 素描手指模型

笔者在教学实践中发现，手指模型操作简单，学生的参与度很高，教学效果也非常好，教师不用花很多的时间准备材料。

（2）扑克牌模型[①]

任意取出两副扑克牌中花色、数字完全相同的两张纸牌（如梅花7），将这两张相同的纸牌剪成4张宽约2 cm的小纸牌条备用（见图2）。然后将4张小纸牌条两两首尾叠放连接，并且在叠放处距离边缘约0.5 cm（注意：此处距离边缘不宜太远，否则不易转动）接口处用订书机钉住，制作成两张大纸牌条（见图3）。此时，转动两张小纸牌条可摆出"V"形结构，此"V"形结构可以代表减Ⅱ分裂后期着丝点分裂时染色体的状态（见图4）。将两张大纸牌条按同一顺序叠放在一起，并用回形针将二者固定（见图5），此时若转动两张大纸牌条，则会出现一个"×"形结构（见图6），代表染色体已经完成了复制，每条染色体上出现了两条完全相同的姐

图2 将任意两张纸牌剪成小条备用

图3 制作两张大纸牌

---

①任永春.一种模拟减数分裂过程染色体变化的新方法［J］.实验教学与仪器，2014，11：43-44.

妹染色单体，两条姐妹染色单体连接在同一个着丝点上。数字相同、花色不同的两张大纸牌条代表一对同源染色体（见图7）。其他数字符号的纸牌处理方法同上。

图4 转动两张小纸牌条摆出"V"形结构

图5 用回形针固定

图6 出现"×"形结构

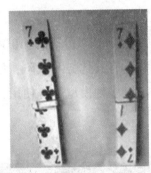

图7 数字相同、花色不同的两张大纸牌条代表一对同源染色体

此种模型的优点在于材料容易获得，但是在实际的操作过程中，一定要用PPT明确各个步骤的目的。

（3）表演式模型[①]

表演式模型具体操作过程：8名学生站立在圆圈中间，女生和女生手拉手，男生和男生手拉手。其余学生手拉手围成一个大圆圈，代表细胞分裂时初级精母细胞的轮廓。身着红色服装的女生代表来自母方的染色体，身着黄色服装的

①操明权."建立减数分裂染色体变化的模型"的4种建构方法［J］.生物学通报，2001，42（12）：35-36.

男生代表来自父方的染色体；将2对染色体排列在细胞中央的赤道板处，红色染色体（女生）站在赤道板的一侧，黄色染色体（男生）站在赤道板的另一侧；红色和黄色的染色体分离，分别移向细胞的两极，围圈的学生随之变化为后期队形；当红色和黄色的染色体分离，分别到达细胞的两极时，围圈的学生随之将队形从中间分成两个小圆圈，将已经移到细胞两极的染色体分别围在这两个新细胞中；新细胞中的染色体排列在细胞中央的赤道板处。松开双手相当于着丝点分离。染色体分别移向细胞的两极，围圈的学生随之变化队形代表从后期到末期细胞轮廓，新的子细胞生成。

这种模型的优点在于能充分调动学生的积极性，但是教师整体把控的难度也很高。如果是在室外进行，学生处于高度兴奋状态，教师就更难控制。可以采用小组的形式开展，然后依次进行汇报表演，其他组的学生进行观摩点评，效果会更好。

4. 总结和反思

各种模型的建构其目的都是为了更好地帮助学生将减数分裂的知识内化，完成教学目标。笔者通过实践发现，各种模型都具有其优势和缺陷，教师可以在教学中根据需要选择适合的模型，有时候可以多种模型配合使用，取长补短。

【作者简介】

周姝，中学一级教师，云南民族大学附属中学高中生物教研组组长。曾荣获昆明市"呈贡区骨干教师""民大附中教研能手""教师技能大赛一等奖"等多项荣誉称号。教学至今已发表教育论文多篇。

周姝是昆明市张玉代生物名师工作室承担的市级课题"基于核心素养的高中生物学课堂实验教学研究"（立项编号：JY16006）负责人及子课题"运用模型模拟减数分裂过程中染色体的变化"负责人。

【荣誉证书】

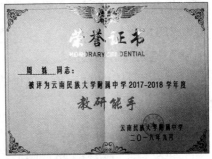

实验 13　制作DNA分子双螺旋结构模型

【问题的提出】

《普通高中生物课程标准（2017年版）》中有以下描述："学生应该在学习过程中逐步发展科学思维，如能够基于生物学事实和证据运用归纳与概括、演绎与推理、模型与建模、批判性思维、创造性思维等方法，探讨、阐释生命现象及规律，审视或论证生物学社会议题。"[1]建模思维、建模能力被认为是将来学生从事科学研究的必备能力，"制作DNA结构模型"是培养这种能力的良好素材。

在知网中输入"制作DNA分子双螺旋结构模型"只找到6条结果，可见对此活动的研究较少。主要原因是教师感觉本实验对高中生而言过于简单，属模仿

---

[1]中华人民共和国教育部.普通高中生物学课程标准（2017年版）［M］.北京：人民教育出版社，2018.

水平的操作性实验，价值不大[1]。如何通过开展"制作DNA分子双螺旋结构模型"活动提高生物学学科核心素养是本课题研究的主要内容。

【解决的策略】

1. 模型构建的材料选择

此活动是模型构建的活动，可供选择的材料非常多，可以充分发挥学生的想象力和创新精神。

（1）最简单易行的方案

用彩色纸板（或塑料）剪成圆形、五边形和长方形代表磷酸、脱氧核糖、四种含氮碱基，用订书钉代表化学键。还可用白色泡沫、彩色卡纸、细铁丝作为替换材料[2]，也可用橡皮泥和回形针制作模型[3]。

（2）发挥想象力的方案

"舌尖上的DNA"：用大樱桃表示磷酸，用苹果刻成五边形表示脱氧核糖，用西瓜皮刻成A、T、g、C的形状表示四种碱基，用牙签表示各种化学键。

"舌尖上的DNA"：用蓝色扣子表示磷酸，用玫红色的五边形布包表示脱氧核糖，用四种不同颜色的长方形布包表示A、T、g、C四种碱基，用编好的绳子表示五号碳、磷酸二酯键等，用粗的水彩笔在拉链上画出氢键。

2. 提高生物学学科核心素养

构建DNA分子模型的活动有助于促进生物学学科核心素养的培养。以沃森和克里克的研究为背景材料，在真实情境下构建DNA分子结构模型，有利于培养学生的科学兴趣和思维能力。学生通过模型制作能够构建"DNA分子是由四种脱氧核苷酸构成，通常由两条碱基互补配对的反向平行长链形成的双螺旋结构""碱基的排列顺序编码了遗传信息""DNA分子通过半保留方式进行复制"等一系列的概念，为形成"亲代传递给子代的遗传信息主要编码在DNA分子上"这一主要概念奠定基础。小组合作学习有利于促进学生的学习和发展，通过不同小组制作模型的展示活动实现评价手段的多样化，帮助学生改进学习方式。

---

[1]荆林海."制作DNA分子双螺旋结构模型"实验的教学组织［J］.生物学通报，2011，46（10）：23-25.

[2]周玲."DNA分子双螺旋结构"模型的制作［J］.生物学通报，2013，48（6）：54-55.

[3]王静.DNA分子双螺旋结构模型的设计和制作［J］.中学生物学，2017，33（10）：78-80.

【作者简介】

杨晶，昆明市张玉代生物名师工作室承担的市级课题"基于核心素养的高中生物学课堂实验教学研究"（立项编号：JY16006）子课题"制作DNA分子双螺旋结构模型"负责人。

实验14 模拟植物或者动物性状分离的杂交实验

【问题的提出】

性状分离的杂交实验是高中生物模块2"遗传与进化"的重要内容，其中"对分离和自由组合现象的解释"是难点之一，因为学生还没有学习减数分裂，不清楚同源染色体和非同源染色体的行为变化，对分离和自由组合现象的理解难度较大。为了突破该难点，《普通高中生物学课程标准（2017年版）》建议进行模拟实验，让学生感悟正确的研究方法对科学研究的重要性。[①]

教材中的实验方法用来做演示实验是可行的，但要所有学生参与就会出现实验准备难以充分、分组数目过少、实验器材搬移困难、课堂控制难度加大、计算统计速度太慢且不够直观等困难，并且受教学进度和高考压力的影响，模拟实验在教学中往往容易被教师忽视。[②]

笔者认为，生物是一门充满乐趣的学科，尤其是做实验的趣味性能加深学生对生物的热爱，所以教师在平时的教学中应尽可能地开设一些实验，让学生能更好地体验学习生物的乐趣。

【解决的策略】

1. 实验材料的选择

笔者查阅了与该实验相关的实验材料改进文献，有用玻璃球[③④]、扑克

[①] 中华人民共和国教育部.普通高中生物学课程标准（2017年版）［M］.北京：人民教育出版社，2018.

[②] 房杰，刘占国.性状分离比模拟实验的改进［J］.实验教学与仪器，2018（3）：31-32.

[③] 刘正旺.高中生物学实验高效教学案例"性状分离比模拟"实验教学的再加工［J］.生物学通报，2013（5）：34-36.

[④] 汪忠.普通高中课程标准实验教材生物必修2［M］.南京：江苏教育出版社，2008.

牌^①、硬币^②、棋子^③等代替教材小球进行实验的。笔者在用以上材料做实验时，发现不仅准备材料比较浪费时间，而且成本过高。此外，在操作过程中，玻璃球噪声大，扑克牌花色多不易分辨，硬币在抛的过程中容易丢失，棋子的成本太高，这些都不利于课堂教学的开展。其实在教学中有很多物美价廉的材料可以用，比如用黑豆和黄豆，教室里的白色粉笔和红色粉笔等。只要实验设计巧妙，组织形式得当，依然能收到很好的效果。

2. 实验组织形式

为了调动学生的积极性，让每一个学生参与实验，促使他们主动思考实验的原理和实验的步骤，可以采用3人小组的形式，一人负责抓，一人负责记录，一人负责摇匀，最后为了获得足够多的数据，可以利用Excel表格对全班的数据进行统计和分析。

3. 数据的处理

为了得到更多的数据，在实验之前要设计好相应的表格，如小组的统计数据的表格和班级统计数据的表格。小组统计时可以用正字进行数据的记录，这样可以提高效率。见表1和表2。

表1　小组统计数据表格

项目	AA	Aa	aa
数量			
占比			

表2　班级统计数据表格

项目	AA	Aa	aa
第一组数量			
第二组数量			

①李静，夏焦兵.扑克牌是"性状分离比模拟"实验的好材料［J］.生物学通报，2013（10）：47-48.

②刘植义，付尊英.普通高中课程标准实验教材生物必修2［M］.北京：北京师范大学出版社，2009.

③赵瑛瑛."模拟孟德尔杂交实验"活动的实践与思考［J］.中学生物教学，2017（7）：33-34.

续 表

项目	AA	Aa	aa
第三组数量			
……			
合计数量			
合计所占比			

4. 实验原理

该实验用甲、乙两个不透明的纸袋分别代表雌雄生殖器官，甲、乙两个纸袋内两种颜色的豆子分别代表雌雄配子。用不同豆子的随机组合，模拟生物在生殖过程中雌雄配子随机结合。让学生阅读教材性状分离比的模拟实验，完善数据表格中基因型的书写，以加深学生的理解和记忆，巩固知识的学习。

5. 实验步骤[①]

（1）实验前的准备

不透明的纸袋中放入两种颜色的豆子各10颗，为了在实验过程中不出错，教师要提前规定哪一种颜色的豆子代表雌配子，哪一种代表雄配子，否则收集的全班数据就容易混乱。

（2）混合小球

摇动两个不透明的纸袋，使袋子里的豆子充分混合。

（3）进行实验

分别从两个纸袋内随机抓取一颗豆子，组合在一起，这表示雌配子与雄配子随机结合成受精卵的过程。记录下这两颗豆子代表的字母组合。将抓取的豆子放回原来的纸袋中，摇匀，重复做50～100次（重复次数越多，模拟效果越好）。[②]

6. 注意事项

抓球时应该双手同时进行，而且要闭眼，切忌看着抓，以避免人为误差。每做完一次模拟实验，必须摇匀纸袋内的豆子，然后再做下一次模拟实验。抓取的豆子一定要放回原来的纸袋中。

①朱正威，赵占良，等.生物2遗传与进化教师教学用书［M］.北京：人民教育出版社，2007.

②郑助君.关于性状分离比的模拟实验［J］.中学生物学，2008（8）：15.

7. 实验反思

利用豆子做实验物美价廉，效果非常不错，一组学生的数据不一定符合理论的数值比例，但是全班学生的数据非常接近理论的数值比。为了使数据更接近理论数值比例，下次实验的时候可以尽可能地增加雌雄配子的数量，比如每个纸袋中放入20颗或者更多的豆子。同时，为了模拟更真实的数据，可以尝试改变雌雄配子的数量比[①]。因为对一种特定的生物来讲，一般雄配子数量要远多于雌配子数量，而不是1：1，我们可以适当地将雄配子的数量增加，这样就更科学了，对学生的认知也会有一定的帮助。

【作者简介】

周姝，昆明市张玉代生物名师工作室承担的市级课题"基于核心素养的高中生物学课堂实验教学研究"（立项编号：JY16006）子课题"模拟植物或者动物性状分离的杂交实验"负责人。

实验15 调查常见的人类遗传病并探讨其预防措施

【问题的提出】

对省内外的69所高中学校进行调查，其中仅有4所学校开设了本实验，开设率仅为5.88%。在这4所学校中，有3所学校开设的是学生分组实验，有一所学校是以其他形式开设，开设效果都一般。而在这3所学校开设的学生分组实验中，又有2所学校是以兴趣小组的形式开设的分组实验。未开设学校有65所，不开设的主要原因有五个，五个原因的占比见表1。

表1　本实验不开设的主要原因

序号	主要原因	占比
1	做不做不影响学生成绩，能不开就不开	37.8%
2	实验时间过长，不易开设	23%
3	任课教师尚未做过	12.2%
4	学校领导不重视、不支持	6.8%
5	其他原因	20.2%

---

①王米."性状分离比的模拟实验"的创新课堂［J］.实验教学与仪器，2017（S1）：25-26.

从以上数据可以看出，本实验开展的难度系数很高的原因主要是以上五个。笔者对第三个原因非常感兴趣，处于生命科学领域时时有新发现和生命科学知识越来越普及的21世纪，为什么我们生物教师对人类遗传病的研究如此谈"病"色变，是因为遗传病涉及医学学科，高中生物教师恐慌于难以把它阐述得透彻，还是因为它涉及人类的隐私，从而牵涉的面比较广，不便于收集数据。带着以上的思考，笔者查阅了相关文献，致力于寻找调查常见的人类遗传病的一种方便可行的方法。

【解决的策略】

1. 向大众科普常见的人类遗传病

如果把各种遗传病加在一起，每个人都患有或多或少，或严重或轻微的遗传病。患遗传病的原因不在患者自身，而且大多数遗传病的药物疗效较差，其关键在于预防和避免，在于面对遗传病时的正确态度[①]。

遗传病的种类有哪些？有何特点与规律？遗传病有哪些危害？

人类遗传病通常是指由于遗传物质改变而引起的人类疾病，主要可以分为单基因遗传病、多基因遗传病和染色体异常遗传病三大类。

其中的单基因遗传病是指受一对等位基因控制的遗传病。多基因遗传病是指受两对以上的等位基因控制的人类遗传病。染色体异常遗传病是指由染色体异常引起的遗传病[②]。常见的人类遗传病可见表2[③]。

显性遗传病具有世代相传的特点；隐性遗传病具有隔代出现的遗传特点；伴X染色体隐性遗传病具有交叉遗传、隔代出现，患者男性多于女性的特点；伴X染色体显性遗传病具有世代相传，患者女性多于男性的特点[④]。遗传病不仅给患者个人带来痛苦，而且给家庭和社会造成负担。生命科学领域的不断

---

①贺艳会，周新霞.用"第一人称"进行"人类遗传病"教学的尝试［J］.生物学通报，2014，49（4）：32-33.

②朱正威，赵占良.普通高中课程标准实验教材：生物.必修2.遗传与进化［M］.北京：人民教育出版社，2007：90-91.

③石宁宏.利用社会实践活动完善中学生物实验教学略谈［J］.内蒙古教育，2013（24）.

④何彬，徐捷，王毅男."调查人群中的遗传病"教学设计［J］.生物学通报，2016，51（10）：17-20.

发展，如人类基因组计划的实施，会越来越有利于遗传病的遗传咨询和产前诊断。

表2　常见的人类遗传病

种类			具体病症
人类常见的遗传病	单基因遗传病	常染色体隐性遗传病	镰刀型细胞贫血
			白化病、先天性聋哑
		X染色体隐性遗传病	红绿色盲、血友病
		常染色体显性遗传病	并指、多指、软骨发育不全
		X染色体显性遗传病	抗维生素D佝偻病
	多基因遗传病		原发性高血压、冠心病、哮喘
	染色体异常遗传病		21三体综合征

2. 快速选择有效的调查群体

调查应该符合学生的认知发展水平，调查小组可选择调查周围熟悉的几个家系中的遗传病的发病情况，最好选择群体中发病率较高的单基因遗传病的发病情况，并将其作为调查对象，如红绿色盲、多指、血友病等。但是真正实践时，总会遇到一些共性问题，例如被调查对象涉及遗传病等个人隐私，有不配合的抵触情绪、样本量太小、数据类型过于简单等。以上问题导致调查者参与度大大降低，因此，选择有效的调查群体才是首要环节。为了规避以上的共性问题，我们的调查群体是以调查人类遗传性状来选择的。

3. 设计易于让调查群体真实作答的调查问卷

每个遗传病患者都有一颗脆弱、敏感、自卑的心，害怕别人知道自己的病情，也许我们无意间的文本呈现就会刺伤他们，因此面对我们的调查问卷容易产生对立的情绪、消极的想法。因而在参考已有的调查问卷的基础上，对问卷设计做了改进（见表3及附件）。

表3 人类遗传病调查中问题及对策汇总表

序号	问题	策略
1	被调查对象有抵触情绪，参与意愿低	（1）在调查时做保密承诺，打消被访者的顾虑。 （2）调查项目名称改为"遗传性状调查"，回避敏感类型的遗传病
2	因被调查者不认真、不配合或被调查者无法判断是否患有遗传病导致数据失真	（1）为了避免不愿参与者胡乱填写，设计问卷时在选项中设置"不清楚"选项，统计时加以剔除。 （2）在调查前做必要的培训

附：人类遗传性状问卷调查表

同学：你好！

以下调查为匿名调查，我们将您个人和家人的隐私视为机密来处理，调查资料和结果绝对保密，仅用于学术研究，请您放心作答。本问卷调查需要花费15分钟左右的时间，为了确保数据分析研究的准确性和有效性，请您和家人认真阅读以下问题，并根据自身真实情况认真作答。感谢您的支持与合作。是否填写这份调查问卷完全取决于您个人和家人的意愿。

［注：①红绿色盲症：指不能分辨红和绿这两种颜色，为一种先天性的色觉障碍病，又被称为道尔顿症；②高度近视：屈光度为-6D（D指屈光度）或以上的近视为高度近视。］

第一部分：背景信息

1. 您的性别（　　）。

A. 男　　　　　　　　　　　　B. 女

2. 您所在的年级（　　）。

A. 七年级　　　　　　　　　　B. 八年级

C. 九年级

第二部分：以下是关于人类遗传性状的调查，请您根据实际情况作答

1. 您是否有耳垂？（　　）

A. 是　　　　　　　　　　　　B. 不是

2. 您的父亲是否有耳垂？（　　）

A. 是　　　　　　　　　　　　B. 不是

3. 您的母亲是否有耳垂? ( )

A. 是　　　　　　　　　　B. 不是

4. 您的外公是否有耳垂? ( )

A. 是　　　　　　　　　　B. 不是

5. 您的外婆是否有耳垂? ( )

A. 是　　　　　　　　　　B. 不是

6. 您的爷爷是否有耳垂? ( )

A. 是　　　　　　　　　　B. 不是

7. 您的奶奶是否有耳垂? ( )

A. 是　　　　　　　　　　B. 不是

1. 您是否是红绿色盲症患者? ( )

A. 是　　　　　　　　　　B. 不是

2. 您的父亲是否是红绿色盲症患者? ( )

A. 是　　　　　　　　　　B. 不是

3. 您的母亲是否是红绿色盲症患者? ( )

A. 是　　　　　　　　　　B. 不是

4. 您的外公是否是红绿色盲症患者? ( )

A. 是　　　　　　　　　　B. 不是

5. 您的外婆是否是红绿色盲症患者? ( )

A. 是　　　　　　　　　　B. 不是

6. 您的爷爷是否是红绿色盲症患者? ( )

A. 是　　　　　　　　　　B. 不是

7. 您的奶奶是否是红绿色盲症患者? ( )

A. 是　　　　　　　　　　B. 不是

1. 您是否是高度近视? ( )

A. 是　　　　　　　　　　B. 不是

2. 您的父亲是否是高度近视? ( )

A. 是　　　　　　　　　　B. 不是

3. 您的母亲是否是高度近视？（　　　）

A. 是　　　　　　　　　　　　B. 不是

4. 您的外公是否是高度近视？（　　　）

A. 是　　　　　　　　　　　　B. 不是

5. 您的外婆是否是高度近视？（　　　）

A. 是　　　　　　　　　　　　B. 不是

6. 您的爷爷是否是高度近视？（　　　）

A. 是　　　　　　　　　　　　B. 不是

7. 您的奶奶是否是高度近视？（　　　）

A. 是　　　　　　　　　　　　B. 不是

（问卷到此结束，非常感谢您和您家人的配合，谢谢！）

【作者简介】

张淑灵，昆明市张玉代生物名师工作室承担的市级课题"基于核心素养的高中生物学课堂实验教学研究"（立项编号：JY16006）子课题"调查常见的人类遗传病并探讨其预防措施"负责人。

【荣誉证书】

概念

④ 生物的多样性和适应性是进化的结果

为帮助学生达成对概念4的理解，促进学生生物学学科核心素养的提升，应开展下列教学活动：①搜集生物进化理论发展的资料，探讨生物进化观点对人们思想观念的影响；②用数学方法讨论自然选择使种群的基因频率发生变化的原因；③探讨耐药菌的出现与抗生素滥用的关系。

实验 16 探讨耐药菌的出现与抗生素滥用的关系

【问题的提出】

"探讨耐药菌的出现与抗生素滥用的关系"是《普通高中生物学课程标准（2017年版）》中新增的实验[①]，该实验的开展，为"种群内的某些可遗传变异将赋予个体在特定环境中的生存和繁殖优势""具有优势性状的个体在种群中所占比例将会增加""自然选择促进生物更好地适应特定的生存环境"和"现代生物进化理论以自然选择学说为核心，为地球上的生命进化史提供了科学依据"等重要概念的形成提供事实支撑，有助于学生对"适应是自然选择的结果"这一次位概念的理解，有助于学生达成对大概念"生物的多样性和适应性是进化的结果"的理解，最终有助于学生进化与适应观的形成。

自然选择过程包括基因的代代相传，通常是个漫长的过程，给研究带来了挑战。选择生命周期较短的物种更容易观察到自然选择，如繁殖迅速的细菌经抗生素处理后进化就是一个理想的研究案例。尽管如此，开展这样的微生物实验，对多数学校来说是不现实的，但进行模拟实验却是可行的。如何设计模拟实验方案呢？笔者提出以下策略供同行参考。

【解决的策略】

1. 创设真实情境——"超级细菌"MRSA

只有在解决真实情境中的实际问题时，才能发展学生的价值观念、必备品

[①]中华人民共和国教育部.普通高中生物学课程标准（2017年版）［M］.北京：人民教育出版社，2018.

格与关键能力。真实的情境来源于科研和生活，有助于培养学生的社会责任感。"超级细菌"MRSA（见图1）是该实验理想的真实情境。

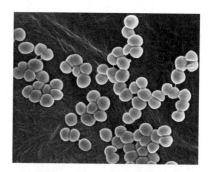

图1 "超级细菌"MRSA

MRSA是耐甲氧西林金黄色葡萄球菌（methicillin-resistant staphylococcus aureus）的缩写。金黄色葡萄球菌是非常常见的病菌，据调查，大约25%～30%的人的鼻腔中都生长着这种病菌，在健康人的皮肤上也经常发现。有时候它会进入人体内而引起感染。这种感染轻微的会在皮肤上长疮和丘疹，严重的则可引起肺炎或血液感染，极端情况下甚至会导致死亡。对葡萄球菌引起的感染通常用青霉素类的抗生素甲氧西林治疗，在大部分情况下非常有效。但是有些葡萄球菌菌株对甲氧西林形成了抗药性，也就是MRSA。

1968年，西欧和澳大利亚首次记录了MRSA的疫情暴发，差不多是在英国准许使用甲氧苯青霉素（一种青霉素）的10年后。一开始疫情主要限于医院和养老院，20世纪90年代中期则开始在大众中暴发，感染几乎遍及全球，已成为院内和社区感染的重要病原菌之一。据调查，1999—2005年，MRSA感染者逐年攀升（见图2）。[①]

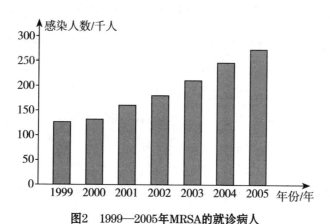

图2 1999—2005年MRSA的就诊病人

①张海银.中学生物学实验创新与拓展［M］.广州：广东教育出版社，2017.

对MRSA感染引起的疾病的治疗是临床上十分棘手的难题之一，因为它对许多抗生素有多重耐药性。让学生了解上述真实的情境后，教师可以提出下面的问题：耐药超级菌——耐甲氧西林金黄色葡萄球菌是怎样进化的？

2.组织体验式学习——模拟MRSA进化过程

20世纪初，杜威从经验论哲学出发，系统阐述了体验式学习。杜威认为"教育即经验的改造或改组"，一方面应该通过"做"从经验中学习，另一方面学习者要进行"反思性思维"。[①]基于杜威"做中学"的理论，教师在进一步提供以下事实和提出以下问题的基础上，可以借助多媒体鼠标拖拽技术和用不同颜色的卡纸圆片等为材料，组织学生分组模拟MRSA进化过程（见图3）。

事实：青霉素类的抗生素甲氧西林对治疗葡萄球菌感染引起的疾病发挥着重要作用。甲氧西林使用一段时间后，杀菌效果就会下降，原因是葡萄球菌产生了抗药性。

问题：耐甲氧西林金黄色葡萄球菌的出现与抗生素甲氧西林的使用之间有什么关系？

经抗生素处理　　　经若干代繁殖后

葡萄球菌的遗传多样性　　　　　　　　耐药性葡萄球菌

图3 "超级细菌"MRSA的进化过程

模拟实验完成后，教师可以让学生尝试用达尔文的自然选择学说解释金黄色葡萄球菌产生抗药性的原因，并分析这一解释有什么不够完善之处。

按照达尔文的自然选择学说，可以做如下解释：金黄色葡萄球菌在繁殖的过程中会产生各种可遗传的变异，其中就有抗药性强的变异。在未使用抗生素甲氧西林时，抗药性强的变异不是有利变异，这样的个体在生存斗争中不占优势；使用抗生素甲氧西林以后，抗药性弱的个体大量死亡，抗药性强的个体有机会产生更多的后代，一段时间以后，抗生素甲氧西林的杀菌效果就会下降。

---

①陈旗建.体验式学习视角下高中生物学实验教学的优化策略［J］.生物学教学，2018，43（12）：44-45.

这一解释未能深入到基因水平，没有说明基因突变在进化中的作用。[1]

用现代生物进化理论又如何解释？

在使用抗生素甲氧西林前，金黄色葡萄球菌种群内不同可遗传的变异类型产生的根本原因是什么？所占比例为什么不同？

从原来的种群到几代后观察到的种群，是什么因素导致种群耐药性基因的频率发生改变？

3. 建构重要概念，形成进化观

教师可以进一步通过提出问题（MRSA的进化过程可以用哪些专业术语来描述？可尝试建构哪些重要概念？）让学生尝试建构以下概念：

基因突变是新基因产生的途径，是生物变异的根本来源，是生物进化的原始材料。

自然选择决定生物进化的方向——在自然选择的作用下，种群的基因频率会发生定向改变，导致生物朝着一定的方向不断进化。

4. 活用进化与适应观，养成健康的生活习惯

因为MRSA来源于金黄色葡萄球菌，它是一种常被发现在皮肤表面和鼻孔内壁的细菌，它能够通过皮肤传播，或通过共用毛巾或剃须刀传播。它会导致皮肤感染，或通过血液传播，从而影响体内器官。在拥挤的环境中工作和玩乐的人群——如军队新兵、运动员、大学宿舍居住者、日间护工是感染MRSA的高危人群。同时，免疫力低下人群、糖尿病患者、青少年儿童，以及老年人的感染风险更大。日常生活中如何预防MRSA？

感染超级细菌虽然比较危险，但不用恐慌。正常人如果手上没有伤口，而且勤洗手，不用担心感染。超级细菌对免疫力较差的人威胁比较大。从传染病防控的角度来看，地铁可能是超级细菌和其他耐药菌的传染源之一，应该进行更严格的感染控制和监控措施，比如加强消毒，乘客也应注意个人卫生防护。

5. 结 语

在新修订的课标已经发布一年多时间，但新教材迟迟未与学生见面的情况

---

① 刘植义，付尊英.教师教学用书·普通高中课程标准实验教材：生物学（必修2）·遗传与进化（第2版）［M］.北京：北京师范大学出版社，2010.

下，笔者对"探讨耐药菌的出现与抗生素滥用的关系"这一新增实验的有效开设提出了以上策略。开设方案的主要亮点是设计了模拟实验，克服了时间和空间条件的限制，让学生全员参与，使学生能够通过较短的时间、方便的空间、较小的代价，获得宝贵的感性认识，在体验、感悟中形成重要概念。践行了"核心素养为宗旨""内容聚焦大概念"和"教学过程重实践"等课程理念。与新课标配套的教材正式出版发行后，笔者将进一步完善该实验的开设方案，以此抛砖引玉，敬请同行们批评指正！

【作者简介】

张玉代，昆明市张玉代生物名师工作室承担的市级课题"基于核心素养的高中生物学课堂实验教学研究"（立项编号：JY16006）负责人及子课题"探讨耐药菌的出现与抗生素滥用的关系"负责人。

选择性必修1　稳态与调节

　　本模块的主题是个体水平的稳态与调节，内容比较抽象。教学中，教师应积极组织学生开展相关活动，帮助学生理解和掌握知识，提高运用知识解决实际问题的能力。

概念

① 生命个体的结构与功能相适应，各结构协调统一共同完成复杂的生命活动，并通过一定的调节机制保持稳态

　　为帮助学生达成对选择性必修课程概念1的理解，促进学生生物学学科核心素养的提升，应开展下列实验：①观看血液分层实验的视频，讨论血细胞与血浆的关系；②比较清水、缓冲液、体液对pH变化的调节作用；③探究植物生长调节剂对扦插枝条生根的作用；④探究乙烯和对水果的催熟作用。

实验17　血液分层实验

【问题的提出】

　　"观看血液分层实验的视频，讨论血细胞与血浆的关系"是《普通高中生物学课程标准（2017年版）》中新增的实验，该实验能为次位概念"机体细胞生活在内环境，只能够通过内环境与外界环境进行物质交换，同时也参与内环境的形成和维持"[1]的建构提供事实证据。

　　考虑到教学时间及多数学校的条件，该活动只要求观看视频，但建议有条件的学校可以尝试组织学生"做中学"，或教师做演示实验，学生印象更深刻。如何设计实验方案并确保实验的开展呢？笔者提出以下策略供同行参考。

---

[1]中华人民共和国教育部.普通高中生物学课程标准（2017年版）［M］.北京：人民教育出版社，2018.

【解决的策略】

1. 如何获取血液

实验前一周收集新鲜动物血液，注意一定要从正当途径获取新鲜血液，同时还要注意供血动物的健康情况和动物福利问题。若要制作涂片，要特别注意安全操作，切忌在卫生条件不合格的情况下，盲目地让学生自己取血。

2. 如何让血液分层（见图1）

图1　血液分层实验

方案一：准备三支等体积的试管并编号，分别向2、3号试管中加入等体积的3~5 mL抗凝剂（如柠檬酸钠溶液），1号试管中加等体积的生理盐水，然后将刚采集到的新鲜的哺乳动物血液分别滴加到三支试管中各2 mL，并一同放在0~4 ℃的冷藏箱中备用，课前将2号试管摇匀，见表1。

表1　三支试管中血液的处理方法、现象及原因分析

试管	新鲜血液	加入试剂	实验结果	形成原因
1	2 mL血液	3 mL生理盐水	固态	未加抗凝剂，血液凝固成血块
2	2 mL血液	3 mL抗凝剂	液态、无明显分层	加入抗凝剂，振荡后静置的时间较短
3	2 mL血液	3 mL抗凝剂	液态、有明显分层	加入抗凝剂，静置一段时间或经离心处理

方案二：利用大号量筒，参照表1中的3号试管的操作方法，制备血液分层标本，课上供全班学生观察。

3. 如何分析实验结果

上层呈淡黄色、半透明的液体是血浆，下层红色的部分是红细胞，夹在两者之间、所占比例非常少的一层白色物质是另两类血细胞，即白细胞和血小板（见图2）。

血液中的血浆成分和所占的大致比例如图3所示。血浆的主要成分是水，还有葡萄糖、氨基酸和无机盐等物质。血浆中的营养成分主要是经消化道吸收进入血管的。全身各处细胞产生的代谢废物，如尿素、二氧化碳等，也会进入血液。由于血浆含有大量的水（90%以上），其他物质也都是溶在水中的，血浆就具有了流动的条件。血浆的流动能够将生命活动所需要的营养物质运输到全身各处的组织和细胞；还可以将各处产生的代谢废物运载到相应的器官排出体外。那些存在于血浆中的血细胞，会随着血浆的流动到达身体各部。

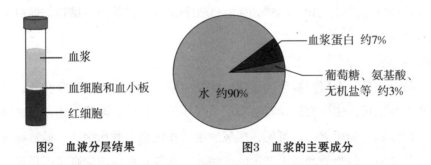

图2　血液分层结果　　　　图3　血浆的主要成分

如果学校条件允许，可以做"用显微镜观察人血的永久涂片"实验，让学生先观察人血的永久涂片，观察红细胞、白细胞和血小板的形状、数量关系。

教师可以借助自制教具开展红细胞内容的教学。准备一个装水的红气球，用手指上下轻轻挤压，演示双面凹的状态，以此说明红细胞双面凹的形态与球形的体积和表面积关系，使学生理解红细胞这种特殊的结构，与其功能相适应——扩大了与氧结合的面积。教师可问：为什么红细胞是红色的？为什么血液有其特殊的味道？说明红细胞的主要成分是一种含铁的蛋白质——血红蛋白，它决定了血液的颜色。教师可再问：红细胞能够把氧运送到全身各处，供给细胞的有氧呼吸。那么，是不是红细胞数量越多越好？教师可以利用收集到的化验单，通过分析血常规中的各项指标，说明身体中红细胞、白细胞和血红蛋白等成分的含量都是有一定范围的；利用"贫血"和"醉氧"等现象，说明红细胞正常值和生理指标"适度"的重要性。在讲解红细胞的功能时，还可以结合"煤气中毒"的实例，说明红细胞与氧结合的特点。

关于白细胞和血小板的形态特点和生理作用，可用类似的方法。

4. 还可以做哪些拓展实验

如果学校条件允许，还可以做"制作血涂片"的实验，如图4所示。

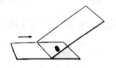

图4　血涂片的制作过程

①在洁净的载玻片一侧滴一滴哺乳动物的血液，取另一片载玻片做推片，将推片自血滴左侧向右移动；②当血滴均匀地附着在两片之间时，再将推片向左平稳地推移（两片成30°～45°角）；③在载玻片上，推出一层均匀的血膜；④用显微镜观察。

5. 结　语

血液分层后，上层淡黄色的透明液体是血浆。科学家通过研究发现，血浆中含有多种维持人体生命活动所必需的重要物质。此外，血浆中还含有一些体内产生的废物（如尿素）。可见，血浆的主要作用是运载血细胞，运输维持人体生命活动所需的物质和体内产生的废物等。血浆是血细胞的直接内环境，血细胞生活在血浆中，通过血浆与外界环境进行物质交换，同时也参与血浆的形成和维持。

【作者简介】

张玉代，昆明市张玉代生物名师工作室承担的市级课题"基于核心素养的高中生物学课堂实验教学研究"（立项编号：JY16006）负责人及子课题"血液分层实验"负责人。

实验18　比较清水、缓冲液、体液对pH变化的调节作用

【问题的提出】

"比较清水、缓冲液、体液对pH变化的调节作用"是《普通高中生物学课程标准（2017年版）》中新增的实验，尽管实验版课标和《考试大纲》中并未列出该实验，但2017年版人教版教材中却安排了该学生实验。

问卷调查结果显示，该实验的开设率极低，未开设占71.1%，如图1所示，主要原因是教师认为"做不做不影响

开设28.9%

未开设71.1%

图1　问卷调查结果

学生成绩，能不开就不开"。可见，对实验本身的教育价值认识不足，影响了开展实验的积极性和主动性。当然也有不少教师反映实验时间过长，不易开设等问题。

【解决的策略】

培养社会责任感是生物学学科核心素养的重要方面，要求学生具备基于生物学的认识、参与个人与社会事务的讨论、做出理性解释和判断、解决生产生活问题的担当和能力；要求学生积极运用生物学的知识和方法，关注社会议题，参与讨论并做出理性解释，辨别迷信和伪科学；主动向他人宣传关爱生命的观念和知识，崇尚健康文明的生活方式，成为"健康中国"的促进者和实践者。针对"酸碱体质"骗局开展本实验，是引导学生学会批判性思维、培养社会责任感的载体。

1. 装置改进

采用pH传感器、迷你数据采集器、磁性搅拌器和计算机搭建操作装置，用于实验过程中不同样本中pH变化的定量测定以及数据曲线图的直观、即时呈现。

人教版的实验方案通过比较蒸馏水、缓冲液（在加入酸或碱时，能使pH的变化减弱）和生物材料在加入酸或碱后pH的变化，启发学生推测生物体是如何维持pH稳定的。传统的实验方法采用pH试纸进行定性研究判断，要求学生每滴定一次就用试纸测试一下pH值，每测试一次就用笔在预先设计的记录表中记录下数据，最后再绘制成pH变化曲线。这样操作起来不仅烦琐费时，而且由于不同学生对pH试纸使用的熟练程度、精确程度以及主观颜色判断上的差异，最终得到的pH变化曲线图差异较大。通过使用改进后的传感器装置，明显缩短实验进程，数据采集软件操作简单易上手，实时显示的曲线使结果一目了然，给学生预留了充裕的时间研讨实验现象、思考实验原理、分享实验体会。[①]

2. 试剂改进

原实验方案中采用0.1 mol/L的HCl溶液、0.1 mol/L的NaOH溶液作为滴加的酸性及碱性试剂，而无论是人体日常所摄取的食物还是细胞自身代谢所生成的

---

① 引自上海市鲁迅中学柯晓莉老师参加全国第四届说课竞赛的资料。

物质，一般均不含有这两种物质。因此，实验中将试剂的种类改进为生物体细胞代谢的常见产物乳酸及碳酸钠，并对其pH进行了测定，数据见表1。

表1　改进前后材料pH比较

改进前	改进后
0.1 mol/L的HCl溶液（pH1.75）	0.1 mol/L的乳酸溶液（pH2.16）
0.1 mol/L的NaOH溶液（pH12.3）	0.1 mol/L的碳酸钠溶液（pH11.85）

【教学设计】

比较清水、缓冲液、体液对pH变化的调节作用

内环境稳态包括理化性质和化学成分的稳态两个方面。本实验以内环境理化性质中pH为例，开展实验获得证据，促进学生主动建构"机体通过调节作用保持内环境的相对稳定，以保证机体的正常生命活动"这一重要概念，进一步建构"内环境的变化会引发机体的自动调节，以维持内环境的稳态"这个次位概念，最终促进大概念"机体通过一定的调节机制保持稳态"的建构。

1. 教学目标

（1）能运用稳态与平衡观点，提出生物体维持pH稳定的机制。

（2）基于科学事实形成"内环境的变化会引发机体的自动调节"的概念。

（3）设计并完成对生物体维持pH稳定机制的实验探究，体会技术对科学发展的推动作用。

（4）根据食物特性，科学合理地安排自己的膳食。

2. 重点和难点

（1）教学重点

能运用稳态与平衡观点，提出生物体维持pH稳定的机制。

（2）教学难点

设计并完成对生物体维持pH稳定机制的实验探究，体会技术对科学发展的推动作用。

3. 实验器材

pH传感器、滴数传感器、CO_2传感器、磁力搅拌器。

4. 实验原理

因为$H_2CO_3 \rightleftharpoons H^+ + HCO_3^-$，$HCO_3^- \rightleftharpoons H^+ + CO_3^{2-}$，$CO_3^{2-} + H_2O \rightleftharpoons HCO_3^- + OH^-$，所以只要确定溶液中含有其中任意一个即可说明该溶液中含有HCO_3^-/H_2CO_3。

$$HCO_3^- + H^+ \rightleftharpoons H_2O + CO_2\uparrow \quad CO_3^{2-} + 2H^+ \rightleftharpoons H_2O + CO_2\uparrow$$

通过向血浆中滴加HCl溶液，观察是否有气泡产生，从而确定溶液中是否含有HCO_3^-/H_2CO_3。

5. 教学过程

（1）创设情境，激发兴趣

"酸碱体质论"骗局被揭穿，炮制者被重罚。谎言称人的体质有酸碱性之分，酸性体质易患癌，想要健康，要多吃碱性食物以保证身体处于碱性环境。吃酸性或碱性食物能不能变成酸性或碱性体质？

（2）开展实验，寻找证据[①]

问题1：内环境能否维持pH的稳定？

策略：独立操作，成果交流。

利用pH传感器检测血浆在滴加乳酸溶液和碳酸钠溶液之后的pH变化。

结论：在一定范围内，内环境能够维持pH稳定，但有一定限度。

问题2：内环境维持pH稳定的机制是什么？

策略1：模拟实验、初步感知。

模拟实验：利用pH传感器检测缓冲溶液、蒸馏水分别在滴加乳酸溶液和碳酸钠溶液之后的pH变化。

结论：血浆中可能存在缓冲物质用于维持pH的稳定。

教师追问：血浆中的缓冲物质是什么呢？

策略2：化学分析、求真务实。

学生联系细胞呼吸知识能够得出生物体可能存在的缓冲物质是：HCO_3^-/H_2CO_3。

①中国教育装备行业协会.第四届全国中小学实验教学说课活动优秀作品集［M］.北京：知识产权出版社，2017.

如何设计实验检测血浆中HCO_3^-/H_2CO_3缓冲对的存在？

学生基于化学基础知识，设置对照实验，分别向血浆和蒸馏水中滴加HCl溶液，观察是否有气泡产生。

结果：未观察到气泡，无明显现象。

此时引起学生激烈讨论，学生提出不同观点。教师组织学生利用CO_2传感器改进的实验装置，重复实验，得到结果。

结论：血浆中含有缓冲物质HCO_3^-/H_2CO_3用于维持pH的稳定。

（3）思维加工，建构概念

教师通过一系列问题驱动和资料呈现，帮助学生主动建构内环境稳态这一概念，如内环境的pH能够维持稳定，那么内环境中体温、渗透压等其他理化性质以及内环境的成分是否也能保持稳定呢？

无论是酸性或碱性试剂过量，还是凝固后的鸡血，待测溶液都失去了原有的缓冲作用，可见生物体只能在一定范围内维持pH的稳定。真实的数据、直观的体验，使学生深深地体会到生命是如此奇妙，同样也是如此脆弱，内化学生尊重生命、珍惜健康的意识。

（4）学以致用，合理膳食

组织实验小组根据食物的酸碱特性，为身边的人制订一份科学合理的膳食安排表。

6. 实证与逻辑，揭穿伪科学

回扣"酸碱体质论"骗局，揭穿伪科学，解决实际问题。

质疑、探究、解惑、再质疑……这正是人类认识自然世界的一般规律和方法。是不是所有的生物维持pH稳定的机制都是相同的呢？实验中还有很多的问题有待进一步的思考，我们的口号是：将探究的步伐进行到底。

7.评价设计

某小组研究不同实验材料加入酸（盐酸溶液）或碱（NaOH溶液）后pH的变化，结果如图2所示。

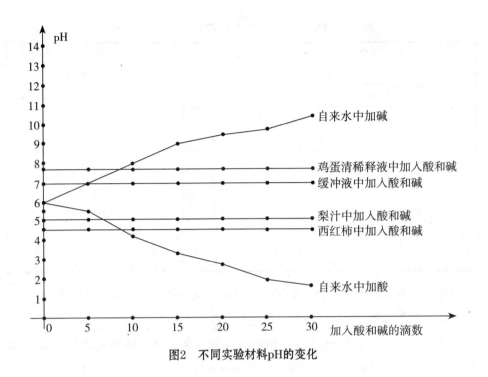

图2 不同实验材料pH的变化

请分析回答：

（1）滴加盐酸后，自来水pH逐渐_____；滴加NaOH溶液后，自来水pH逐渐_____。

（2）无论滴加盐酸还是NaOH溶液，缓冲液的pH均保持_____。

（3）无论滴加盐酸还是NaOH溶液，生物材料的pH均保持_____。

（4）综上所述，生物材料的性质类似于_____而不同于_____，说明生物材料内含有_____从而维持pH相对稳定。

参考答案：

（1）减小；增大。

（2）相对稳定。

（3）相对稳定。

（4）缓冲液；自来水；酸碱缓冲物质。

8. 板书设计

实验：比较清水、缓冲液、体液对pH变化的调节作用（见表2）。

表2　不同实验材料加入不同体积酸或碱后的pH变化

		加入不同体积（滴数）0.1 mol·L⁻¹ 乳酸溶液后的pH							加入不同体积（滴数）0.1 mol·L⁻¹ 碳酸钠溶液后的pH						
		0	5	10	15	20	25	30	0	5	10	15	20	25	30
不同生物材料的pH	血浆														
	自来水														
	缓冲液														

结论：内环境的变化会引发机体的自动调节，以维持内环境的稳态。

9. 教学反思

学生自己设计实验观察不到预期的实验现象，进而运用先进技术成功求证。在这看似曲折的探究过程中，学生不仅加深了对相关知识的理解，更加能够体会到技术对于科学发展的推动作用，从而顺利突破了教学目标中的重难点。

（1）检测技术的改进。传感器得到结果动态直观，形式多样（表格、曲线），教学效果明显，能够帮助学生建立数学模型，从定量的角度分析实验结果。

（2）实验方法的创新。在教材模拟实验的基础之上，新增了化学分析的实验方法，明确找到血浆中HCO_3^-/H_2CO_3这对缓冲物质，增强了实验结论的说服力。

（3）本实验选择的材料是血浆，相较于教材中选用的猪肝匀浆和马铃薯匀浆，它最大的优势在于没有细胞内物质的干扰，是内环境的组成之一，可以直接反映内环境的pH变化。

生物作为一门科学课程，具有科学课程的共同特点，即注重证据和逻辑。对证据的选择、分析和判断是理性思维的结果，逻辑推理既是理性思维的过程，也是理性思维的要求。探究过程和方法，以及探究过程中表现出来的逻辑推理能力，超越了学生所需要获得的重要知识，是核心素养中关键能力的直接表现，必须在课堂教学中加以落实。

【作者简介】

张玉代，昆明市张玉代生物名师工作室承担的市级课题"基于核心素养的高中生物学课堂实验教学研究"（立项编号：JY16006）负责人及子课题"比较清水、缓冲液、体液对pH变化的调节作用"负责人。

实验19 探究植物生长调节剂对扦插枝条生根的作用

【问题的提出】

生物学是一门以实验为基础的自然学科。进行实验教学，不仅能有效克服讲实验、背实验带来的问题，还能有助于学生基于实验来生成并建构生物学概念，理解生命现象及规律，生成生命观念；有助于以实验教学为载体，发展学生的逻辑与推理能力，培养科学思维；有助于让学生获得更多的体验，发展科学探究能力；还有助于培养学生的社会责任感[1]。

"探究植物生长调节剂对扦插枝条生根的作用"是人教版普通高中课程标准实验教材《生物》选择性必修模块1"稳态与调节"中概念1"生命个体的结构与功能相适应，各结构协调统一共同完成复杂的生命活动，并通过一定的调节机制维持稳态"下的探究性实验，是高中生物的第22个实验。实验目的是使学生在探究过程中能直观地了解生长素生理作用的两重性，尝试将科学知识应用于生产实践，让学生在积极探究中认识生物科学的价值，体验科学研究的过程和乐趣[2]。

笔者对昆明市12所高中的"探究植物生长调节剂对扦插枝条生根的作用"这一实验的开设情况进行了问卷调查。开设情况如图1所示，不开设原因如图2所示。

---

① 陈旗建.体验式学习视角下高中生物学实验教学的优化策略［J］.生物学教学，2018，43（12）：44-45.

② 孔爱华，刘建飞."生长素类似物促进插条生根的最适浓度"的探究教学［J］.生物学通报，2011，46（4）：27-29.

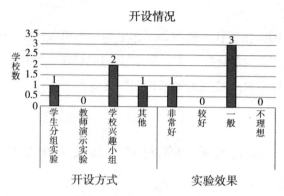

图1　实验开设情况调查

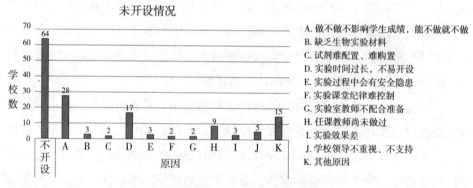

图2　实验不开设原因情况调查

调查结果如下：总共发出69份问卷，收回69份。有4所学校开设了这一实验：1所学校以分组实验的形式开设，2所学校以兴趣小组的方式开设，1所学校以其他形式开设；1所学校实验效果较好，其余3所学校实验效果一般。有65所学校未开设该实验，未开设的原因主要有三个方面：一方面教师认为做不做不影响学生成绩，能不开就不开；另一方面实验时间过长，不易开设；另外，该实验变量控制难度大，插条的质量和种类多样化，不同的材料、方法导致实验结果差异大、成功率低，实验结果不确定，对学生探究能力则要求很高等诸多因素，也是该实验未开设的主要原因，许多学校只是通过视频、幻灯片、习题等弥补其缺陷。针对以上问题，教师需打破应试教育的教学理念，着力于发展学生的生物学学科核心素养，进行实验教学，使学生领悟科学研究的方法，形成科学思维的习惯，激发学习兴趣，感受生命的奇妙和科学的伟大。对于实验而言，实验时间过长，教师应想办法引领学生拓展课堂资源，走出课堂，将实验操作安排在课外；选择生根时间短，生根明显的实验材料，并对实验方法进行改进，以取得较好的实验结果。

针对以上问题，笔者对"探究植物生长调节剂对扦插枝条生根的作用"这一实验展开了相关研究。

【解决的策略】

1. 材料的选取

选择适当的实验材料是本实验能否成功的关键因素之一。本实验可选择的实验材料很多，迎春、杨柳、月季、大叶黄杨、杨树、葡萄、吊兰、薄荷、紫背天葵、连翘、朱瑾、富贵竹、杜鹃、金银花、鸭跖草等都可作为该实验的材料[1]。不同的植物插条生根的能力有差异，一般草本大于木本。若选择树木或花卉作为实验材料，存在几个问题：第一，这些材料在普通情况下生根较慢，甚至生根困难，多数情况下看不到明显的生根现象；第二，耗费的时间较长，易受季节的影响，很难在有限的时间内开展实验教学；第三，处理的枝条数较多，难免对树木造成一定的破坏。爱护环境人人有责，合理使用枝条的同时，要考虑保护树木。

教学上常常用迎春、吊兰、薄荷、富贵竹、紫背天葵做实验材料[2]。薄荷、富贵竹、吊兰发根速度较快，紫背天葵14天左右开始发根，迎春虽经济易得但生根较慢甚至很难生根，主根上须根的生长也会为记录带来困扰，无法达到理想的效果。吊兰对栽培基质的适应能力较强，根系清晰，但生根能力一般[3]。教师可根据实际情况选择适当的材料进行实验。

同种植物有芽和无芽的插条、芽数不同的插条、不同位置（尖部、中部、基部）的插条、老幼插条，生根的能力有差异。一般情况下，选取1~2年生的生长健壮、无病虫害的枝条，并保留一定的芽或幼叶。因为一年生的枝条形成层细胞分裂能力强、发育快、易成活。芽或幼叶的数量根据植物材料，易生根

---

①邓显容，朱新霞.三种生长调节剂对葡萄插条生根的影响［J］.安徽农业科学，2007，35（31）：9873，9897.

②邱美坤，冯丽芝.不同浓度生根剂对金叶朝鲜黄杨扦插生根的影响［J］.园艺与种苗，2015（5）：63-64.

③樊艳平，雷国平.不同萘乙酸浓度对迎春插条生根的影响［J］.绿色科技，2015（4）：41-43.

成活率高的可保留少一些，不易生根的可保留多一些[①]。

另外，插条下端切口的类型有平切、斜切、双面切和劈切。实验表明斜切处理的生根数均高于其他三种处理，故为了促进插条成活，插条下端切成斜面，这样在扦插后能增加吸水和生根的面积。还可在剪取枝条前用利刀、铁丝等对剪取部位环剥、刻伤、缢伤等阻止插条上部的光合产物和生长素向下运输，使营养物质在伤处积累集中从而使插条伤处膨大，等到休眠时期将枝条剪下，此时的插条因养分充足而能显著提高其生根成活率[②]。选取的枝条长度、粗细、芽数、叶数、长势要尽量一致。为了减小实验误差，每组枝条不能少于3枝。为了避免污染，还需对枝条进行消毒等处理。

综合各种因素，笔者认为本实验可以选择富贵竹作为实验材料，剪取枝条中段，长10~15 cm，保留两片叶子，插条下端斜切。也可选择薄荷作为实验材料。或是对本实验所用材料进行改进，可用大蒜或洋葱作为实验材料。大蒜或洋葱在干燥条件下不出现生根现象，但在生长素类似物的作用下容易生根，且根须较多，不同浓度下根须数量差别较大，易于观察。

2. 实验时间的选择

温度对插条生根的影响很大。插条生根的最适温度为20~25 ℃，因此，开展该实验的时间最好在春秋季[③]。

3. 生长素类似物种类及浓度范围的选择

常用的生长素类似物有萘乙酸（NAA）、2，4-D、吲哚丁酸（IBA）和生根粉（ABT）[④]。因为促使生根的生长素类似物浓度较低，所以配置生长素类似物溶液时，通常采用配置母液的方式，然后再逐级稀释，从而配置出不同浓度

---

① 沈雁.开展"探索生长素类似物促进插条生根的最适浓度"探究活动的方法和策略 [J].生物学通报，2006，41（5）：23-24.

② 钱洋.合作性学习在探索生长素类似物促进插条生根的最适浓度中的应用 [J].中学生物学，2012，28（2）：23-24.

③ 周朝，王友保."探索生长素类似物促进插条生根的最适浓度"实验方法比较研究 [J].生物学教学，2016，41（7）：31-33.

④ 周余清.对"探索生长素类似物促进插条生根的最适浓度"实验改进的研究 [J].生物学通报，2014，49（4）：50-52.

的生长素类似物溶液。

本实验的目的是探究植物生长调节剂对扦插枝条生根的作用，因此，设置合适的浓度梯度十分重要。实验前可选择不同的植物生长调节剂，通过预实验找到不同植物生长素调节剂对不同植物的浓度适用范围，再进行正式实验。也可通过查找资料获取该枝条大致的浓度范围，再设置相应的浓度梯度进行实验①。

4. 实验方法

（1）处理枝条的方法

处理枝条的方法通常有浸泡法和沾蘸法。浸泡法一般适用于低浓度溶液（300 mg/L以下），插条基部浸泡深度约为3～5 cm，浸泡时间8～24 h②；沾蘸法一般适用于高浓度溶液，把插条基部在溶液中蘸一下，深度约1.5～3 cm，时间不得超过5 min③。教学上一般采用浸泡法。

（2）扦插的方法

扦插的方法有壤插、水插和气插。壤插法简单易行，通气和排水较好，有利于根系形成，但不利于测量根的数量；水插法有利于根的数量和根长的测量，但容易烂根；气插法能加速生根和提高生根率，但在高温高湿条件下容易发霉④。大多数情况下选择水插，利于结果的观察，但需要定期更换水。

（3）调查项目及数据分析

扦插后，每隔一定的时间检查生根的情况，关于生根情况的指标有生根株数、每株生根数、平均根长、平均生根率、生根力指数（平均根长×平均生根数/插条数）等。记录相关的数据，绘制表格及时整理好数据，用Excel软件处理并作图，分析实验结果⑤。

---

①李倩，张建珠，贾平，等.ABT生根粉溶液对金银花插条生根率影响［J］.育苗技术，
2013，11（8）：27-28.

②卓铭阳.探索生长素类似物促进插条生根的最适浓度［J］.生物学通报，2006，41（6）：25-27.

③唐庆圆."探索生长素类似物促进插条生根的最适浓度"实验方法探究［J］.生物学教学，
2012，37（11）：42-43.

④于彦军."探索生长素类似物促进插条生根的最适浓度"的探究教学［J］.生物学教学，
2013，38（7）：43-44.

⑤施璐，杜玉潇，孙静，等.探索生长素类似物促进插条生根的最适浓度［J］.教学仪器与实
验，2009，25（7）：36-37.

5. 实验时间的处理

本实验耗时长，故本探究活动的关键是时间安排。因此该实验以兴趣小组或研究性学习开展为宜，也可将实验操作安排在家庭中进行，学生与家长一起探究科学的奥秘和分享实验的喜悦，给学生留下享用一生的智慧和力量，对于家庭凸显科技教育的厚重与大气[①]。

6. 本活动还有哪些可深度探究的问题

（1）探究植物生长调节剂促进扦插枝条生根的最适浓度。

（2）相同浓度的植物生长调节剂对扦插枝条生根的作用相同吗？

（3）不同浓度的植物生长调节剂对扦插枝条生根的作用相同吗？

（4）植物生长调节剂促进不同器官生长的最适浓度是否相同？

【教学设计】

探究生长素类似物促进插条生根的最适浓度

1. 教学指导思想

"探索生长素类似物促进插条生根的最适浓度"是人教版必修三"稳态与环境"第三章第二节中的一个探究实验，也是本节的重点。通过开展探究活动，尝试科学知识应用于生产实践，让学生在积极探究中认识生物科学的价值，体验科学探究的乐趣。本节内容很好地体现了新课程理念中的"倡导探究性学习""注重与现实生活的联系"。

2. 实验教学分析

（1）材料的选择

按照教材，选择木本植物或草本植物茎在正常情况下生根较慢甚至不会生根，即便添加生长素类似物。同时，由于全部学生做分组实验，需要大量的实验材料，考虑对树木的保护，也不宜选用木本植物或草本植物茎。而大蒜或洋葱则较容易生根且生根数量较多，在不同浓度下根须数量差别较大，所以在教学过程中，用黄豆、大蒜或洋葱代替木本植物或草本植物茎，可取得较好的实

---

①拦生发，拦继承，杨生华."探究生长素类似物促进插条生根的最适浓度"实验的优化与
　　拓展［J］.生物学通报，2018，53（8）：42-44.

验效果。

（2）实验耗时

该实验需要做预实验，耗时较长，由于高中生物课时紧张，实验地点有限，对实验造成较大的影响。课前学生先进行自主学习，初步拟定实验方案，课中解决问题完成实验装置和实验方案的敲定，实验安排在课后进行。合理安排和利用好课上和课后的时间，高效率地进行实验。

（3）实验方法

在土壤中进行扦插无法用肉眼直接观察生根的情况，若拔出枝条，会造成根须损坏影响实验结果，且无法进行后续观察。将扦插法改为水培法，就可清晰直观的观察实验结果。

（4）实验器具

由于大量实验观察需要在课后进行，受地点限制，需要学生在实验室外进行实验结果观察，如果使用玻璃器皿，容易损坏，而且每组实验需设置浓度梯度，故需要的器皿数量多。考虑到这些原因，充分利用学生丢弃的矿泉水瓶或一次性塑料饭盒做实验，既解决了以上问题，还可对废弃物再次利用，提高废弃物的利用率。

（5）实验结果记录

实验结果记录需要处理大量的数据，为了方便、直观地分析还需要将数据转变成图形，故需要科学合理地设计实验数据统计表，还可以充分利用现代技术，直接使用电子表格记录，这样处理数据就更快，效率更高。

3.教学目标

（1）能够解释生长素类似物的作用特点；评价植物激素的应用价值。

（2）发展学生探究能力、独立思考能力、动手能力，使学生学会用现代手段处理数据并分析结果。

（3）在学习过程中体验奇妙的生命现象；养成勇于创新、勇于实践、实事求是的科学态度和精神。

4.教学准备

（1）学习包

为了节约实验用时，教师需提前给学生准备一个学习包。学习包包含生长素的生理作用和探究性实验设计理论知识的微课视频、以QQ为媒介的课前自测题；学生课前先自主学习与实验有关的内容，初步拟定实验方案。

（2）划分实验小组

把全班学生按照组间同质、组内异质的原则分为6组，3个小组为一大组做平行实验。

（3）材料用具

① 等大等质量的黄豆、大蒜和洋葱若干；②配置生长素类似物（生根粉，NAA等六种）母液；③矿泉水瓶若干或塑料一次性餐盒等。

5.教学过程（三个课时）

第一课时：

	教师活动	学生活动	设计意图
情境导入	展示两幅相同的枝条生根数量不同的图片，提问：出现以上现象的原因是什么？引出生长素的生理作用。使插条生根更容易的浓度是多少？市场上有很多种生长素类似物（展示实物），使用方法、植物种类、季节等导致其适用的浓度范围不同。因此在生产实践上，就有必要进行预实验来寻找最适浓度，从而避免人力、物力和财力的浪费。这就是本节我们要学习的内容：探究生长素类似物促进插条生根的最适浓度	不同浓度的生长素作用效果不同。适宜的浓度才能使插条生根更容易。 进入探究活动的准备状态	通过对现象的观察让学生主动联想起相关的生物学原理
实验探究	根据这一题目，可知是探究性实验，请大家说出探究实验的一般步骤有哪些呢？	学生回答：提出问题→做出假设→设计实验→实施实验→得出结论→结果分析与讨论	调用学生的知识储备
提出问题	大家所选的生长素类似物促进大蒜或洋葱生根的最适浓度是多少？	学生查阅资料并回答	
做出假设	如何对此实验做出假设？	学生积极思考并回答	

176

		教师活动	学生活动	设计意图
设计实验		教师与学生互动： （1）该实验的实验原理是什么？ （2）实验设计需要遵循哪些原则？ （3）该实验的自变量、因变量和无关变量分别是什么？ 选出最佳实验方案（见附1）	展示初步拟定的实验方案并进行交流，学生边思考边回答边反思自己实验设计的不足。 在教师的指导下完善实验方案	通过小组交流，反馈学生在探究实验设计中存在的问题和不足。通过生生评价、教师适当点评和学生的自我反思，不断提高学生自身的实验设计能力
实施预实验	设置生长素类似物溶液浓度梯度，将实验分组	如何配置梯度液？幻灯展示浓度梯度溶液的配置方法	将生长素类似物溶液母液稀释成9组梯度液，等量装入大小相同的矿泉水瓶，第10组用蒸馏水代替梯度液装入矿泉水瓶作为空白对照组，编号贴上标签（相同的浓度做3组重复实验）	让学生掌握稀释梯度液的方法，为选修一学习梯度稀释打下基础
	实验材料处理	将实验材料放置在泡沫片上，使大蒜或洋葱基部充分与生长素类似物梯度溶液充分接触	动手实验，并保证黄豆、大蒜或洋葱的大小、生长状态相同，处理时间相同	提高学生动手操作实验的能力
	进行实验	用不同浓度的生长素类似物溶液处理好材料后，应该如何进行实验？	设置10个相同的水培装置，加入等量的完全营养液，在相同的外界条件下，分别培养经不同浓度生长素类似物及清水处理过的大蒜或洋葱	提高学生动手操作实验的能力
观察记录		要求学生分工，在课后完成观察记录	进行组内分工，每三天记录一次，直接用Excel记录生根的条数和生根的长短	培养学生严谨、认真的科学研究态度
结果分析		具体的实验操作还有哪些需要注意的问题呢？	小组代表交流实验过程中的注意事项（尤其是设计实验时未考虑过的需注意的问题）、实验感受、成功之处和失败之处。小组利用Excel把记录的数据转化成图形，找出使插条容易生根的生长素类似物的浓度范围	培养学生科学分析数据的能力

	教师活动	学生活动	设计意图
完善实验方案	各小组根据老师提供的生长素类似物的药品及其用法用量的说明，确定其浓度梯度，确定用大蒜还是洋葱做实验，明确小组内的分工，完善实验设计方案，使其具有可操作性	通过交流，修改实验方案	提高学生对实验方案设计的可行性

第二课时：

根据预实验结果确定生长素类似物促进插条生根的最适浓度范围，进一步细化浓度梯度，继续进行探究实验。实验步骤和实验要求与预实验相同。

第三课时：

（1）不同小组对正式实验的实验数据进行分析交流，各小组将实验数据绘制成图形并展示出来，分析实验结果与预测是否一致。若一致，则得出结论；若不一致，则分析原因，并提出改进措施。

（2）学生交流探究过程，汇报成功的经验和失败的教训，教师对这一探究过程进行点评，及时启发、引导和鼓励学生。

6.反思总结

本课是通过学生自主进行实验设计，暴露出存在的问题后，再通过学生的相互评价，肯定正确，找出不足并提出改进措施。这种合作交流式的学习，学生能及时发现实验设计中常常容易发生的错误，以避免类似错误的再发生，同时也对实验设计的相关原则在理解和应用上做得更好一些。

本实验利用洋葱和大蒜做实验，解决了生根慢的问题；利用矿泉水瓶做实验器具，一方面再次利用废弃物，提高学生的环保意识，另一方面降低了对实验器皿的损坏概率。本实验的开展，让学生体验到科学探究的乐趣，领略了生命世界的精彩，培养了学生的自主学习意识，提高了学生探究学习的能力和解决问题的能力，增强了学生探究学习的信心。不足之处在于，学生还未充分理解科学探究的方法，整个实验要求比较高，而学生基础较差，实验条件实验时间的限制，整个实验很难开展。

附1：实验设计方案表

小组：											
实验材料（填大蒜或洋葱）：											
生长素类似物：											
组别	1	2	3	4	5	6	7	8	9	10	
配置梯度溶液	蒸馏水										
材料处理	将大小、生长状态相同的实验材料放置在泡沫片上，使实验材料基部充分与生长素类似物梯度溶液充分接触，处理相同的时间										
培养材料	设置10个相同的水培装置，加入等量的完全营养液，在相同的外界条件下，分别培养经不同浓度生长素类似物及清水处理过的实验材料										

实验结果记录	1	1										
		2										
		3										
		平										
	2	1										
		2										
		3										
		平										
	3	1										
		2										
		3										
		平										
	4	1										
		2										
		3										
		平										
	5	1										
		2										
		3										
		平										
平均值												

【作者简介】

邓娟，中学一级教师，2007年毕业于陕西师范大学生命科学学院，2015年被评为昆明市盘龙区学科带头人，第四届昆明市高中生物张玉代名师工作室学员。多次参与昆明市高三复习检测命题、审题、校题工作；在2016云南省中学生物课堂实验教学展评活动中获二等奖；在学校课堂教学竞赛中多次荣获一等奖；共有12篇论文获奖；参与《提高中学生物课堂教学有效性的策略》系列丛书的编写；多次荣获学校优秀教师、先进教研工作者、生物教学质量优秀奖等；2016年被聘为"昆明名师网络课堂"授课教师。

邓娟是昆明市张玉代生物名师工作室承担的市级课题"基于核心素养的高中生物学课堂实验教学研究"（立项编号：JY16006）子课题"探究植物生长调节剂对扦插枝条生根的作用"负责人。

【荣誉证书】

实验 20 *探究乙烯利对水果的催熟作用*

【问题的提出】

"探究乙烯利对水果的催熟作用"是《普通高中生物学课程标准（2017年版）》中新增的实验，现行人教版教材上只是在"问题探讨"和"资料分析"中介绍乙烯利，并未以探究实验的形式呈现。

事实上，在生产实际中，番茄、香蕉、苹果、葡萄、柑橘、菠萝、柿子等可以应用乙烯利催熟。该实验的开设，不但能促进学生建构相关概念，同时能让学生注重与现实生活的联系，学以致用，培养社会责任感。那么怎样设计实验方案呢？

【解决的策略】

1. 方案一

在课前三天，将青色的香蕉分成两等份，分装在两个完好的白色塑料袋中，给塑料袋编号甲、乙；将乙烯利溶液兑上水，用吸水纸浸湿后覆盖在甲袋中青色的香蕉上，另取吸水纸用清水浸湿后，覆盖在乙袋中青色的香蕉上。每天定时观察并记录香蕉的颜色（见图1）。

图1　探究乙烯利对香蕉的催熟作用对照实验

若乙烯利处理组香蕉的成熟早于清水处理组，则乙烯利对香蕉的成熟有促进作用；若乙烯利处理组香蕉的成熟晚于清水处理组，则乙烯利对香蕉的成熟有抑制作用；若乙烯利处理组香蕉与清水处理组香蕉成熟的时间无显著差异，则乙烯利对香蕉的成熟无关。

2. 方案二

将生香蕉分别与熟香蕉、熟苹果、熟梨等水果放置于透明塑料袋中，每天定时观察，记录生香蕉颜色变化（见图2）。[1]

图2　探究乙烯利对香蕉的催熟作用

【作者简介】

张玉代，昆明市张玉代生物名师工作室承担的市级课题"基于核心素养的高中生物学课堂实验教学研究"（立项编号：JY16005）负责人及子课题"探究乙烯利对水果的催熟作用"负责人。

---

①李俊.中学生物学实验与探究经典案例［M］.昆明：云南大学出版社，2017.

选择性必修2　生物与环境

> 本模块中所涉及的生态、环境问题与实际生活联系密切。在教学中，教师应通过开展相关的实验、调查和搜集资料等活动，特别是了解当地生态系统、保护当地环境的活动，提高环境保护意识。

概念

② 生态系统中的各种成分相互影响，共同实现系统的物质循环、能量流动和信息传递，生态系统通过自我调节保持相对稳定的状态

为帮助学生达成对选择性必修课程概念2的理解，促进学生生物学学科核心素养的提升，应开展下列实验：①探究培养液中某种酵母种群数量的动态变化；②研究土壤中动物类群的丰富度；③设计并制作生态瓶，观察和比较不同生态瓶中生态系统的稳定性，撰写报告分析其原因。

实验21　探究培养液中酵母菌种群数量的变化

【问题的提出】

对收回的69份问卷（其中1份问卷该题未作答）进行分析，发现本实验的完成率仅有13%。尚未开设本实验的原因多种多样，整理情况如图1所示。

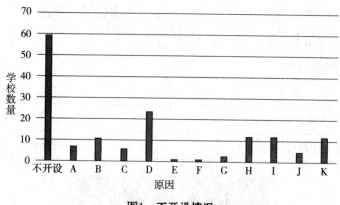

图1　不开设情况

（注：共有59所学校未开设本实验。A.做不做不影响学生成绩，能不开设就不开设；B.缺乏生物实验材料；C.试剂难购置、难配制；D.实验时间过长，不易开设；E.实验过程中会有安全隐患；F.实验课堂纪律难控制；G.实验室教师不配合准备；H.任课教师尚未做过；I.实验效果差；J.学校领导不重视、不支持；K.其他原因。）

仅有9所学校开设本实验，从开设方式和实验效果两个方面进行调查，数据整理如图2所示。

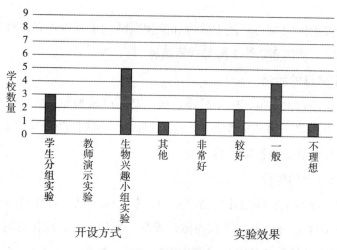

图2　开设情况

由图1和图2可知，实验时间过长、任课教师尚未做过、实验效果差等是开设率低的主要原因，就算开设，开设方式以生物兴趣小组实验为主且实验效果一般。笔者认为形成以上问题是由于本实验存在实验周期长、计数难度大等问题，笔者想对本实验进行优化、改进，方便让更多的学校开设。

【解决的策略】

1.酵母菌的选用

来源	特点
实验室用酵母菌	纯酵母菌，不含杂菌
活性干酵母（见图3）	含有杂菌

图3　菌种

（注：图3中左为安琪高活性干酵母——低糖型；右为燕牌高活性干酵母——耐高糖型。）

市场上售卖的安琪高活性干酵母和燕牌高活性干酵母均有多种类型，可以根据需要选择。利用高活性干酵母获得菌种。

（1）干酵母的活化

在无菌超净台上，取0.3 g干酵母，放入250 mL锥形瓶（含100 mL培养液）中，在摇床上培养；培养条件30 ℃、150 r/min，连续培养12～15 h；得到活化的酵母菌，此时酵母菌繁殖旺盛。

（2）酵母菌的纯化

在无菌超净台上，将活化的菌液摇匀，取1 mL菌液，稀释至10^5倍；将稀释液摇匀，取稀释液100 μL，放到固体培养基（平板）上，涂抹均匀；恒温箱调至30 ℃，将涂好的平板放在恒温箱中倒置培养，培养40～48 h，平板上长出单菌落。①

①马会放，荆林海.“探究培养液中酵母菌种群数量的变化”实验改进［J］.生物学通报，2016.

2. 培养液的选用

版本	选用培养液	特点
人教版	马铃薯培养液	完全培养基
浙、苏教版	葡萄糖溶液	只有碳源

赵奂选用马铃薯培养液和质量分数为2%、4%、6%、8%、10%的葡萄糖溶液进行实验后，发现使用两种培养液效果几乎相同，葡萄糖溶液浓度对酵母菌种群数量变化几乎没有影响。葡萄糖溶液更容易操作并且容易避免污染，可操作性更强，溶液浓度控制为4%～10%可以容易地得到种群数量先升后降的结果。[1]

周俊等人通过实验认为，在20 ℃、浓度为5%葡萄糖和浓度为20%土豆，20 ℃、8%葡萄糖和10%～20%土豆，30 ℃、8%葡萄糖和10%～40%土豆等条件下种群数量呈"S"形增长[2]，适合进行数学建模教学。配制20%马铃薯培养液：

（1）培养基成分：马铃薯20 g，葡萄糖2 g，琼脂1.5～2 g，水100 mL，自然pH。

（2）配制方法。

第一步：配制20%马铃薯浸汁。取去皮马铃薯200 g，切成小块，加水至1000 mL；80 ℃浸泡1 h，用纱布过滤，然后补足失水至所需体积；100 Pa灭菌20 min；即可制成20%马铃薯浸汁，贮存备用。

第二步：配制时，按每100 mL马铃薯浸汁加入2 g葡萄糖，加热煮沸后加入2 g琼脂，继续加热融化并补足失水。

第三步：分装、加塞、包扎。

第四步：高压蒸汽灭菌（100 Pa下灭菌20 min）。

3. 检测酵母细胞活性的方法

检测酵母细胞活性的方法包括：菌落计数法、亚甲蓝染色法、流式细胞术、荧光染料染色等技术。[3]

---

①赵奂."探究培养液中酵母菌种群数量的动态变化"实验研究［J］.生物学通报，2011，46（5）：53-54.

②周俊，席贻龙，李志超."培养液中酵母菌种群数量的变化"实验研究［J］.生物学通报，2014，49（5）.

③张边江.关于酵母菌种群数量统计的误区与分析［J］.科技创新导报，2015，12（18）：221.

4. 染料的选用

0.1%亚甲蓝染色液[①]、亚甲基蓝染液。

5. 酵母菌培养温度的控制

朱秀丽认为酵母菌最适培养温度为28 ℃[②]，沈萍等人认为酵母菌最适合在28 ℃～30 ℃的环境中生长，余红卫等人认为20 ℃最适宜，陈维等人认为25 ℃最佳。

6. 检测酵母菌种群密度的方法

浙科版教材先测定菌液浑浊度与菌液密度之间的关系，再通过浑浊度间接反映菌液密度（省时，对仪器要求较高），人教版使用血球计数板直接测定菌液密度（费时）。

7. 改进计数方式

（1）手机显微拍照，利用手机的摄像头对准显微镜的目镜进行拍照，在手机上将照片放大后再进行计数；再利用spss软件中的曲线拟合功能，将酵母菌种群数量的数据与逻辑斯蒂曲线拟合，得到拟合度较高的曲线[③]。

（2）加装电子目镜，并利用配套的专用软件对物像进行拍照，照片放大后再进行计数。

8. 改进培养液滴入方式

将教材中的"滴于盖玻片边缘"改为"滴于盖玻片上方或下方边缘处的内侧凹槽中"。[④]

9. 增加染色环节，真实反映数量变化

本实验的目的是探究酵母菌种群数量的变化，这里数量的含义应该是活菌数。但是按照教材抽样检测得到的数据却包含了死亡的菌体数。在酵母菌的培养过程中，由于培养基中营养物质和空间是有限的，随着营养物质的消耗和一

---

①姚娟，肖冬光，王亚楠."安琪"啤酒活性干酵母酿造特性研究［J］.酿酒科技，2003，8（6）：20-24.

②朱秀丽."酵母菌种群数量大小的动态变化"探究教学设计［J］.生物学通报，2011，46（3）：34-35.

③高芳."探究培养液中酵母菌种群数量的动态变化"实验疑难点解答［J］.生物学教学，2017.

④徐力.对"探究培养液中酵母菌种群数量的变化"实验的建议［J］.中学生物教学，2018.

些代谢产物的积累，会有一定数目的酵母菌死亡，这样会使活菌数和总菌数相差较大，建议使用亚甲基蓝染液区分活细胞和死细胞。其原理是：亚甲基蓝染料中带正电荷的离子与表面带负电荷的酵母菌结合，使菌体着色，酵母菌的代谢作用使亚甲基蓝由蓝色的氧化型还原为无色的还原型，因此活的酵母菌呈无色，死的酵母菌呈蓝色。

10. 计数对象的改进

部分教师认为可以将受实验条件限制或不易培养的酵母菌换为小球藻①（小球藻母液见图4）或者大草履虫②进行培养。

图4 小球藻母液

11. 改进实验方案，缩短实验时间的措施

（1）提前7天开始每天定时等量地配制酵母菌溶液，到第7天上课时集体计数③。

（2）适宜条件下，不同种类的酵母菌都是大约2 h繁殖一代（调整期大约2～4 h），10 h左右达到稳定期，培养24 h的酵母菌早已经达到种群的K值。

4 ℃冰箱保温22 h→30 ℃恒温箱2 h→取样、计数→4 ℃冰箱保温22 h→30 ℃恒温箱2 h→取样、计数→……循环进行④。

12. 保证模拟无菌操作

中学实验教学中如果没有高压蒸汽灭菌锅和超净工作台，高压蒸汽灭菌锅可用电压锅代替，超净工作台可用以下方法代替：实验台上点燃两个酒精灯，利用酒精灯火焰创造无菌环境；把一个培养瓶多次取样改为单次取样，可以进一步避免杂菌污染。具体做法：把适量且等量的培养液分装在多个相同的培养瓶（或试管）中，在相同条件下培养，每次只对其中的1瓶（或试管）取样计

①陈云、张小春、朱玉芳."探究培养液中酵母菌种群数量的变化"实验课的教学设计［J］.生物学通报，2015，50（9）：33-34.

②江东海，罗琦.引进"大"生物巧降实验难度——"探究酵母菌种群数量变化"实验改进［J］.中学生物学，2014，5.

③丁海华."培养液中酵母菌种群数量的变化"实验改进［J］.中学生物教学，2015（14）：49-50.

④何万红."探究培养液中酵母菌种群数量的变化"实验的改进［J］.生物学教学，2015，40（1）：23-25.

数，其他的样品继续培养待测。

13. 血球计数板的计算方法

（1）血球计数板的结构

血球计数板是一种专门用于计算较大单细胞微生物数量的仪器，由一块比普通载玻片厚的特制玻片制成，玻片中有4条下凹的槽，构成3个平台。中间的平台较宽，其中间又被一条短横槽隔为两半，上面各刻有一个方格网，方格网上刻有9个大方格，其中只有中间的一个大方格为计数室，供微生物计数用。通常计数室有两种规格：16×25型和25×16型。（见图5～图7）

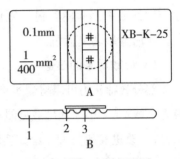

A.正面图；B.纵切面图
1.血细胞计数板；2.盖玻片；3.计数室
图5　血球计数板的结构

① 计数室规格为16×25型。一般取4顶角（左上、右上、左下、右下）的4个中方格（4个中格×25个小方格=100个小方格）的酵母菌数。设每个中方格菌数为A，则平均菌数=（$A_1+A_2+A_3+A_4$）/100。

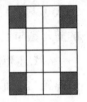

图6　16×25型

② 计数室规格为25×16型。一般取4个顶角+中央的中格（5个中格×16小方格=80个小方格）的酵母菌数（五点取样法）。设每个中方格菌数为A，则平均菌数=（$A_1+A_2+A_3+A_4+A_5$）/80。

（2）血球计数板的计算

① 若大方格的长和宽各为1 mm，深度为0.1 mm，其体积为0.1 mm^3，换算成 mL为10^{-4} mL。则酵母菌细胞个数/mL=100小格内酵母细胞个数/100×400×10^4×稀释倍数（或80小格内酵母细胞个数/80×400×10^4×稀释倍数）。

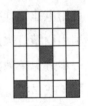

图7　25×16型

② 若大方格的长和宽各为2 mm，深度为0.1 mm，其体积为0.4 mm^3，换算成mL为4×10^{-4} mL。则酵母菌细胞个数/mL=100小格内酵母细胞个数/100×100×10^4×稀释倍数（或80小格内酵母细胞个数/80×100×10^4×稀释倍数）。

14. 血球计数板的使用方法

（1）镜检计数室

在加样前，先对计数室进行镜检。如有污物，则需清洗后才能进行计数。

（2）加样品

血球计数板用擦镜纸擦净，在中央的计数室上加盖专用的血球计数板盖玻片，将稀释后的酵母菌悬液，用吸管吸取并滴一滴到盖玻片的边缘，使菌液自行渗入，一次性充满计数室，防止产生气泡，充入细胞悬液的量以不超过计数室台面与盖玻片之间的矩形边缘为宜。多余的菌液用吸水纸吸取，稍等片刻，使酵母菌全部沉降到血球计数室内。（注意：取样前要摇匀菌液，加样时计数室不可有气泡产生。）

（3）找计数室

加样后静置5 min，然后将血球计数板置于显微镜载物台上，先用低倍显微镜找到计数室所在位置，然后换成高倍显微镜进行计数。（注意：调节显微镜光线强弱，使菌体和计数室线条清晰。）

（4）显微镜计数

计数时，位于中方格边线上的菌体一般可采用"计上不计下，计左不计右，计上左两边的一个夹角"的原则处理。计数一个样品要从上、下两个计数室中得到的平均数值来计算样品的含菌量。对每个样品计数多次，取其平均值。

（5）清洗血球计数板

将血球计数板在水龙头下用水冲洗干净，切勿用硬物洗刷，洗完后自行晾干或用吹风机吹干。用体积分数为95%的乙醇、无水乙醇、丙酮等有机溶剂脱水使其干燥。镜检，观察计数室内是否有残留菌体或其他沉淀物。如有污物，则必须重复洗涤直至干净为止。[1]

15. 对培养液进行稀释

如果一个小方格内酵母菌过多，难以数清，应当对培养液进行稀释。用1/10稀释法处理：另取一试管，加入9 mL的无菌水，充分振荡培养液后，量取1 mL培养液，加入9 mL无菌水的试管中，完全混合后，使其稀释10倍；稀释后，取0.1 mL进行计数。依次稀释到每小格5~10个酵母菌为止。

---

[1]杜翠华.探究培养液中酵母菌种群数量变化的实验专题研究［J］.中学生物学，2011，27（10）：51-53.

16. 观察时出现带芽体的酵母菌如何计数

活酵母有出芽生殖现象，若芽体达到母细胞大小的一半时，可作为两个菌体计数，若芽体小于母细胞一半时为一个酵母细胞。

17. 实验结果用曲线图表示

本实验的结果要求用曲线图表示出来，纵坐标表示的是酵母菌的数量（因变量），培养一段时间后，培养液中酵母菌的数量巨大，无法直接在纵坐标上用具体数值标出，可对全部测得数据取底数为10的对数，进行压缩处理，如果酵母菌原始数据是5.8×10^7，处理后数据是$1g5.8 \times 10^7 = 7.76$，纵坐标上取其对数7.76即可[①]，这样既有利于绘出有变化规律的曲线，又不影响数值之间的大小关系。

【教学设计】

探究培养液中酵母菌种群数量的变化

1. 教学指导思想

（1）指导思想

① 学生对模型较为陌生，尤其是数学模型，可以通过教学让学生掌握数学模型的建构过程和数学模型的特点。

② 领会并掌握实验设计的正确操作步骤。

③ 培养学生的实验探究能力、合作能力和思维发散能力。

（2）理论依据

① 数学模型法：用数学的方法分析和处理数据，并以坐标图的形式表达，化繁为简，帮助学生理解和记忆。

② 抽样检测法。

③ 微生物培养法。

④ 合作探究法：集体讨论后开展分组探究实验活动，提高学生的学习技能。

---

① 秦亚平."探究培养液中酵母菌种群数量的动态变化"的分析和方案设计［J］.生物学通报，2009，44（3）：35-36.

⑤ 坂元昂的思维理论：合理的学习团队建立有利于教学目标的达成、教学重点和难点突破，该理论为团队的建构提供了一种可能的思路。

（3）教学特色

① 传统实验耗时长，参与学生少，基于这些思考，可以尝试一种新的探究——既能让全体学生参与，又能缩短教学时间。

② 整个教学过程能充分体现学生的主体能动性。

2. 实验教学分析

（1）教学重点

实验原理分析、实验设计、建构种群增长的数学模型。

本实验原理的分析，利用多媒体PPT制作课件辅助教学，通过教师一步步地提问引导，让学生逐渐明白，同时共同设计实验步骤之后，学生自行设计各组实验。

（2）教学难点

血细胞计数板的使用教学、建构种群增长的数学模型、结果分析。

（3）教学目标

① 说出建构种群增长模型的方法，能用数学模型解释种群数量的变化。

② 通过探究培养液中酵母菌种群数量的变化，尝试建构种群增长的数学模型。

③ 学会通过观察测量搜集数据，运用统计表绘制曲线，表格分析问题的方法。

④ 关注种群数量变化对人类生活的影响，以及人类活动对种群数量变化的影响。

4. 教学准备

（1）教师准备

① 实验材料的准备：高活性干酵母、10%的葡萄糖溶液等。

② 设计"实验报告单"。

（2）学生准备：

预习本实验内容。

5. 教学过程（2个课时）

教学步骤	教师组织和指导	学生活动	教学意图
问题导入	（第一课时）酿酒需要酵母菌，菌体种群的增长情况与发酵食品的制作有密切关系吗？	学生回答	层层设问，步步相扣，引出本实验的探究问题
实验原理分析	教师讲解并提问（PPT辅助）：（1）血细胞计数板的使用方法讲解（2）本实验的自变量、因变量	参与听讲	通过设问让学生深刻理解本实验的实验原理
作出假设	提出实验假设	假设1：呈"J"增长曲线 假设2：呈"S"增长曲线	体验实验，设计步骤
实验设计	布置任务：分组讨论（1）预测可能出现的问题（2）影响种群数量变化的因素有哪些？	根据学生人数分为8组，每组8人，汇报讨论结果，选出本组组长	确定组长名单
	本实验进行过程中遇到的局限	师生共同探讨，并制订相关解决方案	充分发挥学生的主观能动性
进行实验	（第二课时）教师巡视指导	学生进行实验	锻炼学生的动手能力和小组合作能力
实验结果与分析	教师巡视指导	记录数据并填写"实验报告单"	锻炼学生的分析能力
	学生汇报实验结论	学生代表填写实验数据，并根据实验数据得出实验结论	
延伸实验	布置课后任务：收集实验中出现的问题		锻炼学生的比较能力和分析能力

6. 问题研讨

课后延伸实验：学生提出并解答问题（学生独立完成）。

7. 教师总结，自我反思

（1）在预实验过程中观察过一次血细胞计数板，再次观察发现仍残留很多酵母菌，用清水多次冲洗效果不理想。通过上网查询，可用流水冲洗后在浓度为70%的酒精中浸泡一段时间后自然风干或用吹风机吹干，效果不错；而用擦镜纸或棉球擦拭效果均不理想。

（2）使用亚甲蓝染色液进行细胞染色时，因不清楚各溶液的具体浓度，导致染色不明显。通过查阅文献，获得吕氏碱性亚甲蓝染色液配制方法如下：A液：亚甲蓝0.3 g，95%乙醇30 mL；B液：KOH 0.01 g，蒸馏水100 mL。分别配制A液和B液，混合即可。

（3）出现酵母菌聚集成团现象分析（见图8）。通过查阅文献得知，出现很多酵母菌聚集往往是因为储藏时间过长、繁殖代数太多、对实验过程中无菌条件的控制不当等原因造成酵母菌表面蛋白质的糖基化修饰程度降低使表面蛋白裸露，细胞表面变得褶皱，从而增加了细胞与细胞表面的附着力，造成了细胞聚集成团的现象。

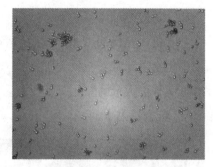

图8　酵母菌聚集成团

笔者认为无菌条件是本实验成功的关键。如果在实验中出现污染，会影响酵母菌种群数目的增长，同时也会导致出现酵母菌聚集成团、难以计数等现象。中学实验室如果要开展本实验可采用以下几种方法：

① 实验前，对酵母菌培养基相关实验用具进行高温灭菌处理。

② 在酵母菌培养过程中，用经高温灭菌的纱布包住瓶口，以避免杂菌进入。

③ 取样时可以使用医用一次性针管，不仅可以避免污染，还能够对每次取的溶液体积定量。

【作者简介】

丁艳丽，昆明市寻甸县民族中学高中生物教师，中学一级教师，连续多年从事高三生物教学工作，高考成绩优秀；多年学期期末教学量化成绩名次居全校前列。参与编写2014和2015年云南版《名师金典》、2015年《云南省普通高中学业水平测试考前集训》，撰写的教学案例收录于《中学课堂教学模型建构案例

66例》和《中学生物学实验与探究经典案例》，曾有多篇论文获得省级奖励，部分论文发表于《昆明教育研究》等期刊；连续多年参与云南省普通高考网上

评卷，多次参与昆明市高三市统测命题；连续多年被学校评为"优秀教师"，2015年被评为"寻甸县骨干教师"，2017年被评为"青年教师解题能手"，2018年被评为"学科带头人""教坛新秀"；获得校级"新教师课堂教学竞赛一等奖""全国中学生物课堂实验教学展评活动二等奖""昆明市基础教育教师三项教学技能评比优质课二等奖"；获得"云南省普通高考网上评卷优秀评卷员"荣誉称号。

丁艳丽是昆明市张玉代生物名师工作室承担的市级课题"基于核心素养的高中生物学课堂实验教学研究"（立项编号：JY16006）子课题"探究培养液中酵母菌种群数量的变化"负责人。

【荣誉证书】

实验22 研究土壤中动物类群的丰富度

【问题的提出】

1. 活动开设现状

本活动主要以生物兴趣小组的形式开展探究，但笔者通过对本实验调查、结合文献及改进过程发现，若以生物兴趣小组的形式学生自主探究，困难重重。此次课题组随机调查的云南省67所学校中，只有9所学校开设过此实验，另有58所学校未开设。究其原因，主要是生物任课教师觉得本实验做不做并不影响学生成绩，因此能不开设就不开设。加之实验教学时间长，不宜开设，还有任课教师尚未做过。鉴于上述三个方面的原因，本实验从学生的"做实验"变成了教师的"说实验"，甚至是忽略本实验的教学。此次调查问卷对本探究实验的调查结果如图1～图3所示。

图1　实验及开设方式　　　　图2　实验效果

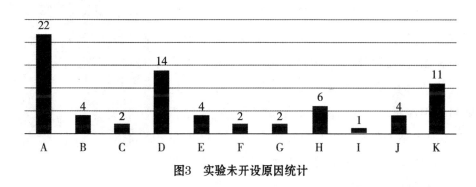

图3　实验未开设原因统计

（注：A.做不做不影响学生成绩，能不开设就不开设；B.缺乏生物实验材料；C.试剂难购置、难配制；D.实验时间过长，不易开设；E.实验过程中会有安全隐患；F.实验课堂纪律难控制；G.实验室教师不配合准备；H.任课教师尚未做过；I.实验效果差；J.学校领导不重视、不支持；K.其他原因。）

2. 亟待解决的问题

首先，本实验教材中明确的实验材料和仪器较少，如取样器和诱虫器都不适宜，许多实验材料和仪器需要结合实际调查活动自主添加和改进。

其次，探究活动的最后需要对采集到的小动物进行分类，由于高中阶段未涉及动物分类，因此给本实验的顺利开展又增添了一个阻力。

最后，繁重的高中学习生活使得学生课余时间有限，而本实验由设计到实验完成需要分几个阶段进行，且耗时长，因此实验未能达到预期效果。

【解决的策略】

1. 选择什么样的活动场地？怎样组织教学？

笔者执教的学校位于市郊，鉴于耗时和活动周期长的原因，根据本校条件，将本次调查活动以4人学习小组为单位开展。利用周末时间，组长带领组员到事先确定的调查地点进行野外取样并带回学校实验室进行统计分析。

若学校位于市区，可带领班级各小组到学校荒草地、教学楼前草坪、树林等场所进行采样。取样地也可为公园、小区或自然保护区，但应先取得相关部门和管理员的同意。取样后应回填土壤，减少对校园或公园等公共环境的破坏。若在野外采集土样，应先制订野外活动安全预案。

2. 易拉罐容易变形，取样器应如何改进？

人教版高中生物必修3教材中，此调查活动以硬质金属饮料罐作为材料制作简易取样器为示例。然而许多与笔者一样的一线教师在土壤取样时发现，硬质金属饮料罐制作的取样器质地不够坚硬，以至于在板结的土壤中取样时容易发生损坏、变形，且断口处很锋利，容易划伤皮肤。可用取土钻（见图4）（取土钻上附有刻度，直径为5 cm，高度为25 cm，体积约100 cm³，高度可根据实际需求进行调节）代替易拉罐，采集土壤后用塑料袋收集土壤样本，附上取样的时间和地点等标签。

图4　取土钻

3. 如何设计和制作诱虫器？

教材实验装置中诱虫器和吸虫器有许多需要改进的地方，以下是装置不足之处和改进方向。

将诱虫器各重要部件放置于用PVC板材搭建的方形盒子中。参考光（热）源灯泡大小、漏斗大小和烧杯大小，将放置漏斗的烧杯的亚克力板设计为抽拉式，设置三层并合理确定三层的间距，便于取放。取大小适中的漏斗，漏斗内放置钢丝网或钢丝棉，盛放土样后，漏斗口覆盖纱布并用橡皮筋将其固定好，卡放于亚克力板中心圆孔上。[1]

安装可调节功率式卤素聚热灯（又称为太阳灯，宠物缸用型），并在诱虫器的内壁悬挂温度计，实时关注箱内温度，以确定实验所需时长和最适宜的温度。设计和制作的诱虫器如图5、图6所示。

诱虫箱提手

通风孔

卤素聚热灯
电子温度计
土样
钢丝网

可调节式隔板

漏斗

广口瓶

70%酒精

图5　诱虫器示意图

图6　诱虫器实物图

①张海银.中学生物学实验创新与拓展［M］.广州：广东教育出版社，2017.

4. 吸虫器的改进

教材中，吸虫器吸气端未明确具体吸气器具。常用吸气器具有注射器、洗耳球等，但均有吸力小的缺点。实验中，可尝试改装触屏充电式吸乳器并连接吸虫器吸气端。改进后的吸虫器，在实际使用过程中，吸力可控，操作方便简单，不至于吸力不足或吸力过大导致摔伤小动物。最后，在试管底部盛放适量酒精，防止小动物摔伤或被迅速杀灭并防腐。

5. 小动物的鉴定、分类与统计应如何进行

人教版高中生物必修3教材中提到借助动物图鉴查清小动物的名称，并进行分类。有些小动物需借助放大镜和实体显微镜进行观察。若没有实体显微镜，可在4倍的物镜和5倍的目镜下进行观察。

土壤动物类群非常丰富，对于高中生而言，因缺乏动物分类学的基础知识，鉴定和统计过程中存在很大困难。加之《普通高中生物学课程标准（2017年版）》中并未对学生关于动物分类做出明确的要求，因此教师有必要在活动准备环节对学生进行简单的分类学培训。

首先，教师指导学生根据体型大小对小动物进行简单分类。目前国际上通用的分类标准如下：①大型土壤动物，即体长超过2 mm以上的土壤动物，如马陆、蜈蚣、蚯蚓、蜘蛛、贝类、鼠妇等；②中小型土壤节肢动物，即体长在0.2~2 mm之间，如螨类、弹尾虫、蚂蚁、小型甲虫等；③中小型湿生土壤动物，即体长也在0.2~2 mm之间，如涡虫、线虫等；④微小动物，即体长小于0.2 mm，如变形虫、鞭毛虫、轮虫和熊虫等。[①]

其次，教师可以提供一份本地区简明的分类图谱（附录一）降低学生的鉴定难度。参照该图谱，结合一些专业鉴定参考资料，如《中国土壤动物检索图鉴》《中国亚热带土壤动物》《中国昆虫生态大图鉴》《常见昆虫野外识别手册》等，指导学生根据各类群典型的分类特征，将土壤动物细分到"纲"或"目"。由于动物分类学是一门专业而系统的学科，对"目"以下分类阶元的鉴定，对于中学生甚至大部分教师而言，都存在相当大的难度。所以在本活动

[①]张云，陈巧，林颖韬.对"土壤中小动物类群丰富度的研究"探究活动的建议［J］.福建教育学院学报，2014，15（3）：89-91.

中不建议对土壤动物类群进行更加细致的种、属鉴定。

最后，对照分类图谱和专业鉴定资料，大型土壤动物用可肉眼观察，小型动物则利用放大镜、实体显微镜或普通显微镜等辅助工具进行观察并鉴定。

在学生进行鉴定的过程中，教师需提醒学生做好记录，并完成表1。土壤中除成虫外还分布着一定数量的昆虫幼虫，在表1中未列出，在统计时应将所有昆虫幼虫一并归入昆虫纲的类群中进行数据统计。然后将各小组负责的各区域调查结果汇总到表2中。

表1　鉴定结果统计表[①]

采集地点	采集深度	动物类群	合计（目）	动物数量	合计（个）
	0～5 cm				
	5～10 cm				
	10～15 cm				

表2　土壤样方统计表

取样时间			早晨（9：00—10：00）			中午（1：00—2：00）			晚上（9：00—10：00）		
取样地			取样深度			取样深度			取样深度		
			浅表层	中表层	深表层	浅表层	中表层	深表层	浅表层	中表层	深表层
取样地1	生境特点	1组									
		2组									
		3组									
		4组									
取样地2	生境特点	1组									
		2组									
		3组									
		4组									

①刘琳，田树青，王新."土壤中小动物类群丰富度的研究"实验教学的设计和组织［J］.生物学通报，2017，52（2）：20-23.

取样时间			早晨 （9：00—10：00）			中午 （1：00—2：00）			晚上 （9：00—10：00）		
取样地			取样深度			取样深度			取样深度		
			浅 表层	中 表层	深 表层	浅 表层	中 表层	深 表层	浅 表层	中 表层	深 表层
取样地3	生境特点	1组									
		2组									
		3组									
		4组									
取样地…	生境特点	1组									
		2组									
		3组									
		4组									

6. 样本中小动物的采集方法

为防止小动物死亡腐烂，采集到的土壤不可装袋过夜，当天必须完成采集任务。根据小动物的体型大小，可先后用以下两种方法进行采集。

（1）方法一

将取到的土样置于仿瓷密胺盘中，用解剖针拨找小动物，发现体型较大的小动物，用裹着纱布的医用尖嘴镊子夹取，若是小动物身体较小或用镊子夹取容易使小动物受伤，需采用吸虫器吸取、采集。采到后放在盛有70%酒精的广口瓶中，并在瓶壁上张贴注明土壤取样地地名、取样时间和取样深度。

（2）方法二

接着方法一的采集，针对体型较小的微小动物，即体长小于0.2 mm的土壤动物，用肉眼或借助放大镜也很难发现，只能借助于实体显微镜。根据学校现有的漏斗、广口瓶大小，调节诱虫器中隔板间距以便于分离。将采集到的土样按编号盛于漏斗中，漏斗口扎上脱脂棉纱布。按改进后的诱虫器，从上往下分别放置漏斗（漏斗卡方在隔板上）和广口瓶，打开卤素聚热灯开始分离土壤动物。根据土壤干湿度的不同，调节卤素灯功率大小，尝试并选用最佳的烤土时间。

7. 本活动还有哪些可深度探究的问题？

（1）不同类型土壤小动物丰富度的差异形成的原因是什么？

（2）结合小动物生活习性，分析不同深度土壤小动物丰富度差异产生的原因。

（3）结合取样地生境（野外取样时，拍照保存），分析不同生境中小动物类群丰富出现差异的原因。

（4）比较不同时间段（如白天、晚上）土壤中小动物类群丰富度。

（5）推测被污染区域土壤小动物类群丰富度大小。

（6）本实验为什么不适合用标志重捕法和样方法进行调查？

8. 本活动可能涉及野外调查，如何考虑安全问题？[①]

不论在学校、公园还是学校周边荒地中采样，都要特别提醒学生远离陡坡地或深水区，注意安全第一；在草丛或灌木丛中取样时，应先用长木棍试探，以防毒蛇藏卧其中；采集中可能有蜈蚣、蜘蛛或蝎子等大型有毒土壤动物，因此应戴塑胶手套并配备相关应急药品。

9. 收获与反思

分析"活动未开设原因统计"不难发现，58所学校中，有22所学校的生物教师认为做不做不影响学生成绩，能不开设就不开设。这与教师教学观念落后有很大关系。许多教师依旧重知识，轻思维能力和动手能力；重知识的死记硬背，轻能力的培养和达成。《普通高中生物学课程标准（2017年版）》"基本理念"明确指出以核心素养为宗旨，在生物学教学过程中要高度关注学生学习过程中的实践经历，而这一学习过程是学生自主参与、动手动脑的活动。[②]要求及建议完成的实验是培养核心素养的自留地。教师将实验还给学生，实验教学的主要活动不是教师在管纪律，不是看学生有没有按照教材中的实验步骤完成实验，也不是看最终有没有得到预期的实验结果，而是要关注学生能否在实验操作探究过程中提出问题，自主查阅资料，在教师的引导下自己动手操作、深入思考，通过对实验过程及小组思维碰撞中产生的问题和实验现象结果的分析，最终解决问题。

---

①丁泾芳，沈初见.土壤中小动物类群丰富度的研究［J］.生物学通报，2006（10）：31-33.

②中华人民共和国教育部.普通高中生物学课程标准（2017年版）［M］.北京：人民教育出版社，2018.

实验开设率不高，效果不明显，学校硬件条件不够和实验教学安排不合理等导致了很多分组实验变成一个学生在做，其他学生在看，甚至演变成教师讲实验。其实作为生物教师，我们更容易更应该做的是鼓励学生以兴趣小组，或小组轮流组长的形式参与到实验计划的制订、准备和管理评价中。加强学生生物学课外阅读，使学生发现生活和学习的"生物学小课题"，提出创新实验或改进教材中的实验，变被动为主动，让学生真正喜欢做实验。也有部分地区的教师实验教学技能参差不齐，未能圆满完成实验教学计划。针对这一现象，建议各市县教育主管部门，结合本地区教育现状，对教师进行有针对性的培训，提高教师的教学能力。

【作者简介】

赵良，2012年毕业于云南师范大学生命科学学院，生物技术与教育学双学位。第四届昆明市高中生物张玉代名师工作室跟班学员。参与2017年昆明市高三复习检测命题、审题和校题工作，主持和参与市级课题各一项；参与《高中生物真题专项训练一本全》的编写；在《昆明教育研究》《教学考试》和《中学生物教学》上发表多篇教学设计、原创试题和教育教学论文，并在云南课程教材教学研究杂志社和《中学生物教学》举办的教研论文评比活动中获奖。

赵良是昆明市张玉代生物名师工作室承担的市级课题"基于核心素养的高中生物学课堂实验教学研究"（立项编号：JY16006）子课题"研究土壤中动物类群的丰富度"负责人。

【荣誉证书】

实验 23 | 设计并制作生态瓶

【问题的提出】

经过调查，共有12所学校开展了本实验，占比18%；有54所学校未开设，占比89%。从调查结果来看，大多数学校并未开设本实验。未开设原因见表1。

表1 学校未开设"设计并制作生态瓶"实验原因调查表

序号	未开设原因	未开设学校数量
1	本实验持续时间过长，不易开设	23
2	这个实验做不做不影响学生成绩，能不开就不开	19
3	任课教师尚未做过	8
4	缺乏生物实验材料	7
5	学校领导不重视、不支持	4
6	试剂难购置、难配制	3
7	实验室教师不配合准备	2
8	实验效果差	2
9	实验过程中会有安全隐患	1
10	实验课堂纪律难控制	1
11	其他原因没有开设	11

从调查情况可以看出，大多数学校都认为这个实验就算不做也不会影响学生成绩。《普通高中生物学课程标准（2017年版）》中非常强调生物学学科核心素养，认为生物学学科核心素养包含生命观念、科学思维、科学探究和社会责任等方面[1]。而"设计并制作生态瓶，观察和比较不同生态瓶中生态系统的稳定性"这个实验就很好地体现了生物学学科核心素养。通过对生态瓶中生态系统稳定性的观察和记录，可以让学生体会到稳态与平衡观。整个实验需要学生自己设计表格，分析实验结果，解决具体问题，所以在实验过程中能极大地提升学生的科学思维和科学探究能力。通过对生态瓶中生态系统稳定性的观

---

[1]中华人民共和国教育部.普通高中生物学课程标准（2017年版）［M］.北京：人民教育出版社，2018.

察，也可以让学生明白，结构单一的人工生态系统是非常脆弱的，如果此时再由教师举更多的例子来加以引导，学生非常容易自然而然地形成保护生物多样性、爱护环境的社会责任。所以，从《普通高中生物学课程标准（2017年版）》中生物学学科核心素养的理念来看，这个实验是一个将生态学知识和生物学学科核心素养联系起来的重要纽带，并不是做不做都不影响学生成绩的实验。

更多的学校则认为本实验持续时间过长，不易开设。本课题主要研究了如何合理安排此实验的开设方式，除此之外还针对实验材料的选择等问题进行了研究。

【解决的策略】

1. 如何优化实验教学过程

（1）教学结构上的改进

多数学校未开设的理由是：该实验持续时间过长，不易开设。针对这个问题，孔爱华等[①]尝试进行了"基于问题的二次实验"教学设计，即对初次实验中发现的问题进行第二次探究实验。基本教学结构如图1所示。

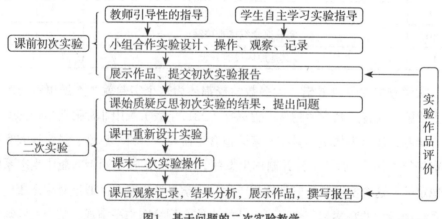

图1　基于问题的二次实验教学

笔者认为"基于问题的二次实验"教学设计充分发挥了学生的主观能动

---

①孔爱华，何占魁.例谈"基于问题的二次实验"的教学设计［J］.生物学通报，2012，47
（8）：42-44.

性，对学生的科学思维、科学探究两方面核心素养的培养非常有用，这是以学生为主体的教学理念。同时，这样的教学设计也解决了此类探究性实验因为持续时间过长导致的学生的"学"浅尝辄止，教师的"教"蜻蜓点水，探究性实验教学步入形式主义死胡同的尴尬困境。尹琦[①]则通过纸片模拟生态系统的各组成成分，让学生构建生态瓶生态系统，让学生先对生态瓶的制作方法有个理性认识，再在课后让学生实际动手制作生态瓶，这样可以避免学生初次构建生态瓶会犯的多种错误，提高生态瓶中生态系统的稳定性。周建中[②]则依据美国生物学课程研究会开发的"5E"模式设计了由引入、探究、解释、迁移和评价这五个教学环节构成的教学方案，且其成功将"5E"模式与STEM教育融合，让学生通过这个实验真正实现了探究式学习、问题式学习。在这个过程中学生也主动建构起了生态系统稳定性这一概念。

（2）教学评价上的改进

这个实验是个探究性实验，且实验的主要过程不是在课堂上完成的，学生需要在课后自己完成。实验设计的合理性、实验的达成度就需要一个客观有效的评价方式。陈桂林将表现性评价应用于"设计并制作生态瓶"的活动中，将整个活动的表现性评价分为设计生态瓶步骤、制作生态瓶和设计实验结果记录表三个评价任务，明确评价标准，并将评价标准以表格的形式制定出来，学生通过对照填写检核表和实验结果记录表、作品量表可以客观地评价出其探究实验的成功程度。这样的表现性评价能发挥学生的主体性和自觉性，能明确活动目的、每一项操作和需要达到的程度，在经常性的自评和互评中，引导学生积极质疑，训练了学生理性思维、批判质疑的能力。程祖伦[③]则采用"反面材料"评价方法来完成教学活动，即把学生中不合理的方案或不能维持运转而很快崩溃的生态瓶作为整个教学活动的重要组成部分，把强调这些生态瓶不成功的原因作为活动课"成功教学"的一个必要方面和重要方面。笔者认为，对"反面材料"进行评价有可能打击到部分学生的实验积极性，存在一定的风险。

---

①尹琦.模拟制作生态瓶引领生态系统的教学［J］.教学文萃，2014，（17）：70–71.

②周建中.基于5E模式的STEM教育项目——生态瓶稳定性探究的案例设计［J］.科学教育与
　博物馆，2018，（1）：22–25.

③程祖伦.生物活动课"制作生态瓶"教学设计［J］.课堂案例，2007，（15）：29–30.

（3）学生学情反馈形式的改进

周玲[1]在教学过程中采用学生每完成一个学习活动就提出一串问题串的方式来完成学情反馈，并且通过上一个活动的问题串为下一个活动的开展做铺垫，这种教学模式过渡比较自然。张卓鹏则是将生态学相关概念及其内涵以题目的形式呈现给学生，以此检测学生对于生态系统稳定性知识的掌握情况。

2. 实验的基本注意事项是什么

除了参考教材中的方法和步骤外，还要注意以下几点（周世光[2]等提出）：

（1）生态瓶的类型

生态瓶既可制作成封闭型，也可制作成开放型（即不加盖）。前者对生态系统的基本成分及其比例有着更严格的要求，在物质交换方面是相对封闭的，我们一般做的生态系统都是封闭的。

（2）生态瓶需符合的要求

生态瓶必须是透明的，既让里面的植物见光，又便于观察；生态缸大小要适宜，不能将水装满，留下4/5的空间。

（3）生物种类和数量的选择

生态瓶中放置的生物必须具有较强的生活力，并计算好生物的不同物种之间量的关系，以免破坏食物链；同时，应注意容器空间的容纳量，不能过多地投放生物个体数量。

（4）生态瓶放置环境的选择

制作的小生态瓶生态系统极为简单，自动调节能力极小，其生态平衡极易破坏，因此要注意温度、光照等因素的影响。在春、夏、秋三季切勿受阳光直射，以免生态瓶中温度过高导致生物死亡，应放在散射光下，不要随意移动位置。

（5）对制作的生态瓶做标记

生态瓶制作完毕后，应该贴上标签，在上面写上制作者的姓名与制作日期。

①周玲.设计并制作小生态瓶的实验教学案例［J］.生物学通报，2014，49（11）：29-31.

②周世光.浅谈如何设计并制作小生态瓶及其稳定性［J］.成才之路，2010，5：81.

（6）如何设计和记录对照实验

本实验可设计多种对照，如水质、植物量、动物量、非生物物质成分、见光与否等。设计的对照实验应按要求，只能保持一个变量，定期观察，做好观察记录，记录内容包括：动植物的生活情况、水质、基质变化情况等，一定要记录瓶中生物全部死亡（即稳定性被破坏）的时间。

（7）及时分析实验结果

对不同生态瓶进行比较、分析，说明生态瓶中生态系统稳定性差异的原因。

3. 如何选择实验材料

（1）实验器材的选择

多数人使用的是广口瓶，当放完水和生物等后，在瓶口涂抹一圈凡士林再盖瓶盖。但是石绳[①]等人认为也可以用罐头瓶代替广口瓶。周玲[②]则是选用普通的塑料瓶，剪开上半部分，待放置好各组成成分后，用胶带纸重新将两个部分拼接粘贴，制成一个封闭的装置。笔者认为这两种选材都非常适合在家庭中自制生态瓶。万滨[③]对比了微型玻璃瓶和广口瓶的实验效果，得出瓶子空间越大，氧气越多，并且动物活动的空间比较大，空间较小会加速动物死亡，因此得出广口瓶中的生物存活时间较长的结论。可见这个实验不适宜用体积较小的容器来完成。王前明[④]提出，生态瓶洗干净后，用沸水烫瓶身和瓶盖或者进行灭菌处理，防止生态系统被污染。当生态瓶是饮料瓶时，不能用常见的肥皂或去污剂来洗涤，因为化学洗涤剂会残留在塑料瓶上，对投放到生态瓶中的生物造成危害。所以，生态瓶还是用沸水洗涤较好，必要时也可加入少量的小苏打去污，然后用沸水反复清洗。

（2）实验用水的选择

有人选用晾晒48 h的自来水，有人选用未受污染的河水。符庆军[⑤]通过实验

①石绳，王小明.高中生物第二册（人教版）［实习4］教学建议及操作方法［J］.中学生物教学，2007，8：33.

②周玲.设计并制作小生态瓶的实验教学案例［J］.生物学通报，2014，49（11）：29-31.

③万滨.中学生态瓶实验的设计与发散性思维的培养［J］.新课程学习，2014，11：68-69.

④王前明.小生态瓶的制作研究［J］.中学生物教学，2017，3：55-56.

⑤符庆军.浅谈小生态瓶的实验设计与发散性思维的培养［J］.中学生物学，2002，5：27-29.

发现，洁净的河水（或井水，或晾晒后的自来水）可为植物的生长发育提供一定量的矿质元素；不宜采用矿质元素含量极低的纯净水或蒸馏水。笔者对比晾晒48 h的自来水和洁净的河水的实验效果后，发现晾晒48 h的自来水能让生态瓶中的生态系统更稳定。

（3）实验用土壤的选择

符庆军认为宜取洁净的河沙来模拟大自然环境中的土壤，而不宜使用河泥。因受生态瓶容积的限制，活动的小鱼易使水出现浑浊，从而悬浮的泥浆会滤积在鳃片上，使鱼呼吸受到阻碍而加速死亡。万滨也通过实验证实，在河沙中存在一些生态系统必需的微生物成分，所以装有河沙的瓶中生物存活的时间更久。笔者用在花鸟市场买的颗粒状水草泥做实验用土壤，生态瓶中的植物均存活超过120天。

（4）实验所用生物的选择

程祖伦[1]认为按照教材上提议的螺蛳、小鱼或小虾这些小动物作为生态瓶的消费者，会最终导致瓶内生态系统崩溃。而万滨则认为接吻鱼和金鱼藻的生态瓶稳定性较好。周玲的学生经讨论后得出结论，小虾、螺蛳的生命力较强，各种不同的小鱼对环境要求不同，且小鱼需要的氧气和能量较多，生态系统稳定性不宜维持。符庆军认为植物可选用鱼藻、黑藻、轮藻、水绵等，动物的选用应该根据其食性要求、密度要求和适应性来选择。关于动物的选材为什么不同的人有不同的结论，这可能跟所选动物的适应性、密度、食性等不同有关。具体哪种动物最适合做实验，还需进一步摸索。笔者采用翡翠莫斯水草作为生态瓶的生产者，采用苹果螺、草虾、食蚊鱼作为生态瓶的消费者，得到了和程祖伦完全相反的结果。事实上，这些消费者的存在让生态瓶中的水质更加清澈，水草生长更加繁茂，产生的动物残骸也可以被及时清除，对生态系统稳定性起到了重要作用。

4. 本实验与生物学学科核心素养有什么关系

（1）生命观念素养方面

通过这个实验可以让学生直接地体会和感受生态系统的结构和功能，帮助

---

①程祖伦.生物活动课"制作生态瓶"教学设计［J］.课堂案例，2007，15：29-30.

学生建构"生态系统中的各种成分相互影响，共同实现系统的物质循环、能量流动和信息传递，生态系统通过自我调节保持相对稳定的状态"这个大概念，体会生态系统稳态与平衡观。

（2）科学思维、科学探究素养方面

高伟萍[1]、阚练[2]认为，本实验提高了学生实验设计、观察、思维、语言表达和科学研究等能力；符庆军认为本实验中需要考虑的变量因子较多，留给学生思考的余地较大，该实验设计是进行发散性思维训练的较好素材；万滨认为该实验培养了学生的实验设计能力，实验设计的过程也是学生创造性思维发展的过程，从而培养了学生的发散思维能力。该实验强调发现知识的过程与方法，通过对实验结果的分析，锻炼和提高学生分析问题的能力。

（3）社会责任素养方面

万晓军[3]认为结合本实验可以加强学生的生态环境保护意识；万滨认为从小生态瓶生态系统稳定性的观察及对影响其稳定性的因素分析入手，可以延伸扩展到整个生物圈面临的"生态危机"，增强学生的"环境意识"和"生态观念"，使学生对于解决"生态危机"有自己的一些看法。

5. 收获与反思

（1）关于实验材料选择的思考

生态瓶制作基本就是按照教材上的步骤来完成。需要注意的事项前面也进行了详细的描述。如果是在实验室条件下进行制作，可以选择广口瓶作为容器，如果是在家庭条件下制作，可以选择废弃的罐头瓶或者无色透明的饮料瓶作为容器。如果有条件最好选用干净无污染的河水，没条件可以用晾晒48 h的自来水代替。瓶中最好铺上洗净的河沙，也可以用砂石代替。生态瓶中的生产者和消费者都应该选用生活能力强的，且要存在食物关系。消费者体积应当比较小，但需肉眼能清楚地看见，这样便于观察。

①高伟萍.利用生态瓶开展教学，培养学生的能力［J］.生物学教学，2004，29（3）：25-26.

②阚练.生态系统的成分［J］.课堂实录，2006，11：29-31.

③万晓军.结合"小生态瓶的稳定性观察"实验谈生态环保意识培养的重要性［J］.生物学杂志，2002，18（2）：47.

（2）关于实验教学方式的思考

笔者认为本实验是一个持续时间较长的探究性实验，在实验教学方面就首先要以提高学生的核心素养为宗旨来设计自己的教学。不应该把这个实验变成"纸上谈兵"，也不应该把这个实验当作演示实验来开发，而应该充分发挥学生的主体作用，让学生自己先通过教材上关于这个实验的讲解自己摸索着制作生态瓶。这个实验由于变量很多，所以能够很好地培养学生的发散性思维，可能在第一次做生态瓶活动中会呈现出多样化的生态系统，这个时候在课堂上，教师根据本实验的具体情况量身定制的一系列表现性评价表就可以充分地让学生自我检测到其第一次制作的生态瓶的优缺点。教师可以在课堂上根据学生的自我评价让学生反思如何提高生态系统稳定性，在课后再根据学生的自我反思进行二次实验，然后根据二次实验的结果让学生分析其中蕴含的生态学知识，如生态瓶中包含的食物关系是什么？各物种的种间关系分别是什么？生态瓶中的能量如何输入和散失？物质又是如何循环？生态瓶中的每种成分的作用是什么？每个小组生态瓶中生态系统稳定性出现差异的原因是什么？等等。分析完这一系列问题，学生也就建构出了"生态系统中的各种成分相互影响，共同实现系统物质循环、能量流动和信息传递，生态系统通过自我调节保持相对稳定的状态"这个大概念。

【作者简介】

黎晶晶，2002年9月至2006年7月就读于江西南昌大学生命科学与食品工程学院，获得了生物科学学士学位。于2006年9月至2009年1月就读于江西省南昌大学生命科学与食品工程学院，并取得了硕士学位。2011年至今在昆明市第一中学工作。

除了学校的正常教学工作以外，还参加学校生物学竞赛培训工作。辅导过的学生中有两人代表云南省参加全国竞赛，获得国家级铜牌；多名学生获得省级一等奖，百余名学生获省二等奖和三等奖。多次参加学校举行的教师基本功大赛并获得二等奖。2017年被评为昆明市"教坛新秀"。曾在国家级和省级期刊上发表过多篇论文，曾有一篇论文获国家级奖，多篇论文获省级奖。

参加过昆明市统测命题工作、昆明市统测质量分析汇报、昆一中月考命题工作，是金榜在线出版社出版的《云南省学业水平模拟考试卷》的审编之一。

2016年3月进入昆明市第四届张玉代名师工作室学习。

黎晶晶是昆明市张玉代名师工作室承担的市级课题"基于核心素养的高中生物学课堂实验教学研究"（立项编号：JY16006）子课题"设计并制作生态瓶，观察和比较不同生态瓶中生态系统的稳定性"负责人。

【荣誉证书】

选择性必修3　生物技术与工程

　　本模块包括四个较为具体的概念，这些概念既是对必修内容的扩展和应用，又是对生物技术和工程的认识和理解。实践的环节是帮助学生达成教学目标的关键。这些实验有的使学生了解基本原理或获得基本知识，有的偏重于实际应用。教师要充分利用学校的现有条件，为学生提供实践机会。

　　在本模块的教学中，教师既要使用讲授演示的方式进行教学，也要为学生提供实验条件及必要的参考资料，指导其设计和进行实验。根据本模块的特点，教师应该给学生提供更多的机会参与主动的学习活动。例如，要求学生在学习了有关知识的基础上，自己设计实践方案并进行实验，或是安排学生收集和整理资料，撰写报告，相互讨论。教师要充分利用实验室条件，尽可能地减少每个实验小组的人数，使每个学生都有充分的动手实践的机会。此外，基于所有生物遗传物质的一致性及基因组研究的成果，教师可介绍有关合成生物学的研究进展及其意义。

概念

③ 发酵工程利用微生物的特定功能规模化生产对人类有用的产品

　　为帮助学生达成对概念3的理解，促进学生生物学学科核心素养的提升，应开展下列教学活动：①通过配制培养基、灭菌、接种和培养等实验操作获得纯化的酵母菌落；②分离土壤中分解尿素的细菌，并进行计数；③利用乳酸菌发酵制作酸奶或泡菜；④利用酵母菌、醋酸菌分别制作果酒和果醋。

实验 24　酵母菌的分离和培养

【问题的提出】

生物学的发展依靠实验来进行理论的验证与探究。"高中生物选修1——生物技术实践模块"在满足学生多样化发展的基础上进行设计，面向继续学习理工类专业或对实验操作感兴趣的学生，其目的在于培养学生设计实验、动手操作、收集证据等科学探究能力，同时有助于开拓学生的生物学视野、增进学生对生物科技与社会关系的理解、提高学生的实践和探索研究能力。《普通高中生物课程标准》（实验）对学生"通过配制培养基、灭菌、接种和培养等实验操作获得纯化的酵母菌落"模块的学习要求是："在自学有关知识的基础上，在教师指导下自己设计并进行实验，然后收集和整理资料，撰写报告，并进行口头交流、讨论。"同时还指出"教师的主要任务不是讲解，而是给学生提供实验条件及必要的参考资料，指导学生设计和进行实验，参加和辅导学生的讨论"。但由于受实验条件、师资条件、教学时间等影响，目前开设实验的教学方法趋于单一，传递接受模式仍普遍存在，以培养学生设计实验、动手操作和收集证据等实验探究能力未能很好地体现[①]。笔者对本市20所中学是否开设本实验及实验过程中遇到的问题展开相关的问卷调查（见附1），整理问卷后得出如图1所示的数据：只有5%的学校能开设该实验。

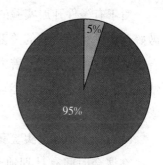

图1　整理问卷后得出的数据

1.生物学科学时少，教学时效性差

高中生物课时比较紧，教师难得有机会进行实验。即便开展，较长的实验时间往往会影响课程知识讲解进度，再加上实验效果不佳，不能充分发挥实验教学的作用，所以大多数教师都不愿花费过多时间和精力开设实验课，实验教学往往有形无实。

①王丽.微课程的制作与教学实践初探［D］.贵阳：贵州师范大学，2016.

2. 教学设备匮乏，实验条件简陋

从目前实验资源来看，不可能实现人手一套器材，三四人一组进行实验让有些学生亲自动手的时间减少。甚至有些偏远地区的学校根本没有实验室，只能讲解理论知识。教学设备不足、实验条件简陋，让实验课有效地开展起来更加成为不可能的事。

【解决的策略】

1. 运用"微实验"来增强学生兴趣，提高学生解决问题的能力

对于无条件开展实验的学校，通过制作、运用"微实验"来增强学生兴趣，提高学生解决问题的能力无疑是一条有效途径，具有时代意义。微课凭借其短小便携、高效有趣的学习特点，开始被越来越多的人认识和应用，并应用于各学科。设计制作微课程，探索以微课程为教学资源，关注学生自主学习能力和实验探究能力培养的实验教学是现阶段的最佳方案。

2. 强化基础技能训练，有效组织管理实验教学

对于有条件开展实验的学校来说，首先，任课教师和实验技术人员充分地做好预实验，对实验的关键步骤和关键操作点都做到心中有数，在授课过程中有重点地强调。其次，着力培养学生的基础技能，在有限的人力、有限的资源情况下，使每名学生都能动手操作并熟悉实验过程，有效地组织和管理实验教学过程就尤为重要。

3. 有计划地推进实验室的开放，提高教学的有效性

在课余时间有计划地开放实验室是对高中生物课时紧这一问题的有益补充，能强化、巩固、提升学生对微生物培养课程内容的理解，教师应鼓励学生设计和实践自己的实验内容。实验室实施专人负责、提前预约制度，加强开放实验室的管理，确保实验课安全、有序、成功地完成，既达到教学目的，又使学生真正有所收获。[①]

---

① 潘蕾.实验室开放管理的研究与实践 [J].实验技术与管理，2007，2：77-79.

附1：实验开设情况调查表

调查项目 ＼ 实验序号	（1）是否开设	（2）开设过程中出现的问题	（3）解决措施	（4）好的建议或想法
姓名：	学校：		学校等级：	
通过配合培养基、灭菌、接种和培养等实验操作获得纯化的酵母菌落				

【作者简介】

冉宇，昆明市西山区实验中学生物教师，中学一级教师，昆明市"教坛新秀"。多次荣获西山区"先进教育工作者"、西山区"优秀教师"等荣誉称号。在第十六届生物全国学术年会上荣获全国中学生物课堂实验教学论文展评活动二等奖；在昆明市初中、高中课堂教学竞赛中获市级一等奖，多次参与市、区级命题工作，参与编写实验教学教辅书籍。

冉宇是昆明市张玉代生物名师工作室承担的市级课题"基于核心素养的高中生物学课堂实验教学研究"（立项编号：JY16006）子课题"酵母菌的分离和培养"负责人。

【荣誉证书】

实验 25 分离土壤中分解尿素的细菌，并进行计数

【问题的提出】

人教版高中生物选修1"生物技术实践"模块中的实验2"土壤中分解尿素的细菌的分离与计数"是高中生物学实验重要的组成部分，通过本实验教学，不仅可以培养学生独立思考问题的能力和实际操作的能力，还可以帮助学生掌握科学探究的基本方法。在生物学课程改革过程中，对实验教学的重视程度不断加深，在教材中所占的比例越来越重。但是由于受限于班级人数过多、教学时间不足、实验材料选择范围窄、实验操作难度大、实验现象不明显等因素的影响，导致实验的开出率很低[①]。

【解决的策略】

1. 建立以全面发展为基础，培养学生科学素质为重点的实验教学目标

对实验课地位及其与理论课关系的认识应是摆脱实验教学困境的关键。生物学科是一门实验性很强的学科，在生物学研究中，每个概念的建立，每个规律的发现，都需要坚实的实验做基础。因此，生物科学素质的培养在很大程度上有赖于生物实验教学。学生在实验操作中会发现理论课上遇不到的问题，通过分析、反复尝试，寻找解决问题的方法。这一解决问题的过程对于学生而言是一种综合性、和谐性的发展过程。其中，科学实验能力、解决实际问题能力、探索创新能力均得到了发展，这些能力正是科学素质的核心。所以，实验课与理论课是相辅相成、缺一不可的[②]。实验2"土壤中分解尿素的细菌的分离与计数"对学校实验室的要求较高，对于学生来讲操作难度较大。因此，教师必须寻找新的教学模式来解决这一难题。课前教师可以要求学生预习本课题，要求学生根据书本内容，分组写出实验具体的实施步骤。由于学生对前一课题已经有了一定的知识储备，笔者通过学情分析可知学生是可以写出较完整的实验方案的。课前教师应仔细批阅每个学生的实验方案，并总结出大多数学生容

---

①侯英杰.运用最佳实验方案 提高实验成功效率——"土壤中分解尿素的细菌的分离与计数"实验的改进 [J].实验教学与仪器，2014，3.

②王赵敏.浅谈如何提高农村中学生物实验课的效果 [J].中国科技信息，2010（11）：237，248.

易出现的一些问题，以便课上能够就一些问题进行具体分析。课堂教学时，教师可以根据作业情况分别请两组学生代表讲解本组的实验设计方案，其他学生就其提出的方案进行评价。教师在这个教学过程中应该引导学生注意一些他们容易忽略的问题：土壤取样要注意哪些细节？样品稀释度如何选择？对照组应该如何设置？如何做好平板上的标记？等等。除此之外，教师还应该就学生有疑惑的问题进行解答[①]。在本实验教学过程中，教师的主要任务不是详细地讲解各个实验步骤和实验结论，而是给学生提供必要的实验条件和相应的参考资料，指导学生设计和进行实验，创造条件尽量让每个学生都有动手的机会，使学生从做中学，不断提高学生的探究技能和实践能力，从而激发学生学习生物技术的兴趣，为那些将来学习理工科的学生进入高校进一步学习奠定坚实的基础[②]。

2. 优化实验教学模式，寻找解决困境的突破口

以往教学中，教师对实验2"土壤中分解尿素的细菌的分离与计数"均采用单向传输的操作模仿式教学，片面强调巩固知识、获取技能。这种教学方式不利于学生独立性、主体性、创造性的发挥是有目共睹的。因此，要使实验课实现多重教学目标，就必须改革、完善现有的实验教学模式。在没有条件做实验的情况下，教师应要求学生课前自己设计实验方案，教师在课堂上可以播放与这个实验相关的视频资料，如果学生对实验的分析完全到位，视频就可以一次性播放完；有经验的教师还可以边讲解边实验的方式自己录制分段视频或带领学生一起录制视频作为教学资源。观看视频后教师应要求学生课后将自己的实验方案进行修正。在这个实验设计的过程中，学生自己尝试可能得到不正确的结果，但靠自己获得"为什么"的道理要比接受现成的"是什么"更有意义。生物实验课应给予学生更多的兴趣自由、思想自由。当然，这些思想还应落实到实验教学模式、方法的改革上。

①谢岁岁."微生物的应用"教学与实验操作组织 [J].实验教学与仪器, 2013, 30 (10)：9-11.
②侯英杰.运用最佳实验方案-提高实验成功效率——"土壤中分解尿素的细菌的分离与计数"实验的改进 [J].实验教学与仪器, 2014, 31.

【作者简介】

冉宇，昆明市张玉代生物名师工作室承担的市级课题"基于核心素养的高中生物学课堂实验教学研究"（立项编号：JY16006）子课题"分离土壤中分解尿素的细菌，并进行计数"负责人。

实验 26 利用乳酸菌发酵制作酸奶或泡菜

【问题的提出】

利用乳酸菌发酵制作酸奶或泡菜，是人教版高中生物学选修1"传统发酵技术的应用"中所及的技术之一，旨在通过学生自己设计实验，动手操作，激发学生的学习兴趣，在实践中摸索影响发酵产物风味的因素。因局限于高中落后的实验设备以及烦琐而耗时的实验内容，本实验的开设率极低。笔者发现大部分教师通过采用视频、微课或直接讲授等方式进行实验教学，既简单明了，又便于知识的传授，但学生却失去了动手实践的机会，不利于学生实验探究能力的培养、理性思维的发展、生物学学科核心素养的养成等。学生对许多概念理解不到位，主要体现在以下方面。

1. 制作泡菜的流程是什么？（见图1）

图1　制作泡菜的流程

2. 泡菜制作时，清水与盐的比例是多少？盐水需煮沸冷却的目的是什么？

清水与盐的质量比为4：1；除掉水中的氧气，杀灭杂菌。

3. 用水封闭坛口起什么作用？不封闭有什么结果？

用水封闭坛口可以使坛内与坛外空气隔绝，形成无氧环境。如不封闭，则会导致大量需氧型细菌生长繁殖，蔬菜腐烂。

4. 为什么含抗生素的牛奶不能发酵成酸奶？

酸奶的制作依靠的是乳酸菌的发酵作用，抗生素能够杀死或抑制乳酸菌生长。

5. 为什么日常生活中要多吃新鲜蔬菜，不宜多吃腌制蔬菜？

在腌制过程中，蔬菜中的硝酸盐会被微生物还原成亚硝酸盐，危害人体健康。

6. 为什么泡菜坛内有时会长一层白膜？你认为这层白膜是怎么形成的？

形成白膜是由于产膜酵母的繁殖，酵母菌是兼性厌氧微生物，泡菜发酵液营养丰富，其表面氧气含量也很丰富，适合酵母菌繁殖。

7. 在泡菜的腌制过程中，要注意控制好哪些条件？

在腌制泡菜的过程中，要注意控制腌制的时间、温度和食盐的用量，温度过高、食盐用量过低、腌制时间过短，容易造成细菌大量繁殖，亚硝酸盐含量增加，一般在腌制10 d后亚硝酸盐含量开始下降。

【解决的策略】

从学生已有的知识和经验入手，强化学生的动手能力，利用生活中常见的蔬菜和瓶瓶罐罐就能动手实验，消除学生的畏难情绪，把教材知识应用于实际生活，激发学生的学习兴趣和探究能力。主要体现在两个方面：一方面，让学生学会制作发酵食品的技能；另一方面，也能使其深入理解酸奶、泡菜制作的原理及出现的问题，培养学生观察现象、分析问题及实验探究的能力。

教师作为学习的组织者，设计教学时要以发展学生核心素养和完成"立德树人"根本任务为宗旨，从生物学学科核心素养出发，设计切实有效的教学方式，强化实验教学，培养学生动手、动脑、分析问题和解决问题的能力，培养学生的理性思维能力和科学探究能力。

【总结和反思】

传统发酵技术的应用与日常生活密切联系，学生学习的兴趣浓厚，求知欲望强烈，通过学生设计、实际操作，提高了学生的动手能力和探究能力，进而掌握实验的原理、操作流程、发酵条件的控制等，使学生的知识体系得到丰富和完善。本实验操作简单，但要求学生跟踪发酵过程，进行及时的观察、记录，因此，需要教师安排学生利用课余时间，完成好观察和记录工作。通过对传统发酵技术的学习及其实验操作，相信学生收获的不仅是某些操作技能，还有实践与创新的种种乐趣！

【作者简介】

孟艳芬，昆明市高新区高新一中生物教师，硕士研究生，骨干教师。多次荣获"优秀教师""三八红旗手""宣威市优秀共青团干部"等荣誉称号，在学校复习课大赛中荣获一等奖。在全国科技核心期刊上发表论文多篇，其中一篇在第八届云南省教育工作者优秀论文比赛中荣获二等奖。带领学生参加云南省农科院花卉研究所组织的《花卉种苗组织培养技术的研究》课题研究，并顺利结题。

孟艳芬是昆明市张玉代生物名师工作室承担的市级课题"基于核心素养的高中生物学课堂实验教学研究"（立项编号：JY16006）子课题"利用乳酸菌发酵制作酸奶或泡菜"负责人。

【荣誉证书】

实验27　利用酵母菌、醋酸菌分别制作果酒和果醋

【问题的提出】

果酒和果醋的制作是人教版高中生物学选修1"传统发酵技术的应用"中所涉及的技术之一，旨在让学生通过自己设计实验，动手操作，完成果酒和果醋的制作，掌握传统发酵产品制作的原理、方法、发酵条件及操作流程等，使理论与实际密切联系，增强动手、动脑、分析和解决问题的能力，激发学生的学习兴趣，在实践中摸索影响发酵产物风味的因素，了解传统发酵技术在日常生活中的应用，培养学生的核心素养和科学探究能力。然而，由于实验条件有限、发酵周期长、教学时间紧、任务重等原因，加之教材中没有明确列出实验操作的步骤及技术要点，很多学校几乎不开展这一实验[1]，学生也就失去了动手实践的机会，对许多概念的认识和理解不到位，对问题思考的深度和广度有限等，主要体现在以下几个方面。

1. 果酒和果醋的制作流程是什么？

挑选葡萄 → 冲洗 → 榨汁 → 酒精发酵 → 醋酸发酵

果酒　　　果醋

（1）为什么先冲洗葡萄后去除枝梗？为什么不能反复冲？

避免去除枝梗时引起葡萄破损，增加被杂菌污染的机会；防止附着在葡萄皮上的野生型酵母菌流失。

（2）为什么在酒精发酵过程中往往"先通气后密封"？

"通气"：使酵母菌进行有氧呼吸，大量繁殖。

"密封"：使酵母菌进行无氧呼吸，产生酒精。

（3）葡萄酒呈现深红色的原因？

在酒精发酵过程中，随着酒精度数的提高，葡萄皮的色素也进入到发酵液中，使葡萄酒呈现深红色。

---

①张荣华，李绍元.果酒酿造实验的探索［J］.生物学通报，2013，48（5）：43.

2. 在果酒和果醋发酵装置中如图1所示，管口1、2、3分别是什么？分别有哪些作用？

充气口的作用：果酒发酵时关闭，醋酸发酵时连接充气泵进行充气用的。

排气口的作用：在酒精发酵时用来排出CO_2或残余气体。

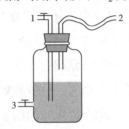

图1　果酒和果醋的发酵装置示意图

（注：1–充气口；2–排气口；3–出料口）

出料口的作用：便于取样检测和放出发酵液。

排气口胶管长而弯曲的作用：在酒精发酵时用来排出CO_2，开口向下的目的是防止空气中微生物的污染。

3. 发酵液装瓶为后什么要保持1/3的剩余空间？

让酵母菌进行有氧呼吸，大量繁殖，防止由于产生CO_2导致发酵液的溢出。

4. 在酒精发酵过程中，每隔一段时间（12 h）拧松瓶盖排气，其原因是什么？

在发酵过程中产生CO_2，防止瓶内气压过高引起瓶塞被冲开或爆裂。

5. 在酒精发酵旺盛时，将含有醋酸菌的培养液加入发酵液中，能直接制作果醋吗？

不能，醋酸菌是一种好氧细菌，酒精发酵旺盛时，发酵罐内缺氧，会致使醋酸菌死亡。

6. 做果酒与果醋时，主要从哪些方面防止发酵液被污染？

（1）要先冲洗葡萄，再除去枝梗。

（2）榨汁机、发酵装置要清洗干净，并进行酒精消毒。

（3）每次排气时只需拧松瓶盖，不要完全揭开瓶盖等。

【解决的策略】

为了提高课堂时效，培养学生的学习兴趣，加深学生对知识的理解和记忆，避免死记硬背，强行灌输，结合自己的教学实践，笔者建议加强实验教学，让学生自己设计实验，动手操作，既有助于学生的动手、动脑、分析问题和解决问题等能力的培养，也能促进学生积极参与，提高教学的有效性。

1. 实验器材

葡萄、苹果、梨等新鲜水果，榨汁机，空矿泉水瓶或玻璃瓶，纱布，一次性手套，白酒，酵母粉等。

2. 实验操作过程

（1）清洗实验用具并消毒，对榨汁机、玻璃瓶等实验用具清洗并消毒。

（2）清洗水果。

（3）用榨汁机榨取果汁后，装入发酵瓶中，加入适量的酵母菌，要留出大约1/3的空间。

该步骤可根据实际情况进行简化。如将葡萄塞入发酵瓶，上下用力摇动使葡萄破碎，也可带上一次性手套，将葡萄捏碎后再放入发酵瓶中。

图2　在教师的指导下进行实际操作

（4）课后管理及结果[①]。学生每天管理培养瓶，及时进行拧松瓶盖的放气工作，或根据瓶子的膨胀程度，调整放气的频率，放气时间的间隔由长变短再变长，7～10 d后，停止果酒的制作，通过嗅味和品尝进行初步鉴定。将发酵液进行过滤，过滤后的果酒放入发酵瓶中，盖上纱布，置于30 ℃～35 ℃的环境中继续发酵，一周后观察实验结果。

（5）查看果醋的制作是否成功。首先通过观察菌膜的形成、嗅味和品尝进行初步鉴定，再通过检测和比较醋酸发酵前后的pH做进一步的鉴定。此外，还可以通过在显微镜下观察发酵液中是否有醋酸菌，并统计其数量做进一步

---

①白建秀.传统发酵技术的应用［J］.生物技术实践，2015：3-5.

鉴定。

3. 总结和反思

引导学生自主学习，独立完成实验，提高了学生的思维能力和动手能力，进而使学生掌握果酒、果醋制作的原理、操作流程、发酵条件的控制等。本实验操作简单，但要求学生跟踪发酵的过程，进行及时观察、观测和记录，因此，需要教师安排学生利用课余时间，完成好观察和记录工作。从传统发酵技术到现代大规模生产的发酵过程，生物技术拥有巨大的发展空间。"千里之行，始于足下"，通过对传统发酵技术的学习及其实验操作，相信学生收获的不仅仅是某些操作技能，还有实践与创新的种种乐趣。

【作者简介】

孟艳芬，昆明市张玉代生物名师工作室承担的市级课题"基于核心素养的高中生物学课堂实验教学研究"（立项编号：JY16006）子课题"利用酵母菌、醋酸菌分别制作果酒和果醋"负责人。

概念

④ 细胞工程通过细胞水平上的操作，获得有用的生物体或其产品

为帮助学生达成对选择性必修课程概念4的理解，促进学生生物学学科核心素养的提升，应开展下列教学活动：①利用植物组织培养技术培育菊花或其他植物幼苗，并进行栽培；②收集单克隆抗体在临床上实际应用的资料，并进行交流分享。

实验28 利用植物组织培养技术培育菊花或其他植物幼苗，并进行栽培

【问题的提出】

"利用植物组织培养技术培育菊花或其他植物幼苗，并进行栽培"是2017年版人教版普通高中课程标准实验教材《生物》选择性必修模块3"生物技术与工程"概念4"细胞工程通过细胞水平上的操作，获得有用的生物体或其产品"下的实验，是高中生物的第31个实验，是利用了植物体细胞的全能性的一个实

验，是在学习了微生物无菌操作技术基础上的进一步延伸、拓展。此实验对于学生理解细胞的增殖和分化、植物激素在植物生长发育中的作用以及无菌操作等都是一次很好的体验探索活动，对于提升学生的科学素养有很大的帮助。此实验流程包括：培养基的配置与灭菌、外植体的选择和消毒、接种、培养、移栽和栽培等环节。目前国内外各大实验室都在进行该实验，效果显著，但该实验是一项复杂且精细，操作时间长、难度较大、环节较多、要求较高的探索活动，并且该实验对无菌操作要求较高，只有具备相应条件的学校才能开设，一般学校则很难开展这一实验，故高中阶段还基本上停留在讲实验、看实验的基础上。能够有效开展这一探索实验的学校少之又少。针对这一探索实验开设率较低的原因，笔者查阅了许多资料，对这一探索实验提出相关的建议，希望对大家有所帮助。

【解决的策略】

1. 教学和实验的组织

杨型会认为对该实验的处理应采取"六结合"的方式，即理论教学与实验室操作相结合、课内与课外相结合、课堂讲授与视频教学相结合、实验方案设计与小组讨论相结合、集中分组实验与平时观察培养相结合、任课教师预实验与实验教师提前准备相结合。因此需要分四个课时进行，第一课时主要是理论知识教学，对所涉及的一系列概念如细胞的全能性、脱分化、再分化、愈伤组织、外植体等需要弄清各自的内涵以及它们之间的相互联系和区别，为学生搭建起植物组织培养的理论体系。第二课时主要是小组讨论，分析植物组织培养过程中材料的选择、培养基的配置、外植体的消毒以及植物激素的影响等，为实验操作做好必要的准备。第三课时主要进行植物组织培养过程中培养基的配置和外植体的消毒。第四课时主要进行接种培养的实验操作[①]。

昆明市第三十四中学没有条件开设这一实验，该校借助云南省农科院花卉所这一平台，充分利用"昆明地区青少年科技创新实验室"这一融青少年科技创新实践教育功能于一体的阵地，以大棚种植满天星作为花卉品种，进行植物组织培养的实验操作，并与农业生产相结合，既培养了高中学生的科学动手能

---

① 杨型会."菊花的组织培养"的教学与实验操作组织［J］.实验教学与仪器，2013，9：13-15.

力，提高了学生的创新思维、创新能力和分析解决实际问题的能力，又培养了学生的生命观念、科学思维、科学探究和社会责任四方面的生物学学科核心素养。该校实验操作流程是：①在学校对学生进行实验原理及相关实验技能、实验要求的培训，如图1所示；②组织学生到花卉所参观和学习，如图2所示；③带领学生到云南省农科院花卉所进行分组实验，如图3、图4所示；④观察组培苗的生长状况并做详细记录，如图5所示；⑤完成实验报告，写出心得体会①。

图1　教师对学生进行培训（图片由昆明第三十四中课题组提供）

图2　师生到花卉所参观（图片由昆明第三十四中课题组提供）

图3　学生制备培养基（图片由昆明第三十四中课题组提供）

①昆明市第三十四中教育科研课题"青少年实验能力的培养——青少年创新实验"。

图4　学生进行外植体消毒和接种操作（图片由昆明第三十四中课题组提供）

图5　培养和观察（图片由昆明第三十四中课题组提供）

2. 实验材料的选择

不同的植物组织，培养的难易程度差异很大；同一植物不同组织器官也会影响到实验结果。

石虹梅、俞明月进行了"菊花组织培养"实验，选取菊花带芽茎段、节间中段及叶片三个不同部位为外植体进行研究，培养基采用MS+6-BA 2 mg/mL+NAA0.5 mg/mL，实验结果表明，菊花带芽茎段、节间中段及叶片作为外植体均有观察到脱分化形成愈伤组织，但是带芽茎段有一部分直接由腋芽发育长大，由愈伤组织再分化形成丛芽（观察不明显）；叶片形成的愈伤组织多数没有再分化形成丛芽，最后死亡；而节间中段的脱分化、再分化过程明显且成功率高。在不添植物激素的情况下，带芽茎段直接由腋芽发育成幼苗，未能观察到脱分化现象，长成的幼苗基本无分枝或分枝较少；节间中段先脱分化形成愈伤组织，然后再分化形成丛芽，但是部分茎段在培养两周后开始褐化，最后死亡；叶片在培养两周后死亡[①]。故建议将菊花的节间中段作为外植体，观

---

①石虹梅，俞明月."菊花组织培养"实验选取不同部位为外植体的结果比较［J］.生物学通报，2017，52（1）：57-58.

察脱分化、再分化，这样现象明显且成活率高。

常玲强[1]、任乔岳、王岚[2]、李晓亮等工作者也均采用了菊花带芽尖的茎段作为实验材料进行菊花组织培养的实验。北京市第十二中白俊峰老师用地被菊花序进行了组织培养的实验[3]。

3. 外植体的消毒

对外植体的消毒方法常用0.1%氯化汞和体积分数为70%的酒精进行外植体的消毒[4][5][6]，但高中课程时间比较紧，并且学生实验过程中经外植体消毒获得组培材料的成功率比较低，多因污染而失败，石虹梅等建议学生实验采用无菌苗，省略外植体消毒步骤[7]。

4. 植物激素的用量及比例

植物组织培养过程中脱分化和再分化、长芽和长根所需的植物激素比例均不同。白俊峰老师通过实验得到：愈伤组织诱导的激素质量浓度最优组合为6-BA3 mg/L、NAA0.2 mg/L、2，4-D0 mg/L；芽诱导的激素质量浓度最优组合为6-BA1.5 mg/L、NAA0.4 mg/L、2，4-D0 mg/L[8]。石虹梅、俞明月老师则选择6-BA2 mg/L，NAA0.5 mg/L进行实验，培养两周后观察到愈伤组织，四周后愈伤组织明显[9]。其他大多数学者认为6-BA质量浓度为1～5 mg/L，NAA质量浓度为0.01～0.5 mg/L。

该实验的开设对于激发学生的学习兴趣，培养学生的生物学学科核心素养

①常玲强.菊花的组织培养与快速繁殖[J].花卉，2018，1：5.

②任乔岳，王岚.关于菊花组织培养的研究报告[J].中学生物教学，2017（4）：39-40.

③白俊峰.用正交实验探究不同激素浓度组合对地被菊花序轴组织培养的影响[J].生物学通报，2018，53（5）：47-49.

④李晓亮，张军云，张钟，等.盆栽菊花的茎尖组织培养快繁技术[J].江苏农业科学，2018，47（24）：57-62.

⑤同①

⑥同②

⑦石虹梅、俞明月."菊花组织培养"实验选取不同部位为外植体的结果比较[J].生物学通报，2017，52（1）：57-58.

⑧同③

⑨同⑦

及小组合作能力是非常有用的。教师应尽量创设条件让学生做实验，做实验的效果肯定比讲实验、看实验的效果好。

【作者简介】

邓娟，昆明市张玉代生物名师工作室承担的市级课题"基于核心素养的高中生物学课堂实验教学研究"（立项编号：JY16006）子课题"利用植物组织培养技术培育菊花或其他植物幼苗，并进行栽培"负责人。

概念
⑤ 基因工程赋予生物新的遗传特性

为帮助学生达成对选择性必修课程概念5的理解，促进学生生物学学科核心素养的提升，应开展下列教学活动：①DNA的提取和鉴定；②利用聚合酶链式反应（PCR）扩增DNA片段并完成电泳鉴定，或运用软件进行虚拟PCR实验。

实验 29 DNA的提取和鉴定

【问题的提出】

"生物技术实践"课程设计的基本理念是提高学生的科学素养，而生物学实验教学是培养学生科学素养的重要途径和方法。因此《普通高中生物课程标准》（2017年版）[①]在课程设计思路中指出："生物技术实践"模块重在培养学生设计实验、动手操作、收集证据等科学探究能力，增进学生对生物技术应用的了解。"DNA粗提取与鉴定"是人教版选修1模块中的一个课题。关于DNA，学生在初中已有了认知，但这个认知仅仅停留在概念上，缺乏较直观的认识。据了解，本实验难以开展主要是因为实验仪器和实验试剂的欠缺导致粗提取的DNA不好纯化，从而在进行苯二胺与DNA的显色实验这一环节时大多数情况下难以看到想要的实验现象，进而接下来的推论仅仅是停留在理论上，无法帮助学生从直接经验上形成对DNA的具象认识。为了解决这一难题，生物学

[①]中华人民共和国教育部.普通高中生物学课程标准（2017年版）［M］.北京：人民教育出版社，2018.

教师要学会和当地的高校进行合作，实现资源共享，即在校本课程的开展中向学校提出生物实验课的建设，从而依托学校这个平台实现知识快速有效地达成。

【解决的策略】

1. 选取易于纯化的实验材料

人教版教材选修1《生物技术实践》中通过基础知识的梳理，整理出了盐析提取DNA的实验设计，在实验材料选择时提供了"鱼卵、猪肝、菜花、香蕉、鸡血、哺乳动物的红细胞、猕猴桃、洋葱、豌豆、菠菜、在液体培养基培养的大肠杆菌"作为备选的材料，并提示实验可以比较哪种材料中的DNA含量更高。统计该实验的开展情况，发现大多数教师参考教材带领兴趣小组以鸡血为实验材料，或以猕猴桃、香蕉、洋葱等为实验材料。如果以血液为实验材料，能方便地破碎细胞，但已有研究表明，"哺乳动物的红细胞一般是释放到外周血中已经不含有细胞核的网络红细胞，即便是非哺乳动物的红细胞也属于高度特化的细胞种类"；猕猴桃、香蕉已是果实；洋葱的肉质鳞片是一种贮藏组织[1]。再者，这些材料内蛋白质或糖类等的含量较高，仅用粗提取的实验方法，很难较好地分离出DNA。故在实验材料的选择上推荐DNA含量相对较高，蛋白质等杂志含量较少，颜色较浅的生物[2]。草莓就符合该实验材料的选择标准，而且由于受到大众的喜爱，草莓一年四季都有销售，我们的实验开展就不会因取材而受限。但如果借助高校这个平台，我们可以以模式植物拟南芥为实验材料，因为实验室时时都有培育好的拟南芥幼苗。

2. 设计适于高中生物教学的实验操作步骤

目前，提取DNA已经有了较为成熟的方法，常用的有CTAB法、SDS法和盐析法等[3]。中学学习DNA的提取，旨在让学生结合已有知识，学会实验研究的思路和方法。人教版教材就是利用"渗透吸水"和"盐析"的原理，引导学生

---

①霍静，李妞妞，曾令江，等.提高"DNA粗提与鉴定"实验开出率的思考与探索［J］.生物学教学，2017，42（2）：46-48.

②陈国梁，张向前，刘勇，等.DNA的粗提取与鉴定实验材料的选择及实验步骤的改进［J］.生物学通报，2005，40（3）：50-51.

③韩玉杰，贾炜珑，王自霞，等.几种提取DNA方法的比较［J］.山西农业科学，2008，36（7）：17-19.

理解DNA提取的实验设计。笔者根据已有研究所提出的影响实验成败的因素分析，在实践的基础上，整理出适于高中生物教学的实验操作步骤，供高中生物学教师参考。

拟南芥基因组DNA提取的实验步骤

1. 选取2~3片新鲜的拟南芥叶片，放于1.5 mL的离心管中，液氮速冻后用研磨棒研磨成粉末状。

2. 加入500 μl 65 ℃预热的CTAB提取液［2%（w/v）CTAB，1.4 molNaCl，100 mMTris-HCl（pH8.0），20 mMEDTA，2%（w/v）PVP］，混匀后放于65 ℃水浴锅温育30 min。

3. 加入等体积（500 μl）的三氯甲烷，颠倒混匀后，12000 g离心10 min。

4. 取上清于新的1.5 mL的离心管中，加入1 mL无水乙醇，充分混匀后，室温沉淀30 min（或者−20 ℃沉淀过夜）。

5. 12000 g离心10 min，小心倒掉上清，沉淀加入1 mL70%乙醇，用枪吹打洗涤沉淀。

6. 12000 g离心10 min，去掉上清再用1 mL70%乙醇洗一遍沉淀。

7. 12000 g高速离心10 min，之后尽量用枪将上清去除，将离心管开盖放于37 ℃的烘箱中10 min。

8. 加入50 μl的蒸馏水溶解沉淀DNA，放于−20 ℃的环境中保存。

【作者简介】

张淑灵，昆明市张玉代生物名师工作室承担的市级课题"基于核心素养的高中生物学课堂实验教学研究"（立项编号：JY16006）子课题"DNA的提取和鉴定"负责人。

概念

⑥ 生物技术在造福人类社会的同时也可能会带来安全与伦理问题

为帮助学生达成对选择性必修课程概念6的理解，促进学生生物学学科核心素养的提升，应开展下列教学活动：①搜集文献资料，就"转基因食品是否安全"展开辩论；②搜集关于设计试管婴儿的资料，并在小组内讨论"是否支持设计试管婴儿"；③搜集历史上使用生物武器的资料，并分析其严重危害性。

实验30 设计试管婴儿

【问题的提出】

"搜集关于设计试管婴儿的资料，并在小组内讨论'是否支持设计试管婴儿'"是《普通高中生物学课程标准（2017年版）》中新增的活动。该活动的开展，能促进生物学学科核心素养中"社会责任"目标的达成。

"社会责任"是指基于生物学的认识，参与个人与社会事务的讨论，做出理性解释和判断，解决生产生活问题的担当和能力。学生应当能够以造福人类的态度和价值观，积极运用生物学的知识和方法，关注社会议题，参与讨论并做出理性解释，辨别迷信和伪科学。[1]

该活动的开展，对学生社会责任目标的达成，无疑是一个很好的课程。

教师可以让学生以小组为单位，课前搜集资料，课上交流。对于上网不方便的住校学生，可以适当提供一些资料，供学生阅读和参与讨论。

下面提供一些文献资料，供教师们参考。

【解决的策略】

1. 什么是"设计试管婴儿"？

"设计试管婴儿"又称"治疗性试管婴儿"或"设计婴儿"，是指为确保

---

①中华人民共和国教育部.普通高中生物学课程标准（2017年版）［M］.北京：人民教育出版社，2018.

小孩具有某些长处或者避免某些缺陷，在出生以前就对他（她）的基因构成进行了选择的那一类孩子，即设计婴儿。

2. 什么是PGD技术？[①]

植入前遗传诊断（PGD）是设计婴儿的前提，胚胎植入前遗传诊断进入医学应用领域已有15年的历史，大约1000名婴儿通过这种技术降生到这个世界。这项技术是由英国哈默史密斯医院温斯顿爵士领导的一个研究小组于1989年开发的，可以帮助具有基因疾病的夫妇拥有健康的孩子。所谓的胚胎植入前遗传诊断就是医生通过体外受精的方法，制造出多个胚胎，然后通过基因筛选，从中挑选出合适的胚胎植入母亲的子宫孕育"宝宝"。最新一项研究显示，通过胚胎植入前遗传诊断技术出生的婴儿没有遭受任何持续的伤害，但有人对PGD技术的长期后果忧心忡忡。

科学家和伦理学家在这项技术是否应该用于其他用途（比如决定婴儿是否能为患病的兄弟姐妹捐献血液干细胞）上存在分歧。直到2004年夏天，英国人工授精及胚胎管理局才允许进行基因筛选。但该机构同时要求，基因筛选只能用于救助自己孩子的夫妇，降低了技术被滥用的风险性。

通过PGD法，不仅可以检测出胚胎是否带有遗传疾病，而且还可以检测出胚胎的性别，看上去，这已经是一个很了不起的进步，但是，对于遗传基因工程来讲，这还仅仅是最基础的工作。几十年后，父母不仅可以选择宝宝的健康与性别，甚至连外貌以及性格特征都可以随心选择。到那个时候，"设计"宝宝就是一件非常简单的事了，医生可以按照你的要求，帮助你"设计"宝宝。

但科学界大多数人士认为用"设计婴儿"这个称呼实不严谨。他们还认为，从目前掌握的分子生物学技术看，检测疾病相关基因与在体外通过改变胚胎、"设计婴儿"相差太远。所谓的"设计婴儿"只是单一基因的筛选，而决定子女外貌、性格、智力、健康或寿命的基因不止一个，修改的难度极大，真正意义上的"设计婴儿"或"定制婴儿"，目前尚难以实现。

---

①360百科.设计婴儿［DB/OL］.https://baike.so.com/doc/5928400-6141324.html，2019-04-24.

3. "设计试管婴儿"的过程需要哪些步骤？[①]

（1）首先，将一对夫妇的精子、卵细胞进行体外受精，并进行早期胚胎培养。

（2）培养至囊胚期，取滋养层细胞进行DNA分析鉴定。

（3）保留无基因缺陷的囊胚植入另一位女性子宫中，继续发育为胎儿。

4. "设计婴儿"有哪些优势？

从生物学意义上说，这些"设计"出的新胚胎拥有一个生父、两个生母，并且，经过基因技术的处理，新生婴儿不会患上难以治愈的肌肉、大脑、心脏和消化系统等诸多方面的疾病，并且因为科学家用健康遗传物质替换有缺陷DNA的方法，因此培育出不会患线粒体疾病的胚胎。

5. "设计婴儿"引发哪些争议？

英国反堕胎组织发表声明说，政府为"设计婴儿"开绿灯，等于打开"潘多拉魔盒"；根据人工授精与胚胎管理局的决定，今后人们完全可以为制造骨髓而将"他"或"她"有意地制造出来。难道人们可以为拯救一个生命而有意地制造并杀死另外一个生命吗？

宗教界人士指出，用这种方法人为地制造一个用来生产"零部件"的婴儿，无异于将制造出的婴儿当成"商品"，这是向危险的方向迈出的一步。另外，他们对抛弃治疗过程中培育的不合适胚胎表示愤怒，认为这有损生命尊严。

西方媒体亦渲染：胚胎可以设计，婴儿可以定制，人类已经到了可以随意设计和改造的阶段，这将导致父母挑选下一代人格特征的行为。

6. "设计婴儿"有哪些潜在的风险？

有两个科研小组研究的重点不同，一个重点研究试管婴儿出生时的生理缺陷，另一个小组重点研究试管婴儿出生时的体重不足问题。领导重点在于研究试管婴儿生理缺陷科研小组的西澳大利亚大学科学家米歇尔·汉森介绍说："我们发现通过人工授精这种再生生殖手段怀孕的婴儿，在出生后一年内被诊断出有严重生理缺陷的概率比自然怀孕的婴儿患有严重生理缺陷的概率高两倍。"

---

①360百科.设计婴儿［DB/OL］.https://baike.so.com/doc/5928400-6141324.html，2019-04-24.

而在另外一项重点在婴儿体重的研究中，研究人员对美国1996年到1997年间出生的42463名试管婴儿与1997年间出生的430万普通婴儿进行了对比。"试管婴儿出生时体重不足的情况是普通婴儿的2.6倍"，领导这项研究的亚特兰大疾病预防与控制中心医学专家劳拉·谢弗说，体重过轻的新生儿在出生后很有可能引起并发症。[①]

7."设计婴儿"相关事件

（1）"设计婴儿"在美国

最早借助人类遗传基因技术拯救遗传病儿的是一对美国夫妇丽莎和杰克·纳什。他们6岁的女儿莫莉患有先天性免疫系统疾病，但找不到合适的骨髓捐献者，于是纳什夫妇采纳了专家"设计婴儿"的建议。2000年8月9日，他们的第二个孩子亚当·纳什出世。当亚当还是胚胎时就被科学家从几个胚胎中选出，因为亚当的基因与莫莉最匹配，在他的脐带血液中也带有莫莉急需的干细胞。

2002年6月，美国芝加哥生育遗传研究所的科学家帮助来自纽约的一对夫妇成功怀孕，并生下一个没有利弗劳梅尼综合征的健康男婴。

（2）"设计婴儿"在英国

2003年6月，英国诞生了一位名叫杰米·惠特克的婴儿。与普通婴儿不同的是，杰米的胚胎基因是经过筛选的，目的是帮助治疗其同胞哥哥查理的疑难病症。杰米从而成为英国首名胚胎基因经过特别筛选的婴儿。"设计婴儿"由此在英国社会引发了广泛争论。

2002年2月22日，英国人工授精与胚胎管理局（简称HFEA）批准了拉赫和沙哈娜·哈什米夫妇为拯救他们患有地中海贫血症的儿子扎伊恩而生育一个经过遗传基因筛选的婴儿的请求。这是英国第一个获得官方批准出生的"设计婴儿"。

HFEA的决定一经英国《泰晤士报》披露，立刻引起了轩然大波。尽管英国在人工辅助生殖医学领域一向以"开明"著称，而世界第一例试管婴儿也在25年前出生于英国，但"设计婴儿"毕竟不同于试管婴儿。

---

①360百科.设计婴儿［DB/OL］.https://baike.so.com/doc/5928400-6141324.html，2019-04-24.

英国公益组织生殖伦理评论（简称CORE）为此委托其代表约瑟芬·昆塔维尔向英国最高法院提起诉讼。昆塔维尔说："我们不能允许某些组织对'设计婴儿'的程序是否可行拥有最终决定权。今天它同意'设计'用于治疗疾病的婴儿，明天它可能就会进行性别的选择。接下来，可能就轮到了头发颜色或眼睛颜色的选择。这绝不仅仅只是个伦理道德问题。"

昆塔维尔的雄辩使CORE赢得了这场官司。2002年12月27日，英国最高法院做出判决：英国人工授精及胚胎管理局无权批准对试管婴儿进行胚胎植入前的遗传诊断。以"为向其患病的兄弟姐妹捐献血液干细胞或骨髓"为目的而制造"设计婴儿"的行为属于非法。

（3）"设计婴儿"在中国

2012年6月29日，中国首例"设计婴儿"在中山医院诞生。这个婴儿的父母均为地中海贫血基因的携带者。此前，二人曾育有一女，患有重度地中海贫血，为了再生一个健康的孩子，用她的脐带血——中国首例设计婴儿的血帮助其姐姐进行造血干细胞移植，婴儿的母亲尝试通过试管婴儿技术受孕，并在胚胎植入体内之前进行遗传学诊断（PGD）。同时应用了对β-地中海贫血和白细胞抗原系统（具有造血功能的系统，HLA）配型同时进行诊断的新技术，即在胚胎植入母体前先进行遗传学诊断，挑选出一个不仅不携带地中海贫血基因，而且还能与前一个小孩HLA配型相符的胚胎。借助这项技术，更多的地中海贫血夫妻将有可能生育健康子女。

这个女婴的诞生，不仅可成为她姐姐的脐带血提供者，为患有重度β-地中海贫血的姐姐提供造血干细胞进行疾病治疗，重燃姐姐生存的希望，也开创了我国生命科学的先河，标志着"治疗性试管婴儿技术"在我国获得成功。今后借助这项技术，地贫夫妻生育健康宝宝不再是梦想，而这些宝宝的到来还将为广大需要进行造血干细胞移植治疗的患者带来希望。[①]

8. 责任与担当

建议教师给学生呈现如图1所示的漫画，查阅资料，参与"基因编辑婴儿"

---

①360百科.设计婴儿［DB/OL］.https://baike.so.com/doc/5928400-6141324.html，2019-04-24.

事件的讨论。[①]

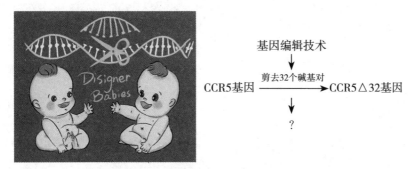

基因编辑技术

剪去32个碱基对

CCR5基因 ————————→ CCR5△32基因

?

图1 漫画：基因编辑婴儿诞生，引发全球大讨论

2018年，世界首例免疫艾滋病基因编辑婴儿在中国诞生，但这件事情却遭到了来自国内外多位科学家的联名反对和谴责。基因编辑婴儿的实质：部分种类HIV病毒能通过免疫细胞上的CCR5受体蛋白进入细胞中，而控制CCR5蛋白的基因在受精卵中通过基因编辑剪去32个碱基对后，成为CCR5△32基因，由该基因表达的蛋白质会怎样呢？翻译会提前终止，这将会导致蛋白质结构异常，功能异常：HIV-1病毒无法进入免疫细胞，从而达到免疫艾滋病的功能。案例中基因由CCR5变为CCR5△32，导致CCR5受体蛋白结构功能改变，这种因遗传物质发生改变引发的变异从来源看属于哪种变异类型？

英国《自然》周刊指出："这项实验让正常而健康的孩子面临风险，而不会产生任何实际效益。"

请查阅相关资料，讨论"基因编辑婴儿"让正常而健康的孩子面临哪些风险。

【作者简介】

张玉代，昆明市张玉代生物名师工作室承担的市级课题"基于核心素养的高中生物学课堂实验教学研究"（立项编号：JY16006）负责人及子课题"设计试管婴儿"负责人。

---

①漫画引自《参考消息》，解释图来自昆明第一中学西山学校王伟花老师的教学设计。

下 篇

评价篇

基本理念	生物学学科核心素养
1.核心素养为宗旨	1.生命观念
2.内容聚集大概念	2.科学思维
3.教学过程重实践	3.科学探究
4.学业评价促发展	4.社会责任

　　重视以评价促进学生的学习与发展，重视评价的诊断作用、激励作用和促进作用。创建一个主体多元，方法多样，既关注学业成绩，又重视个体进步和多方面发展的生物学课程评价体系。提倡在评价中关注学生的个体差异和发展需求，帮助学生认识自我、建立自信，改进学习方式，促进生物学学科核心素养的形成。

什么样的实验课是好课

为贯彻落实昆明市委办公厅、市政府办公厅印发《关于加快教育质量跨越提升的行动计划》的通知（昆办发〔2018〕25号）精神的要求，进一步推进我市高中课程与教学改革，深入推进物理、化学、生物学各学科核心素养的全面落实，全面提升学科实验课堂教学的水平，提高理科实验教学质量，市教育局于2018年11—12月分学科组织了"昆明市2018年高中物理、化学、生物学科实验课堂教学竞赛"。通过竞赛活动形成实验教学的研究氛围，推进各学校加强理、化、生实验室建设，提升实验课堂教学效益。

什么样的实验课是好课呢？为研究好实验课的标准，工作室查阅了相关文献资料，借鉴了河南省刘富林老师的研究成果，研制了实验课教学评价量规（见表1）。

表1 昆明市普通高中理、化、生实验课堂教学竞赛评分表

学科_____ 序号_____ 姓名_____

指标	评价指标描述	分值	得分
教学目标 9分	基于课程标准，符合教材内容，学科核心素养，构建实验教学目标	3	
	实验教学目标要明确具体、切合学生实际、可操作性强	3	
	注重实验教学与概念教学的融合，落实对学生科学素养的培养	3	
教学内容 16分	教学内容设计科学、完整，紧扣教材及国家课程标准	5	
	教学内容既要注重学生对基础知识的理解和建构，又要注重创新环节的设计	6	
	能较好把握重点、难点，达到预期实验效果	5	
教学过程 50分	能根据教学内容设计、优选实验方案，组织实验教学活动，对实验活动过程进行有效引导，实验与教学程序安排紧凑、合理	8	

指标	评价指标描述	分值	得分
教学过程50分	优化教学过程，创设富于启迪性的学习情境，灵活采用科学多样的教学方式，实现高效课堂	10	
	注重遵循引导、自主、合作、创新的原则，引导学生通过自主学习、实验、观察和交流讨论，形成师生之间、生生之间的多向反馈结构	8	
	演示实验中，实验操作熟练、规范，示范效应明显，无技术性错误。探究活动组织到位，能突出培养学生的探究意识	8	
	对实验的原理、操作要点、注意事项的讲解和演示做到详略得当，突出重点、难点、易错点	8	
	采用多样化、个性化的评价方式激励学生的学习兴趣和自信心，培养学生的创新精神与实践能力	8	
教学基本功15分	普通话教学，语言科学、流畅、精练、生动，善于运用启发性语句、专业技术用语运用得当	5	
	教态自然、亲切，具有感染力与亲和力	5	
	板书或多媒体教学课件设计思路清晰、简要、工整、规范、恰当	5	
教学效果10分	学生积极参与科学探究活动，各层次学生均有收获	5	
	通过实验探究活动实现教学目标，在实验、观察等活动中建构重要概念，有效地培养学生的科学思维和科学探究能力	5	
等级总分（p）	优：p≥85，良：75≤p＜85，中：60≤p＜75，差：p＜60	100	
评语			

评委签名_____ 时间_____

通过理、化、生三科使用反馈，该评价表操作性较强，可供同行们参考。

昆明市教育科学研究院　张玉代

深度思考体现素养立意　生物实验彰显学科特色

——2017年高考全国 Ⅲ 卷生物试题赏析及教学建议

2017年高考理综全国 Ⅲ 卷生物试题，与修订后的2017年考试大纲和考试说明吻合，尤其突出了其中变化的内容。试题在遵循原创性、科学性、简约性、匹配性、规范性等命题指导思想的同时，对基础性、综合性、创新性、应用性的考查目标，以及素养立意、导向教学的高考立场进行了很好的诠释。

1. 考查角度与大纲变化相呼应

2017年考纲及考试说明与2016年考纲的说明相比，[①]文字描述部分发生了一定变化、考试内容微调、个别考试内容的考试要求发生变化，其中考试范围与要求的变化见表1。

表1　2017年考纲说明与2016年比较

知识内容	2016年	2017年
说法变化	多种多样的细胞	原核细胞与真核细胞的异同
细胞的生长和增殖的周期性	要求为"Ⅰ"	要求为"Ⅱ"
染色体结构变异和数目变异	要求为"Ⅰ"	要求为"Ⅱ"
说法变化	神经冲动的产生和传导	神经冲动的产生、传导和传递
脊椎动物激素在生产中的应用	要求为"Ⅱ"	要求为"Ⅰ"
艾滋病的流行和预防	要求为"Ⅰ"	要求为"Ⅱ"
生物多样性保护的意义和措施	要求为"Ⅰ"	要求为"Ⅱ"

①教育部考试中心.2017年普通高等学校招生全国统一考试大纲的说明（理科）［M］.北京：高等教育出版社，2016.

续　表

知识内容	2016年	2017年
某种微生物数量的测定	不要求	有要求
微生物在其他方面的应用	不要求	有要求
选修一："植物的组织培养"	有要求	不要求
说法变化	基因工程的原理及技术	基因工程的原理及技术 （含 PCR）
说法变化	动物的细胞培养与 体细胞克隆	动物细胞培养与体细胞克隆
动物的细胞培养与体细胞克隆	要求为"Ⅰ"	要求为"Ⅱ"

（1）考查了细胞增殖的周期性

与2016年相比，2017年高考考试大纲及考试说明对考点"细胞的生长和增殖的周期性"一项的要求做了调整，即由原来的"Ⅰ"调整为"Ⅱ"，也就是要求提高了。2017年高考理综全国Ⅲ卷第29题（见例1），一改历届高考考查光合作用和细胞呼吸等考点的常规考法，以细胞增殖为考点，结合癌症治疗的新进展，既与考纲变化相吻合，又体现了应用性，充分考查了考生在解决真实情景中的实际问题时的必备品格和关键能力（生物学学科核心素养），是一道优秀试题。

例1（2017年高考理综全国Ⅲ卷第29题，8分）

利用一定方法使细胞群体处于细胞周期的同一阶段，称为细胞周期同步化。以下是能够实现动物细胞周期同步化的三种方法。回答下列问题：

（1）DNA合成阻断法：在细胞处于对数生长期的培养液中添加适量的DNA合成可逆抑制剂，处于＿＿＿＿＿＿期的细胞不受影响而继续细胞周期的运转，最终细胞会停滞在细胞周期的＿＿＿＿＿＿期，以达到细胞周期同步化的目的。

（2）秋水仙素阻断法：在细胞处于对数生长期的培养液中添加适量的秋水仙素，秋水仙素能够抑制＿＿＿＿＿＿，使细胞周期被阻断，即可实现细胞周期同步化。经秋水仙素处理的细胞＿＿＿＿＿＿（填"会"或"不会"）被阻断在间期。

（3）血清饥饿法：培养液中缺少血清可以使细胞周期停滞在间期，以实现细胞周期同步化。分裂间期的特点是 _____（答出一点即可）。

（2）考查PCR技术和动物细胞培养

PCR反应原理如图1所示。

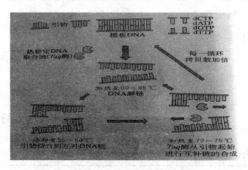

图1　PCR反应原理示意图

2017年高考考试说明中，明确"基因工程的原理及技术（含PCR）"一项，"动物细胞培养与体细胞克隆"能力要求也由"Ⅰ"变为"Ⅱ"。教育部考试中心命题专家设计了与PCR技术和动物细胞培养有关的试题，如2017年高考理综全国Ⅲ卷第38题（见例2），很好地体现了2017年高考考试大纲和说明的要求，尤其体现了这一改变。

例2（2017年高考理综全国Ⅲ卷第38题，15分）

编码蛋白甲的DNA序列（序列甲）由A、B、C、D、E五个片段组成，编码蛋白乙和丙的序列由序列甲的部分片段组成，如图2所示。

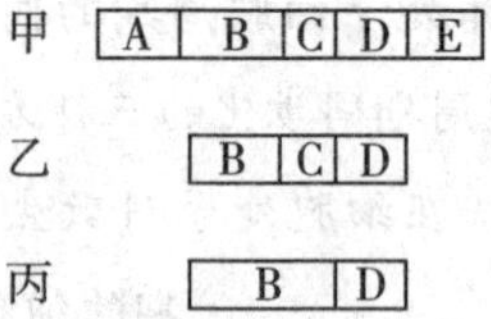

甲 A | B | C | D | E

乙 B | C | D

丙 B | D

图2

①人民教育出版社，课程教材研究所，生物课程教材研究开发中心.普通高中课程标准实验教材——生物［M］.北京：人民教育出版社，2007年.

回答下列问题：

（1）略。

（2）某同学在用PCR技术获取DNA片段B或D的过程中，在PCR反应体系中加入了DNA聚合酶、引物等，还加入了序列甲作为_____，加入了_____作为合成DNA的原料。

（3）现通过基因工程方法获得了甲、乙、丙三种蛋白，要鉴定这三种蛋白是否具有刺激T淋巴细胞增殖的作用，某同学做了如下实验：将一定量的含T淋巴细胞的培养液平均分成四组，其中三组分别加入等量的蛋白甲、乙、丙，另一组作为对照，培养并定期检测T淋巴细胞浓度，结果如图3所示。

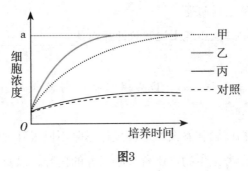

图3

① 由图3可知，当细胞浓度达到a时，添加蛋白乙的培养液中T淋巴细胞浓度不再增加，此时若要使T淋巴细胞继续增殖，可采用的方法是_____。细胞培养过程中，培养箱中通常要维持一定的CO_2浓度，CO_2的作用是_____。

② 略。

2. 深度思考体现素养立意

2017年高考生物试题在围绕分子与细胞、遗传与进化、稳态与环境、生物技术与实践、现代生物科技等展开的同时，对生物学学科核心素养、关键能力、核心价值观进行了考查。试题不但从一般层面考查考生对生物学基本知识的理解与综合运用能力，也尝试考查考生对生命过程进行深度、全面思考的能力，[①]这是2017年高考生物试题的一个亮点。

面对纷繁复杂的生命过程是否能够做到知其然而且知其所以然是衡量生物

①教育部考试中心.关注对生命过程的深度思考服务高考选拔功能——2017年高考生物试题评析［J］.北京：中国考试，2017，7.

学学科核心素养的一个指标，对此2017年高考生物试题有所创新。如2017年高考理综全国Ⅲ卷第31题（见例3），熟悉血糖调节模型是正确解答该题的关键，尤其是回答"原因是""机理是"这样的问题，对考生来说精确地概括和归纳出来并不容易。

例3（2017年高考理综全国Ⅲ卷第31题，10分）

为研究胰岛素的生理作用，某同学将禁食一段时间的实验小鼠随机分为A、B、C、D四组，A组腹腔注射生理盐水，B、C、D三组均腹腔注射等量胰岛素溶液，一段时间后，B、C、D三组出现反应迟钝、嗜睡等症状，而A组未出现这些症状。回答下列问题：

（1）B、C、D三组出现上述症状的原因是＿＿＿＿＿＿＿＿＿＿＿＿＿＿＿。

（2）略。

（3）第二次注射后，C、D两组的症状得到缓解，缓解的机理分别是＿＿＿＿＿＿＿＿＿＿。

2017年高考生物试题和答案的这种设计思路不但很好地体现了高考服务选拔的核心立场，对于考生生物学学科核心素养的提升，以及全民素质的提高都是有帮助的。

例4（2017年高考理综全国Ⅲ卷第3题，6分）

植物光合作用的作用光谱是通过测量光合作用对不同波长光的反应（如O_2的释放）来绘制的。下列叙述错误的是（　　　）。

A. 类胡萝卜素在红光区吸收的光能可用于光反应中ATP的合成

B. 叶绿素的吸收光谱可通过测量其对不同波长光的吸收值来绘制

C. 光合作用的作用光谱也可用CO_2的吸收速率随光波长的变化来表示

D. 叶片在640～660nm波长光下释放O_2是由叶绿素参与光合作用引起的

只有对各种色素的吸收光谱（如图4所示）进行过深度学习和思考的考生，才能对2017年高考理综全国Ⅲ卷第3题（见例4）中的C、D两项作出准确的判断。

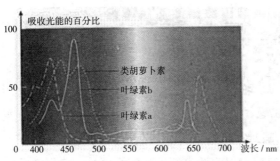

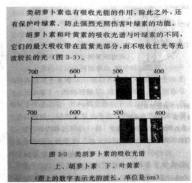

类胡萝卜素也有吸收光能的作用，除此之外，还有保护叶绿素、防止强烈光照伤害叶绿素的功能。

胡萝卜素和叶黄素的吸收光谱与叶绿素的不同，它们的最大吸收带在蓝紫光部分，而不吸收红光等光波较长的光（图3-3）。

图3-3 类胡萝卜素的吸收光谱
上，胡萝卜素 下，叶黄素
（图上的数字表示光的波长，单位是nm）

图4 各种色素的吸收光谱

3. 生物实验彰显学科特色

在实验与探究能力方面，高考生物学科除了要求考生具有对一些生物学问题进行初步探究的能力（包括提出问题、做出假设、制订和实施计划、得出结论、表达和交流等环节）外，还要求考生具备实验设计、实验结果预测和得出结论的能力。2017年高考理综全国Ⅲ卷12个生物试题中，共有9个试题考查了实验与探究，对生物学学科核心素养中科学探究的考查达到历史之最，对实验与探究能力的重视程度是空前的，彰显了生物学科的特点。其中第32题遗传题的两个小题共12分，是按照相对较高的要求进行设计的（见例8）。第5题（见例5）考查样方法，不但有利于区分考生，同时对于改善中学教学"不重视实验，不重视实验操作，存在'背'实验、'记'实验"的状况也是非常有利的。

例5（2017年高考理综全国Ⅲ卷第5题，6分）

某陆生植物种群的个体数量减少，若用样方法调查其密度，下列做法合理的是（　　　）。

A. 将样方内的个体进行标记后再计数

B. 进行随机取样，适当扩大样方的面积

C. 采用等距取样法，适当减少样方数量

D. 采用五点取样法，适当缩小样方的面积

五点取样法、等距取样法如图5所示，若学生亲身参与过种群密度的调查过程，就会对这两种方法有感性认识，同时对计数对样方内的个体是否需要进行标记也就清楚了。

五点取样法　　　　　　　　等距取样法

图5　取样方法

2017年高考理综全国Ⅲ卷第37题（见例6）以从植物中提取某种物质这一实验主题进行设计，其中的第（5）问对实验操作过程中的注意事项进行了考查，这一设计思路比较新颖。这些内容对确保实验室不发生安全事故，确保实验中人员的安全和健康是非常有利的，对中学的实验教学起到了很好的导向作用。

例6（2017年高考理综全国Ⅲ卷第37题，15分）

绿色植物甲含有物质W，该物质为无色针状晶体，易溶于极性有机溶剂，难溶于水，且受热、受潮易分解。其提取流程为：植物甲→粉碎→加溶剂→振荡→收集提取液→活性炭处理→过滤去除活性炭→蒸馏（含回收溶剂）→重结晶→成品。回答下列问题：

（1）在提取物质W时，最好应选用的一种原料是＿＿＿＿＿＿（填"高温烘干""晾干"或"新鲜"）的植物甲，不宜选用其他两种的原因是＿＿＿＿＿＿。

（2）提取物质W时，振荡的作用是＿＿＿＿＿＿＿＿＿＿＿＿。

（3）活性炭具有很强的吸附能力，在提取过程中，用活性炭处理提取液的目的是＿＿＿＿＿＿＿＿＿＿＿＿＿＿＿＿。

（4）现有丙酮（沸点56 ℃）、乙醇（沸点约78 ℃）两种溶剂，在提取物质W时，应选用丙酮作为提取剂，理由是＿＿＿＿＿＿＿＿＿＿＿。

（5）该实验操作过程中应注意的事项是＿＿＿＿＿＿＿＿（答出两点即可）。

例7（2017年高考理综全国Ⅲ卷第30题，9分）

干旱可促进植物体内脱落酸（ABA）的合成，取正常水分条件下生长的某种植物的野生型和ABA缺失突变体幼苗，进行适度干旱处理，测定一定时间内茎叶和根的生长量，结果如图6所示：

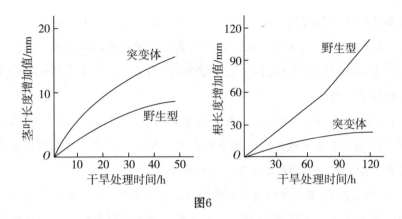

图6

回答下列问题：

（1）综合分析图6可知，干旱条件下，ABA对野生型幼苗的作用是_____。

（2）若给干旱处理的突变体幼苗施加适量的ABA，推测植物叶片的蒸腾速率会_____，以对环境的变化作出反应。

（3）ABA有"逆境激素"之称，其在植物体中的主要合成部位有_____（答出两点即可）。

（4）根系是植物吸收水分的主要器官。根细胞内水分的主要作用有_____（答出两点即可）。

2017年高考理综全国Ⅲ卷第30题（见例7）考查水的作用、植物激素、实验分析，正确识图是正确解答该题的关键。（1）（2）考查实验分析能力，（3）（4）回归教材，考查基础。

例8（2017年高考理综全国Ⅲ卷第32题，12分）

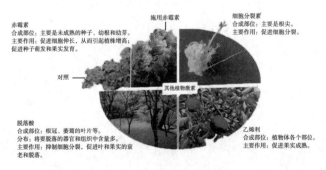

图7

已知某种昆虫的有眼（A）与无眼（a）、正常刚毛（B）与小刚毛（b）、正常翅（E）与斑翅（e）这三对相对性状各受一对等位基因控制。现有三个纯合品系：①aaBBEE；②AAbbEE；③AABBee。假定不发生染色体变异和染色体交换，回答下列问题：

（1）若A/a、B/b、E/e这三对等位基因都位于常染色体上，请以上述品系为材料，设计实验来确定这三对等位基因是否分别位于三对染色体上。（要求：写出实验思路、预期实验结果、得出结论）

（2）假设A/a、B/b这两对等位基因都位于X染色体上，请以上述品系为材料，设计实验对这一假设进行验证。（要求：写出实验思路、预期实验结果、得出结论）

综上所述，2017年高考理综全国Ⅲ卷在关注考试大纲及考试说明的变化、考查对生命过程进行深度思考的能力、体现学科特色、重视对实验能力的考查、导向教学等方面，都迈出了大大的一步，释放了强烈的课改信号。建议生物学课堂教学依纲据本，尤其关注考试大纲和说明的变化；促进学生深度学习，深度思考生命过程，深化对重要概念的理解；落实"课堂教学重实践"这一重要的教学理念，尤其重视实验教学，实现实验所蕴含的重要价值，除了帮助学生应对高考外，更加着眼于学生生物学学科核心素养的形成。

昆明市教育科学研究院　张玉代

2019年5月30日，这是一个值得纪念的日子。昆明市张玉代生物名师工作室承担的市级课题"基于生物学学科核心素养的高中课堂实验教学研究"（立项编号：JY16006）接受专家会议集中鉴定，顺利通过了结题评审，获得"优秀"等级。回想起课题组成员一起走过的1000多个日日夜夜，从申报课题到文献综述，从问卷调查到数据分析，从提出问题到解决问题，大家分工合作，团结一心，共同体验研究的艰辛，最终收获了教育智慧，获得了专业成长。作为课题负责人，我由衷地为我们团队的执着精神和科学态度而骄傲。

昆明市教育科学"十三五"规划第二批课题"基于生物学学科核心素养的高中课堂实验教学研究"（课题立项编号：JY16006）课题组成员：

第一排（左起）：王伟花、丁艳丽、文媛、张玉代、杨晶、周姝、杨岑

第二排（左起）：娄子林、张青松、邓娟、孟艳芬、杨仕敏、王玉清、黎晶晶、柳明艳、张淑灵、赵良

未参与拍照：冉宇、毕军

昆明市教育科学研究院　张玉代

2019年6月